财务会计“云”系列智慧型教材 

# 财务管理

邵春玲　郭赞伟　曾志平　主　编
王　俊　杨　卫　王英龙　副主编

電子工業出版社
Publishing House of Electronics Industry
北京·BEIJING

## 内容简介

本书共9个部分，包括：财务管理概论、财务预测与预算、筹资管理、资本成本与资本结构、营运资金管理、财务估值基础、资本预算、利润分配、财务分析与评价。

本书配有智慧职教云平台（简称“教学平台”），将教学视频、动画、在线实操、实时测评等教学资源和教材紧密结合起来，为课堂教学提供强有力的补充，使教师易教、学生易学。

本书既可以作为职业院校会计专业相关课程的教学用书，也可供从业人员参考使用。



**图书在版编目 (CIP) 数据**

财务管理 / 邵春玲，郭赞伟，曾志平主编 . —北京：电子工业出版社，2019.10
ISBN 978-7-121-36665-9

Ⅰ . ①财…　Ⅱ . ①邵…　②郭…　③曾…　Ⅲ . ①财务管理－高等职业教育－教材　Ⅳ . ① F275

中国版本图书馆 CIP 数据核字（2019）第 100364 号

责任编辑：张云怡　　文字编辑：王英欣　王宝熠
印　　刷：三河市华成印务有限公司
装　　订：三河市华成印务有限公司
出版发行：电子工业出版社
　　　　　北京市海淀区万寿路 173 信箱　　邮编：100036
开　　本：787×1092　1/16　印张：16.5　字数：422 千字
版　　次：2019 年 10 月第 1 版
印　　次：2019 年 10 月第 1 次印刷
定　　价：57.00 元

凡所购买电子工业出版社图书有缺损问题，请向购买书店调换。若书店售缺，请与本社发行部联系，联系及邮购电话：（010）88254888，88258888。

质量投诉请发邮件至 zlts@phei.com.cn，盗版侵权举报请发邮件至 dbqq@phei.com.cn。

本书咨询联系方式：（010）88254573，zyy@phei.com.cn。

# 前　言

“财务管理”是经济管理各专业的一门核心课程，本书从培养高素质、技能型人才的目标出发，建设“主体教材＋实训教程＋教学资源” 的立体化教材体系，在夯实理论的基础上，突出岗位职业技能训练，凸显视频、动画等任务演示型教学平台在基础教学中的作用。

本书有以下特点：

（1）符合科学性、综合性、实用性、针对性、适时性、有效性原则。

（2）以学生就业为导向，以企业用人标准为依据。在专业知识安排上，以实训为重点，删繁就简，加强技能与核心专业水平训练。

（3）衡量教学体验，综合全面认知。在知识点的编写上，从文本、视频、习题、实训四个维度来体现，提高教与学的体验，达到直观、清晰的认知效果。

（4）以实时测评为手段，以数据分析为支撑。教师在课堂可以实现实时测评练习、后台数据分析，更加有效地掌握教学效果。

（5）学生可以浏览教学平台中的文本文件、知识点动画视频，直观、清晰、全面，加强对所学知识的理解；教师和学生可以深度交互，教师在教学平台发布作业，实现教学管理，学生完成任务后提交，题库含有测评解析，再次巩固所学知识点；学生可在教学平台进行交互仿真随堂实训练习，真实感受现实经济业务的会计处理，从而提高专业水平。学生随时可以预习、复习、练习，教师随时答疑批复，不再受传统面授的时间和空间限制。

教材是教师和学生沟通的媒介，通过教学平台，教师发布任务，学生能够迅速反应，提交任务。在横向上，教师可以分析学员成绩数据和不同题目的掌握情况；在纵向上，教师可以分析每周的学习进度和期末成绩，真正做到根据数据反馈，控制教学进度和学生认知接受度。

本书是浙江省高等教育“十三五”第一批教学改革研究项目“高职会计教育信息化改革路径探索及实践”（jg20180719）、义乌工商职业技术学院“会计专业教学资源库”（2018zyk02）的阶段性成果。

本书由邵春玲（义乌工商职业技术学院）、郭赞伟（娄底职业技术学院）、曾志平（湖南工业职业技术学院）担任主编；王俊（义乌工商职业技术学院）、杨卫（山西财贸职业技术学院）、王英龙（唐山职业技术学院）担任副主编；方励筠（义乌工商职业技术学院）、唐韵（浙江科贸职业技术学院）、罗丽娟（山西财贸职业技术学院）、夏良淑（湖南有色金属职业技术学院）、丁祎（娄底职业技术学院）参与了本书的编写及资源建设工作。

在本书的编写过程中，参考了近年来出版的相关专著、教材及杂志，以及网上的相关资料，在此一并向其作者表示衷心的感谢。

由于编者水平有限，难免有疏漏和不足之处，敬请专家和读者批评、指正。

编　者

了解智慧学习平台使用方法

**请扫描右侧二维码**

# 目 录

1 财务管理概论——初识财务管理 …… 1

1.1 财务管理的概念——财务管理是对资金的管理 …… 2

1.1.1 财务的概念 …… 2

1.1.2 财务管理的概念 …… 3

1.2 财务管理的目标——现代的理财目标是利益最大化 …… 5

1.2.1 利润最大化 …… 6

1.2.2 股东财富最大化 …… 6

1.2.3 企业价值最大化 …… 6

1.2.4 相关者利益最大化 …… 7

1.3 财务管理的环境——理财是在一定条件下进行的 …… 8

1.3.1 外部环境（PEST） …… 8

1.3.2 内部环境 …… 12

1.4 财务管理的基本环节和财务管理的内容——财务管理的学科体系 …… 13

1.4.1 财务管理的基本环节 …… 13

1.4.2 财务管理的内容 …… 15

2 财务预测与预算——财务管理的第一环节是什么 …… 17

2.1 财务预测——预则立，不预则废 …… 18

2.1.1 销售预测 …… 18

2.1.2 资金需求量预测 …… 23

2.1.3 成本预测 …… 26

2.1.4 利润预测 …… 33

2.2 财务预算——制订用数量表现的计划 …… 34

2.2.1 预算的意义 …… 35

2.2.2 预算的分类 …… 35

2.2.3 预算工作的组织 …… 36

2.2.4 预算的编制方法 …… 37

2.2.5 财务预算的编制 …… 41

3 筹资管理——资金从哪来？各项资金来源的比重是多少 …… 50
3.1 筹资管理的内容——资金从哪来 …… 51
3.1.1 筹资动机 …… 51
3.1.2 筹资的分类 …… 52
3.1.3 筹资渠道 …… 52
3.1.4 筹资方式 …… 53
3.1.5 筹资的原则 …… 54
3.2 股权筹资——企业的自有资金 …… 55
3.2.1 吸收直接投资 …… 56
3.2.2 发行股票 …… 57
3.2.3 留存收益筹资 …… 61
3.2.4 股权筹资的优缺点 …… 62
3.3 债务筹资——公司的借入资金 …… 63
3.3.1 银行借款 …… 64
3.3.2 发行公司债券 …… 66
3.3.3 融资租赁 …… 69
3.3.4 债务筹资的优缺点 …… 71
4 资本成本与资本结构——如何确定资金来源的比例关系 …… 72
4.1 资本成本——如何计算筹资过程中的代价？ …… 73
4.1.1 个别资本成本 …… 74
4.1.2 加权资本成本 …… 76
4.1.3 边际资本成本 …… 77
4.2 杠杆效应——通过杠杆理论说明筹资过程中收益和风险的关系 …… 78
4.2.1 经营杠杆效应 …… 78
4.2.2 财务杠杆效应 …… 80
4.2.3 总杠杆效应 …… 83
4.3 资本结构——确定各项资金来源比例的方法 …… 84
4.3.1 资本结构的含义 …… 85
4.3.2 资本结构理论 …… 85
4.3.3 影响资本结构的因素 …… 86
4.3.4 资本结构的优化 …… 87
5 营运资金管理——如何进行日常活动资金管理 …… 91
5.1 营运资金管理概述 …… 92

5.1.1 营运资金的概念 …… 92
5.1.2 营运资金的特点 …… 93
5.1.3 营运资金管理的原则 …… 94
5.2 营运资金管理策略 …… 94
5.2.1 流动资产的投资策略 …… 95
5.2.2 流动资产的融资策略 …… 96
5.3 现金管理——如何确定最佳现金持有量 …… 99
5.3.1 企业现金管理的目标 …… 99
5.3.2 最佳现金持有量 …… 100
5.3.3 现金收支管理 …… 103
5.4 应收账款管理——如何安排企业的信用政策 …… 105
5.4.1 应收账款管理的目标 …… 106
5.4.2 应收账款的成本 …… 106
5.4.3 应收账款的信用政策 …… 106
5.4.4 应收账款的监控 …… 109
5.4.5 应收账款的保理 …… 112
5.5 存货管理——如何安排存货的购买与储存量 …… 113
5.5.1 存货管理的目标 …… 113
5.5.2 存货成本 …… 114
5.5.3 存货经济订货批量 …… 115
5.5.4 数量折扣条件下的经济批量模型 …… 116
5.5.5 允许缺货条件下的经济批量模型 …… 117
5.5.6 存货陆续供应和使用模型 …… 118
5.5.7 再订货点和保险储备 …… 119
5.5.8 存货的控制系统 …… 121
5.6 流动负债管理——如何利用短期资金来源 …… 123
5.6.1 短期借款 …… 123
5.6.2 短期融资券 …… 125
5.6.3 商业信用 …… 126
5.6.4 流动负债的利弊 …… 128
6 财务估值基础——掌握财务管理的基本理念 …… 130
6.1 资金时间价值——利息是如何计算的 …… 131
6.1.1 什么是资金时间价值 …… 131
6.1.2 如何表示资金时间价值 …… 132

6.2 利率的计算——利息计算的扩展 …… 140
6.2.1 插值法 …… 141
6.2.2 名义利率与实际利率 …… 143
6.3 投资风险与收益——风险衡量及收益的关系 …… 144
6.3.1 如何理解投资风险 …… 144
6.3.2 风险的分类 …… 145
6.3.3 风险的衡量 …… 145
6.3.4 证券资产组合的风险与收益 …… 149
6.3.5 资本资产定价模型 …… 150
7 资本预算——如何对长期资产进行投资 …… 152
7.1 投资管理的主要内容——了解投资决策的种类 …… 153
7.1.1 投资概述 …… 153
7.1.2 投资的分类 …… 153
7.1.3 项目投资的程序 …… 154
7.1.4 投资管理的原则 …… 155
7.2 项目投资——如何进行对内投资决策 …… 157
7.2.1 项目投资的特点 …… 157
7.2.2 项目计算期 …… 158
7.2.3 项目投资的投资额 …… 159
7.2.4 项目投资的现金流量 …… 160
7.2.5 项目投资决策中折现率的确定 …… 164
7.2.6 项目投资决策的贴现指标 …… 165
7.2.7 项目投资决策的非贴现指标 …… 168
7.2.8 评价方案财务可行性的要点 …… 170
7.2.9 项目投资的具体应用 …… 171
7.3 证券投资管理——如何进行对外投资决策 …… 178
7.3.1 证券投资概述 …… 179
7.3.2 股票投资 …… 181
7.4 债券投资——企业的对外投资 …… 185
8 利润分配——财务成果如何处理 …… 190
8.1 利润分配的程序——股利分配方案的主要内容之一 …… 191
8.2 利润分配政策——股利支付的理论和方法 …… 193
8.2.1 利润分配制约因素 …… 194

8.2.2 股利分配与企业价值的关系 …… 195
8.2.3 股利政策 …… 196
8.3 股利分配的形式——股利支付的方式 …… 199
8.3.1 股利支付形式 …… 199
8.3.2 股票分割与股票回购 …… 201
9 财务分析与评价——掌握企业的财务状况、经营成果和现金流量 …… 204
9.1 财务分析概述 …… 205
9.1.1 财务分析的概念 …… 205
9.1.2 财务分析的作用 …… 206
9.1.3 财务分析的局限性 …… 206
9.1.4 财务分析的方法 …… 207
9.1.5 财务分析的内容 …… 210
9.1.6 财务分析的步骤 …… 210
9.1.7 财务分析的基础资料 …… 211
9.2 偿债能力分析 …… 214
9.2.1 短期偿债能力分析 …… 214
9.2.2 长期偿债能力分析 …… 217
9.2.3 影响企业偿债能力的其他因素 …… 219
9.3 营运能力分析 …… 220
9.3.1 流动资产周转状况分析 …… 221
9.3.2 固定资产周转状况分析 …… 223
9.3.3 总资产周转状况分析 …… 223
9.4 盈利能力分析 …… 224
9.4.1 与销售有关的盈利能力分析 …… 224
9.4.2 与资产有关的盈利能力分析 …… 225
9.5 企业发展能力分析 …… 226
9.5.1 企业相关指标增长分析 …… 227
9.5.2 企业资本保值分析 …… 228
9.6 上市公司财务指标分析 …… 229
9.7 财务综合分析与评价 …… 231
9.7.1 杜邦分析法 …… 231
9.7.2 沃尔比重分析法 …… 234
9.7.3 我国的企业绩效评价体系 …… 234

附表 1　复利终值系数表 ······240
附表 2　复利现值系数表 ······243
附表 3　年金终值系数表 ······246
附表 4　年金现值系数表 ······249

# 财务管理概论

## ——初识财务管理

CFO 

财务管理人员应当清楚理财目标，洞悉理财环境，知晓财务管理环节，针对财务管理内容进行管理。

### 本项目架构

- 财务管理的概念
- 财务管理的目标
- 财务管理的环境
- 财务管理的基本环节
- 财务管理的内容

# 1.1 财务管理的概念
## ——财务管理是对资金的管理

**cfo 要求你知道**

财务管理是对资金运动及其体现关系的管理，资产负债表能反映资金的来龙去脉。财务管理人员应在认知资产负债表的基础上，掌握企业资金运动的过程及其体现的财务关系。

**关键术语**

财务管理（Financial Management）

### 1.1.1 财务的概念

企业是营利的组织，企业通过财务活动才能达到盈利的目的。企业财务指企业在生产经营过程中关于资金收支方面的事务。资产负债表是反映企业财务状况的报表，图 1-1 可以帮助我们理解财务活动。

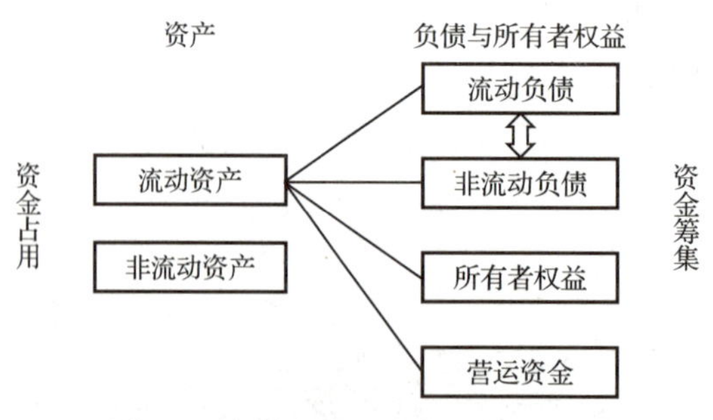


图 1-1 资产负债表中的财务活动图

资产负债表的左边是资产，包括流动资产和非流动资产，这是资金的去处，我们应该掌握：

① 我们应当置存多少现金以满足购买需求、预防不测和投机要求；

② 我们提供信用的对象及额度的选择；

③ 存货量的选择；

④ 投资什么（资本预算问题）。

资产负债表的右边是负债和所有者权益，这是资金的来源，我们必须清楚：

① 我们需要多少资金；

② 我们应该从哪里取得这些资金——所有者或债权人，还是其他（资金结构问题）。

企业在再生产过程中，资金从某种形态出发，经过若干阶段，依次转换其形态，又回到其原有形态。

在经营活动过程中，企业会通过不同渠道，以不同的筹资方式取得必需的资金来满足生产经营活动的需要；通过对内投资、对外投资等不同投资方式将筹得的资金用于增加企业收益；经营活动中取得的收益可以运用一定的方法，按照一定的比例分配给企业所有者。这一筹资、投资、经营和分配的过程就形成了企业的财务活动。

企业财务活动的实质是理财活动，具体地说，企业的财务活动主要包括筹资引起的财务活动、投资引起的财务活动、经营引起的财务活动、利润分配引起的财务活动，企业财务活动如图 1-2 所示。

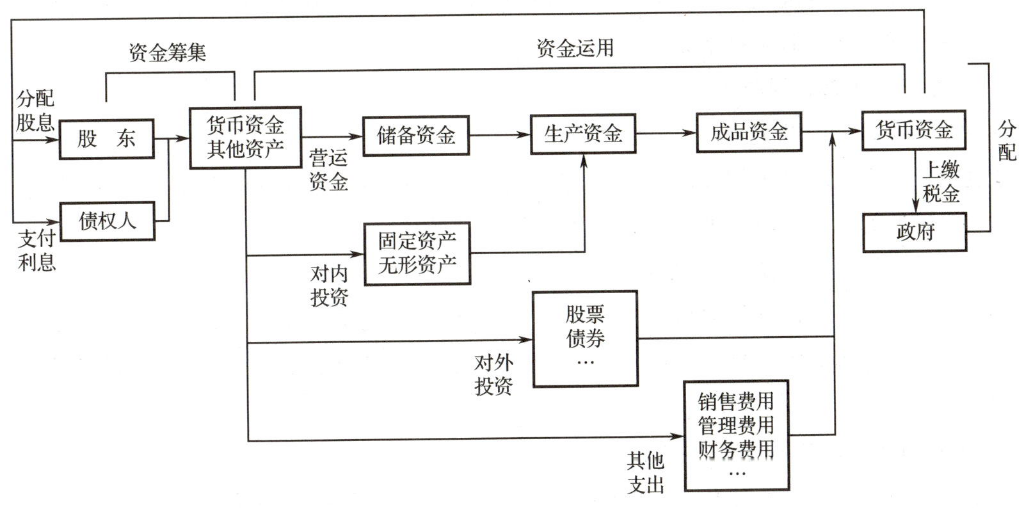


图 1-2　企业财务活动图

以上财务活动相互联系、相互依存、并行不悖，形成了完整的企业财务活动。

## 1.1.2　财务管理的概念

财务管理是组织企业资金运动，处理企业同各方面财务关系的一项经济管理工作，是企业管理的重要组成部分。

企业财务关系包括：

1. 企业与投资者之间的财务关系

企业与投资者之间的财务关系，主要指投资者向企业注入资金，成为企业的所有者，企业向投资者分配利润所形成的经济关系；投资者必须按照投资合同、协议或章程的规定履行出资义务。企业获得利润后，应按照合同、协议、章程的约定或出资比例向投资者支付报酬。

2. 企业与债权人之间的财务关系

企业不但利用所有者投入的资金进行经营活动，还需要借入一定数量的资金，以满足降低资金成本，扩大经营规模的需要。

企业与债权人之间的财务关系，主要指企业向债权人借入资金，并按借款合同的约定按时支付利息和归还本金所形成的经济关系；债权人为企业提供资金后，企业应按照约定的利息率，定期向债权人支付利息，资金使用期满，应及时归还本金。

3. 企业与政府之间的财务关系

这一关系主要指政府作为社会管理者，强制和无偿地参与企业利润的分配，同时对企业承担社会道义和实施各项财政经济政策所形成的经济关系；企业以税金的形式按照国家税法的规定缴纳各种税款，以保证国家财政收入的实现，满足社会各方面的需要。这种企业与政府之间的财务关系体现的是国民收入分配与再分配所形成的特定分配关系。

4. 企业与供应商、企业与消费者之间的财务关系

这一关系主要指企业为购买供应商的商品或接受其服务，以及企业向消费者提供服务或商品后向消费者收取款项所形成的经济关系。

5. 企业与受资者之间的关系

企业与受资者之间的关系，主要指企业将其暂时闲置的资金以购买股票或直接投资的形式向其他企业投资所形成的经济关系。当企业对外投资时，应按照约定履行出资义务，并以其出资份额参与被投资方的经营管理和利润分配。

6. 企业与债务人之间的财务关系

企业与债务人之间的财务关系，主要指企业将其资金以购买债券、提供借款或商业信用等形式出借给其他单位所形成的经济关系。企业出借资金后，有权要求债务人按照约定的条件支付利息、归还本金。

7. 企业内部各单位之间的关系

企业内部各单位之间的关系，主要指企业内部各部门之间在经营活动中各环节相互提供产品或劳务所形成的经济关系。

8. 企业与员工之间的财务关系

企业与员工之间的财务关系，主要指企业接受员工提供的劳务，并向员工支付劳动报酬的过程中所形成的经济关系，企业财务关系如图 1-3 所示。

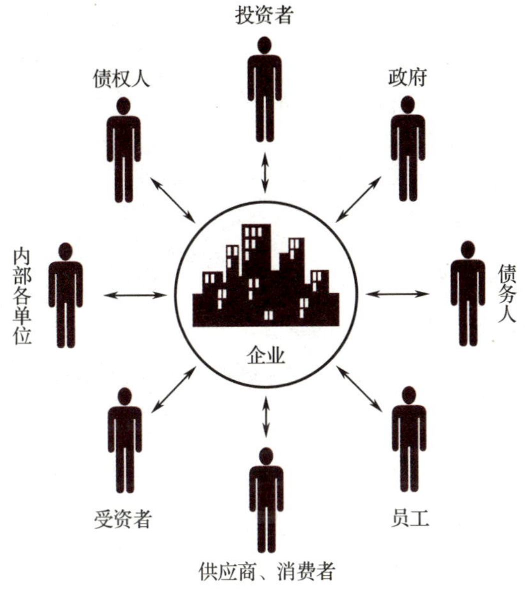


图 1-3 企业财务关系示意图

## 1.2 财务管理的目标
——现代的理财目标是利益最大化

**cfo 要求你知道**

财务管理人员应知道企业应以什么作为财务管理的目标，利润最大化、股东财富最大化、企业价值最大化还是相关者利益最大化。

**关键术语**

利润最大化（Maximization of Profit）

财务管理是企业管理的一部分，财务管理的目标取决于企业管理的目标。企业管理的目标可以概括为生存、发展和获利。关于企业财务管理目标，本书介绍利润最大化、股东财富最大化、企业价值最大化、相关者利益最大化这几种观点。

### 1.2.1 利润最大化

利润最大化观点认为，利润越大越能满足投资人对投资回报的要求。

该观点的优点在于：

① 利润是企业的新创价值，是已实现销售并被社会承认的价值；

② 利润是企业最综合的财务指标，能说明企业的整体经营和财务管理水平的高低；

③ 利润指标可以直接从财务资料中取得，可操作性强；.

④ 利润概念是一个容易被企业相关各方广泛接受的财务概念。

以利润最大化作为财务管理的目标有其内在的缺点：

① 利润最大化可能导致短期行为；

② 由于企业采取收付实现制核算利润，利润最大化并不意味着企业的现金状况良好；

③ 利润最大化不能反映企业一定时期内的投资收益水平，所以利润最大化不能作为企业财务管理目标的最优选择。

### 1.2.2 股东财富最大化

股东财富最大化指企业财务管理以实现股东财富最大化为目标。在上市公司中，股东财富是由所拥有的股票数量和股票市场价格两方面决定的。在股票数量一定时，股票价格达到最高，股东财富也就达到最大。

与利润最大化相比，股东财富最大化的主要优点是：

① 考虑了风险因素，因为股票价格会对风险做出较敏感的反应；

② 在一定程度上能避免企业短期行为，因为不仅目前的利润会影响股票价格，其未来的利润同样会对股票价格产生重要影响；

③ 对上市公司而言，股东财富最大化目标比较容易量化，便于考核和奖惩。

以股东财富最大化作为财务管理目标也存在以下缺点：

① 只适用于上市公司，非上市公司难以应用，因为非上市公司无法像上市公司一样随时准确地获得公司股票价格。

② 股票价格受众多因素影响，特别是企业外部的因素，有些还可能是非正常因素。股票价格不能完全准确反映企业财务管理状况，如有的上市公司处于破产的边缘，但由于可能存在某些机会，其股票价格可能还在走高。

③ 它强调得更多的是股东利益，而对其他相关者的利益则重视不够。

### 1.2.3 企业价值最大化

企业价值最大化指企业在进行财务决策时，充分考虑资金的时间价值和风险因素，在保证企业长期稳定发展的目标下，使企业总价值达到规划期内的最大值。

以企业价值最大化作为财务管理的目标，其优点主要表现在：

① 考虑了资金的时间价值和风险价值。考虑资金的时间价值和风险价值，就是用企业所能创造的预计未来现金流量的现值指标，来反映企业潜在或预期的获利能力与成长能力，同时强调风险与报酬的均衡，将风险控制在企业可以承担的范围之内。这样有利于经营者统筹安排短期计划及长期规划，制定相关经营策略，合理筹集使用资金，选择有利投资方案；还可以有效地防止财务管理人员不顾风险大小，片面追求利润的错误倾向。

② 反映了对企业资产保值增值的要求。从某种意义上说，股东财富越多，企业市场价值越大，追求股东财富最大化的结果就是促使企业的资产能够得到保值和增值，达到企业价值最大化的目标。

③ 有利于克服经营管理中的片面性和短期行为。某些企业经营者在经营活动过程中，受短期目标的影响，往往注重暂时利益，忽视企业的长期发展。在以企业价值的最大化作为财务管理目标时，能够去除片面性和短期行为，保证企业的长期发展战略不受其他因素的影响。

④ 有利于社会资源的合理配置。社会资本流向企业或某行业实现价值最大化，有利于实现社会效益最大化。

### 1.2.4 相关者利益最大化

股东作为企业所有者，在企业中拥有最高的权力，并承担着最大的义务和风险，但是债权人、员工、企业经营者、客户、供应商和政府也为企业承担着风险。因此，企业的利益相关者不仅包括股东，还包括债权人、企业经营者、客户、供应商、员工和政府。在确定企业财务管理目标时，不能忽视这些相关群体的利益。

相关者利益最大化目标的具体内容包括：

① 强调风险与报酬的均衡，将风险限制在企业可以承受的范围内；

② 强调股东的首要地位，并强调企业与股东之间的协调关系；

③ 强调对代理人即企业经营者的监督和控制，建立有效的激励机制，以便企业战略目标的顺利实施；

④ 关心本企业普通职工的利益，创造优美和谐的工作环境，提供合理的福利待遇，使职工长期努力地为企业工作；

⑤ 不断加强与债权人的关系，培养可靠的资金供应者；

⑥ 关心客户的长期利益，以便保持销售收入长期稳定增长；

⑦ 加强与供应商的协作，共同面对市场竞争，注重企业形象的宣传，遵守承诺，讲究信誉；

⑧ 保持与政府部门的良好关系。

## 1.3 财务管理的环境

——理财是在一定条件下进行的

**cfo 要求你知道**

企业是在一定环境下进行理财的，财务管理人员应当对影响企业理财的内部条件和外部条件进行透彻分析，做出正确理财决策。

**关键术语**

经济周期（Economic Cycle）

通货膨胀（Inflation）

金融政策（Financial Policy）

财务管理环境指对企业财务活动和财务管理产生影响的内外部各种条件的总称，包括外部环境和内部环境。

### 1.3.1 外部环境（PEST）

**1. 政治环境**

政治环境指企业市场经营活动的外部政治形势、国家方针政策的变化以及调整。安定团结的政治局面不仅有利于经济的发展和人们收入的增加，而且影响到人们的心理状况，导致市场需求发生变化。

政治环境是各种不同因素的综合反映，如国家危机，国家之间在特殊地区的冲突等。政治环境是政治体系存在和从事政治活动、进行政治决策的背景条件的总和。

**2. 经济环境**

（1）经济体制。在计划经济体制下，尽管企业是一个独立的核算主体，但是没有独立的理财权利，企业财务管理活动内容比较单一，财务管理方法也比较简单。

在市场经济体制下，企业成为“自主经营、自负盈亏”的经济实体，有独立的经营权，同时也有独立的理财权，企业财务管理活动内容比较丰富，方法也复杂多样。

（2）经济周期。宏观经济运行具有一定的波动性，常常在复苏、繁荣、衰退和萧条几个阶段间循环。在经济的不同发展时期，企业的生产规模、销售能力、获利能力以及由此而产生的资本需求都会出现重大差异。例如，在萧条阶段，由于宏观经济不景气，企业也处于紧缩状态之中，产量和销售量下降，投资锐减。在繁荣阶段，市场需求旺盛，销售大幅度上升，企业为扩大生产，就要增加投资，要求财务人员迅速筹集所需资本。总之，面对经济的周期性波动，财务人员必须预测经济变化情况，适当调整财务政策。经济周期中不同阶段的财务管理战略如表 1-1 所示。

**表 1-1　经济周期中不同阶段的财务管理战略**

| 复苏 | 繁荣 | 衰退 | 萧条 |
|---|---|---|---|
| 增加厂房设备 | 扩充厂房设备 | 停止扩张 | 建立投资标准 |
| 实行长期租赁 | 继续建立存货 | 出售多余设备 | 保持市场份额 |
| 建立存货储备 | 提高产品价格 | 停产不利产品 | 压缩管理费用 |
| 开发新产品 | 开展营销规划 | 停止长期采购 | 放弃次要利益 |
| 增加劳动力 | 增加劳动力 | 削减存货 | 削减存货 |
| | | 停止扩招雇员 | 裁减雇员 |

（3）经济政策。经济政策是国家进行宏观经济调控的重要手段，包括产业政策、金融政策和财税政策等方面。国家经济政策对企业的筹资活动、投资活动和分配活动都会产生重要影响，如金融政策中货币发行量与信贷规模会影响企业的资本结构和投资项目的选择；价格政策会影响资本的投向、投资回收期及预期收益。因此，财务管理人员应当时刻关注国家的经济政策，研究经济政策的调整对财务管理活动可能造成的影响。

（4）通货膨胀。通货膨胀指在信用货币制度下，流通中的货币量超过经济实际需要货币量而引起货币贬值和物价全面、持续上涨。

通货膨胀不仅对消费者不利，对企业财务活动的影响更为严重。大规模的通货膨胀会引起资本占用的迅速增加，利率的上升，增加企业的筹资成本，同时有价证券价格不断下降，给筹资带来较大困难；而且还会引起利润的虚增，造成企业的资本流失。

在通货膨胀初期，货币面临着贬值的风险，这时企业可以采取投资方式规避风险，实现资本保值；或与客户签订长期购货合同，以减少物价上涨造成的损失；或取得长期负债，保持资本成本的稳定；或在通货膨胀持续期，企业可以采用比较严格的信用条件，减少企业债权；或调整财务政策，防止和减少企业的资本流失。

（5）市场竞争。市场环境分为完全垄断市场、完全竞争市场、不完全竞争市场和寡头垄断市场四种。不同的市场环境对财务管理有不同的影响。处于完全垄断市场的企业，价格波动不大，利润稳中有升，经营风险较小，企业可利用较多的债务资本。处于完全竞争市场的企业，销售价格完全由市场来决定，企业利润随价格波动而波动，企业不宜过多地采用负债方式去筹集资本。处于不完全竞争市场和寡头垄断市场的企业，关键是要使企业的产品具有优势、特色和品牌效应，这就要求在研究与开发产品上投入大量资本，开发出新的优质产品，并搞好售后服务，给予优惠的信用条件。

企业竞争对财务管理的影响有多种表现。例如，投资项目盈利能力的大小在很大程度上要取决于未来市场份额的大小；又如由于银行和投资者的谨慎，竞争能力强的企业总是比其他企业更容易融通资本；在竞争能力不分伯仲的企业间，各种财务策略的谋划和运用应注意相通性，避免发生冲突。

（6）金融市场环境。金融市场指资金供求双方交易的场所。广义的金融市场指一切资本流动的场所，其交易对象包括货币借贷、票据的承兑与贴现、有价证券的买卖、黄金和外汇买卖、办理国内外保险、生产资料的产权交换。狭义的金融市场一般指有价证券市场，即股票和债券的发行和买卖市场。

金融市场是企业最为主要的环境因素，对企业的理财具有重要的意义。首先，金融市场是企业筹资和投资的场所，企业在符合有关法律、法规的条件下，经过批准以发行股票、债券的方式筹集资金，也可以将企业的资金投放于有价证券，或者进行与证券相关的其他财务交易。其次，企业通过金融市场实现长期资金与短期资金的相互转化。企业所持有的长期股票和债券投资，随时可以通过出售有价证券使其转化为短期资金；同理，企业的短期资金也可以通过购买股票或债券而转化为长期投资。长短期资金的相互转化，在理财上从属于企业资产收益性与流动性关系的有效处理，从属于企业经营发展战略。最后，金融市场传递的信息，有助于企业进行财务管理的决策。

金融市场是商品经济发展和信用形式多样化的必然产物。它在财务管理中发挥着重要的作用。

① 为企业筹资和投资提供场所。金融市场能够为资本所有者提供多种投资渠道，为资本筹集者提供多种可供选择的筹资方式。在现实经济生活中，资本所有者在为闲置资本寻找出路时，要求兼顾其安全性、流动性和盈利性；而资本需求者在筹资时，也要求在降低资本成本的同时，满足在数量和时间上的需要。要实现资本所有者和筹集者的满意结合，需要创造一个理想的场所，而金融市场中有多种融资形式和金融工具可供双方选择。因此，通过金融市场，资本供应者能够灵活地调整其闲置资本，实现其投资目的；资本需求者也能够从众多筹资方式中选择最有利的方式，实现其筹资目的。

② 促进企业资本灵活转换。金融市场各种形式的金融交易，形成了纵横交错的融资活动。通过融资活动可以实现资本的相互转换，包括时间上长短期资本的相互转换、空间上不同区域间资本的相互转换，以及数量上大额资本和小额资本的相互转换。例如，股票、债券的发行能够将储蓄资本转换为生产资本，将流动的短期资本转换为相对固定的长期资本，将不同地区的资本转换为某一地区的资本；远期票据的贴现能够使将来收入转化为现期收入。这种多种方式的资本相互转换能够调剂资本供求，促进资本流通。

③ 引导资本流向和流量，提高资本利用效率。金融市场通过利率的上下波动和人们投资收益的变化，能够引导资本流向最需要的地方，从利润率低的部门流向利润率高的部门，从而实现资本在各地区、各部门和各单位的合理流动，实现社会资源的优化配置。

④ 为企业树立财务形象。金融市场是企业树立财务形象的最好场所。企业有良好的经营业绩和财务状况，证券价格就会稳定增长，这是对企业财务形象最客观的评价。

⑤ 为财务管理提供有用信息。企业进行筹资和投资决策时，可以利用金融市场提供的有关信息。股市行情从宏观看反映了国家的总体经济状况和政策情况，从微观看反映了企业的经营状况、盈利水平和发展前景，有利于投资者对企业财务状况做出基本评价。此外，利率的变动也反映了资本的供求状况。

正确认识财务管理与环境的关系具有重要意义。适者生存、优胜劣汰是商品经济竞争中的规律。这一规律要求企业财务管理必须主动面对纷繁复杂的财务管理环境，研究财务管理环境变化的规律性，通过制定和选择富有弹性的财务管理战略和政策，抓住环境因素的突变可能出现的各种有利机会，抵御环境变化可能对财务活动造成的不利影响。

**3. 法律环境**

财务管理的法律环境是企业组织财务活动、处理企业与有关各方的经济关系所必须遵循的法律规范的总和。财务管理作为一种社会活动，其行为要受到法律的约束，企业合法的财务活动也相应受到法律的保护。企业从事筹资、投资和股利分配活动，必须遵循有关法律的规定。

影响企业财务管理的主要法规包括：

① 企业组织法规。企业必须依法成立，组建不同组织形式的企业必须遵循相关的法律、法规，包括《中华人民共和国公司法》《中华人民共和国外资企业法》《中华人民共和国中外合资经营企业法》《中华人民共和国中外合作经营企业法》《中华人民共和国个人独资企业法》《中华人民共和国合伙企业法》。在企业组织法律、法规中，规定了企业组织的主要特征、设立条件、设立程序、组织机构、组织变更和终止的条件和程序，涉及企业的资本组织形式、企业筹集资本金的渠道、筹资方式、筹资期限、筹资条件和利润分配等诸多理财内容的规范，也涉及不同的企业组织形式的理财特征。例如，合伙制与独资企业要承担无限债务偿还责任，而公司制企业承担有限责任。

② 企业经营法规。企业经营法规是对企业经营行为所制定的法律、法规，包括《反垄断法》《反不正当竞争法》《环境保护法》《产品安全法》，这些法规不仅影响企业的各项经营政策，也会影响企业的财务决策及实施效果，对企业投资方向、经营成本和预期收益均会产生重要的影响。

③ 税收法律制度。税收是国家为实现其职能，强制地、无偿地参与社会分配的一种手段。企业的财务管理要受到税收的直接影响和间接影响，任何企业都具有纳税的法定义务。税收对财务管理的投资、筹资和股利分配决策都具有重要的影响。在投资决策中，缴纳税款是一个投资项目的现金流出，计算项目各年的现金净流量应该扣减这种现金流出，才能正确反映投资所产生的现金净流量，进而对投资项目进行估价。在筹资中，债务的利息具有抵减所得税的作用，确定企业资本成本时必须考虑税收的影响；股利分配比例和股利分配方式影响股东个人交纳个人所得税的数额，进而可能对企业价值产生重要的影响。此外税负是企业的费用，要增加企业的现金净流量，企业无不希望将其降低，所以企业进行合法的税收筹划，也是理财工作的重要职责。

我国企业目前应该上缴的主要税种有按收益额征收的所得税和按流转额征收的增值税、消费税。

④ 证券法律制度。证券法律制度是确认和调整在证券管理、发行与交易过程中各主体的地位、权利和义务关系的法律、规范。证券法律制度对企业以证券形式进行的筹资与投资，对上市公司信息的披露具有重要的影响。

4. 技术环境

新技术的迅猛发展，改变了人们的生活方式及消费需求。为此，企业或组织必须关注技术创新步伐，分析技术变化带来的市场机会或威胁，探讨研究与开发对企业营销战略的影响作用，关注政府对技术创新的规定及社会影响。

技术对企业经营的影响是多方面的，企业的技术进步将使社会对企业的产品或服务的需求发生变化，从而给企业提供有利的发展机会；然而，企业经营战略涉及的另一个重要问题是：一项新技术的发明或应用可能又同时意味着“破坏”。因为一种新技术的发明和应用会带动一批新行业的兴起，从而损害甚至破坏另外一些行业，如静电印刷的发展，使得复印机业得到发展，从而使复写纸行业变得衰落；半导体的发明和普及急剧地改变了视听业的竞争格局。越是技术进步快的行业这种技术变革就越应该作为环境分析的重要因素。

当前，一个国家经济增长速度，在很大程度上与重大技术发明采用的数量和程度相关，一个企业的盈利状况也与其研发费用的投入程度相关。所有企业特别是本身属于技术密集型的企业或处于技术更新较快的行业中的企业，必须高度重视当今的科技进步以及这种进步给企业经营带来的影响，以便及时地采取经营策略不断促进技术创新，保持竞争优势。

在衡量技术环境的诸多指标中，整个国家的研究开发经费总额、企业所在产业的研究开发支出状况、技术开发力量集中的焦点、知识产权与专利的保护、新产品开发的状况、实验室技术向市场转移的最新发展趋势、信息与自动化技术发展可能带来生产率的提高，都可以作为关键战略要素进行分析。

## 1.3.2 内部环境

1. 企业组织形式

企业组织形式有独资与合资方式，两种方式对利润分配方法有着不同的要求，财务管理方法也各不相同。

2. 企业组织结构

企业组织结构有直线制、职能制和事业部制等多种形式。不同的企业组织结构，对企业财务管理体制的建立具有影响。

3. 企业人员素质

企业人员素质，特别是财务管理人员的素质，对财务管理工作的质量和效率具有直接的影响。因此，需要研究安排能充分发挥财务管理作用的组织结构和人员分工，同时也要适应企业的组织结构和人员构成来组织财务管理。

# 1.4 财务管理的基本环节和财务管理的内容——财务管理的学科体系

cfo 要求你知道

财务管理的基本环节指财务管理的工作步骤和一般程序，财务管理的基本环节包括预测、决策、预算、控制和分析。财务管理包括与筹资有关的财务活动、与投资有关的财务活动、与经营有关的财务活动、与分配有关的财务活动等内容。

关键术语

财务预测（Financial Forecasting）
财务决策（Financial Decision）
财务预算（Financial Budget）
财务控制（Financial Control）
财务分析（Financial Analysis）

## 1.4.1 财务管理的基本环节

### 1. 财务预测

财务预测是企业根据财务活动的历史数据，结合企业当前的经营情况，对企业未来的财务状况做出的科学预计和测算。财务预测是财务决策的基础，是编制财务预算的基本前提，是组织日常财务活动的必要条件。

企业财务预测的方法主要有定性预测法和定量预测法两种。

企业财务预测包括：

① 确定预测内容及目的；

② 收集与预测内容相关的资料；

③ 整理资料；

④ 进行财务预测。

### 2. 财务决策

财务决策指企业财务人员为实现财务管理的目标，从若干备选方案中选择最优方案的过程。财务管理的核心在决策。财务预测为财务决策服务，财务预算是财务决策的具体体现。财务决策的正确与否，直接关系到企业经营的成败。

企业财务决策常用的方法有优选对比法、数学微分法、线性规划法、概率决策法和损益决策法。

企业财务决策包括：

① 根据企业财务预测提供的信息确定决策对象；

② 根据企业的决策目标提供可供选择的备选方案；

③ 分析、评价和对比各备选方案的优劣；

④ 拟定择优标准，选择最优方案。

### 3. 财务预算

企业财务预算指企业运用科学的技术手段和数量方法，对其未来的财务目标及财务活动的内容进行协调和综合平衡的具体规划。企业财务预算建立在为企业财务预测提供的相关信息和企业财务决策确定的备选方案的基础上，是企业财务预测和决策的具体化和企业财务控制的重要依据。

编制企业财务计划的方法有平衡法、因素推算法和比例计算法。

企业财务预算包括：

① 根据企业财务决策的要求，确定企业财务预算的相关指标；

② 合理分配人力、物力和财力，实现综合平衡；

③ 协调企业财务预算指标，编制财务计划。

### 4. 财务控制

企业财务控制指在财务管理过程中，通过利用有关信息和特定手段，影响或调节企业的财务活动，以便实现企业财务预算的目标要求。完成企业财务预算目标的有效措施之一是进行相应的财务控制，以确保企业财务预算指标的完成。

企业财务控制主要有事前控制、事中控制和事后控制。事后控制是进行财务控制的典型方法。

企业财务控制包括：

① 按照企业财务预算的要求，将预算指标分解到部门乃至个人；

② 按照企业财务预算的标准，实施事中控制；

③ 根据企业财务预算的执行情况，确定和调整财务预算执行中的差异；

④ 考核财务预算的执行结果，奖优罚劣。

### 5. 财务分析

企业财务分析是根据会计核算资料提供的信息，采用特定方法，对企业财务活动过程及结果进行分析和评价。企业利用财务分析得出数据，财务人员可以通过数据掌握财务预算的完成情况，评价企业的财务状况，分析企业的财务成果，以更好地制订下一年度的财务预算、财务决算和财务控制。

企业财务分析的方法包括比较分析法、比率分析法和综合分析法。

企业财务分析包括：

① 确定企业财务活动的基本目标；

② 对比和评价现有的财务指标；

③ 揭露财务活动中存在的问题，明确责任；

④ 提出相关措施，改进工作。

企业财务管理的这些基本环节密切联系，既相互制约又环环相扣，形成财务管理的循环过程，构成完整的财务工作体系。

## 1.4.2 财务管理的内容

财务管理是组织企业资金活动，处理企业同各方面的财务关系的一项经济管理工作，是企业管理的重要组成部分。财务管理包括与筹资有关的财务活动、与投资有关的财务活动、与经营有关的财务活动、与分配有关的财务活动等内容。

### 1. 与筹资有关的财务活动

在商品经济条件下，企业想要从事经营，首先必须筹集到一定数量的资金，这也是企业资金活动的起点。企业可以通过吸收直接投资、发行股票和企业内部留存收益等自有资金的方式取得，也可以通过向银行借款、发行债券和商业信用等方式取得。

企业筹集到的资金，表现为资金的流入，与此相对应的企业偿还借款、支付利息和股息，则表现为资金的流出。这些资金收付活动就是由于筹集资金而产生的财务活动。

**提示**

财务管理中的筹资，包括主动负债筹资（借钱）和权益筹资（吸收股东投资和留存收益），不包括经营活动中自然形成的负债。

### 2. 与投资有关的财务活动

企业筹集资金的目的就是为了将资金用于生产经营活动中，以便取得盈利，不断使企业资金实现增值。企业把筹集到的资金投资于企业内部用于购置固定资产和无形资产，便形成企业的对内投资；企业把筹集到的资金投资于购买其他企业的股票、债券或对其他企业进行直接投资，便形成企业的对外投资。

无论企业对内还是对外投资，都需要支出资金；而当企业变卖对内投资形成的各种资产或收回对外投资时，则会产生资金的收入。这些资金收付活动就是由于资金投放而产生的财务活动。

**提示**

财务管理中的投资，是指购置固定资产、无形资产、债券和股票，与财务会计中投资的概念不同。

### 3. 与经营有关的财务活动

企业在正常的经营过程中，也会发生一系列的资金收付，如采购材料、商品、低值易耗品以及支付工资和各种费用产生的资金流出；销售取得收入收回资金以及通过合理占用应付款项等方式形成资金流入，这些资金收付活动就是由于经营活动而产生的财务活动。

### 4. 与分配有关的财务活动

企业将资金投放使用后，会取得收入并实现资金的增值，即产生利润。收入补偿生产经营中的各种成本、费用、销售税金，而后若有剩余，则为企业的息税前利润，即支付利息及缴纳所得税之前的收益。

息税前利润在支付债权人的利息以后，即税前利润；依法缴纳所得税后，即税后利润。税后利润是企业的净利润，是弥补亏损以及提取盈余公积之后，向投资者分配的利润。这个过程中的资金收付就是由于利润分配而产生的财务活动。

**提示**

此处所讲的分配，其对象包括债权人、政府和股东，所以分配的内容是息税前利润，不是利润总额，也不是净利润。

上述四个方面的财务活动，就是财务管理的基本内容，即企业筹资管理、企业投资管理、营运资金管理和利润及其分配管理，财务管理内容示意如图 1-3 所示。

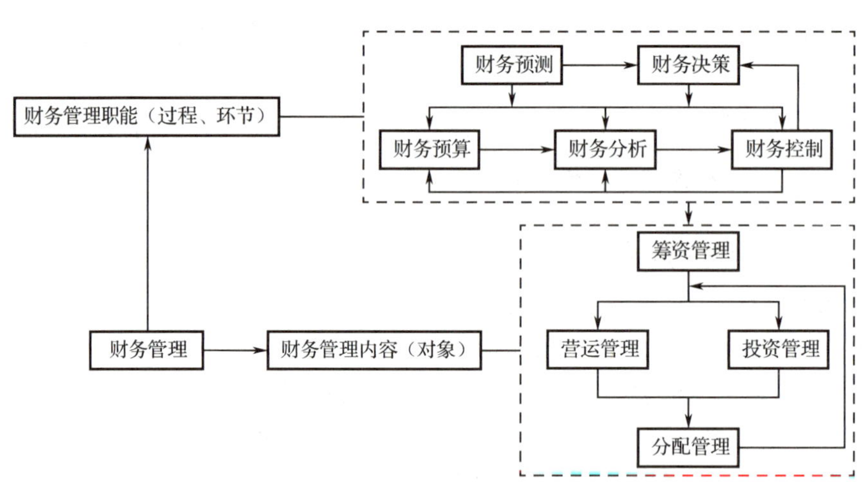


图 1-3　财务管理内容示意图

财务管理体系可以从两个维度来描述：一是财务管理对象的角度，财务管理对象的具体表现是财务管理的内容，包括资金筹集管理、资金运用管理（营运资金管理和投资管理）和资金收回管理（分配管理）；二是财务管理环节（又称财务管理的职能或过程）的角度，包括财务预测、财务决策、财务预算、财务分析和财务控制。二者的关系是每一项财务管理的内容都要经过财务管理环节进行管理。

# 财务预测与预算

## ——财务管理的第一环节是什么

CFO 

作为一名财务管理人员应掌握预测和预算的方法。

### 本项目架构

- 财务预测
  - 财务预算

# 2.1 财务预测

## cfo 要求你知道

作为一名财务管理人员应掌握销售预测、成本预测、利润预测和资金预测的方法，回归分析法和销售百分比法的应用，特别是成本习性的概念和应用。

关键术语

股利支付率（Dividend Payout Ratio）

## 2.1.1 销售预测

财务预测的起点是销售预测。

一般情况下，财务预测把销售数据视为已知数。销售预测不是财务管理的职能，但它是财务预测的基础，销售预测完成后才能开始财务预测。

销售预测是建立在对历史销售资料以及市场需求的变化状况与分析基础上，所做出的对销售发展变化的科学预计和推测。“以销定产”是市场经济下企业预测与规划的显著特点，所以销售预测是制定经营决策的重要依据。通过销售预测，对市场需求的变化趋向及竞争情况做出判断，使决策者可以按照经营战略和目标的要求，对产品经营做出最佳决策。

### 1. 销售预测的意义

销售预测指根据企业所处的市场环境和确定的销售目标，对某产品在一定期间内的产（销）量（金额）的估计和推算。

销售是实现目标利润的重要环节，只有完成和超额完成既定的销售目标，才能保证目标利润的实现。企业利润预测中所测定的目标销售额需要通过科学的销售分析才能确定，而做好预测分析，就可以使企业的经营目标与市场同步，便于“以销定产、以销定进、以销定存、以销定费、以销定资金需要量”，最终使销售与购进额、库存额、资金定额及费用等指标密切衔接，增强企业决策和计划的科学性，减少盲目性。

影响销售的因素很多，如国家有关政策和规定、社会消费水平、消费区域及消费群体以及相关产品销售量的变动，企业还可以通过分析大数据占有大量的市场信息，运用适当的分析方法进行销售预测。因此，搞好销售预测对实现目标利润具有重要的意义。首先，销售预测是其他各项经营预测的前提，不论利润预测、成本预测还是资金需要量预测，都直接或间接与销售预测的内容和结果紧密相关，在搞好销售预测的前提下，才能相互衔接地进行其他经营预测。其次，销售预测是制定经营决策的依据，通过销售预测对市场需求的变化情况及竞争情况做出判断，使决策者可以按照经营战略和经营目标的要求对企业的生产经营活动做出最佳决策。

在市场竞争日益激烈的环境下，销售预测对企业来说十分重要。首先，销售预测是进行科学经营决策的重要前提。企业经营管理中的大部分决策都以销售预测为基础。其次，销售预测是进行其他预测的基础。只有预知销售数量后，才能进行生产预测、成本预测、利润预测。最后，销售预测是编制全面预算的依据，企业的全面预算是从销售预算开始的，而销售预算依赖于销售预测。

**2. 销售预测的分析方法**

销售预测的分析方法很多，常用的销售预测的分析方法有定性分析和定量分析两大类。

（1）销售预测的定性分析方法。销售预测的定性分析方法是根据一批具有丰富实践经验和广泛专业知识的销售人员、经济专家或企业高层管理人员，在对企业一定期间特定产品的销售情况进行综合研究的基础上，来估计未来一定时期内市场供需变化趋势，从而确定企业计划期产品销售情况的预测方法，一般适用于不具备完整可靠的历史资料，无法进行定量分析的企业。

① 专家意见法。专家意见法又叫特尔菲法，是利用专家小组的集体智慧，通过预测部门向有关专家逐次寄送调查意见表，由有关专家对调查表中的问题逐次发表个人意见，经过多次反馈和整理后，推断出有关产品在一定时期内的销售变动趋势。该方法的工作程序大致如下：

a. 书面通知被选定的专家。由预测小组根据预测对象和内容，向各位专家提供有关资料，明确预测目标并提出征询要求。

b. 专家根据自己掌握的资料，对研究对象的未来发展趋势提出自己的预测及其依据，书面答复预测单位。

c. 预测小组将收到的第一轮专家意见归纳整理后，列出不同预测结果和相应的理论依据，书面答复预测单位。

d. 专家接到汇总意见后，就各种预测意见及其依据进行分析，提出自己修改的预测意见。经多次征询、归纳和修改，最终达到一致意见。

e. 预测小组将取得的调查结果整理出书面意见和报告。

采用专家意见法选择的专家人数应在 10 ～ 20 人。这些预测具有连续性长期观察的特点，适用于长期预测。

② 调查法。调查法包括全面调查、重点调查和抽样调查。全面调查是对涉及同一产品的销售对象进行逐一了解，综合分析调查结果后，查明该产品在未来一定期间内销售量的增减变动趋势。重点调查指对某些产品销售历史情况的调查，综合分析调查结果后，大致掌握未来一定期间内产品销售量变动的总体趋势。抽样调查是按照随机原则，从有关产品总体中抽出一部分样本进行调查，经分析推断后，测算有关产品的总需求量。

③ 专业人员意见法。专业人员意见法包括经理评定法和销售人员意见法。经理评定法是由企业内部负责产品经销的有关经理人员，根据自己的学识和经验，对其掌握的历史销售资料进行分析评价，并对未来一定时期内某产品的销售量变动趋势做出判断。销售人员意见法是由专门从事销售活动的有关人员对其所在地区产品销售历史情况的了解，提出有关产品在未来一定时期内增减变动趋势的个人意见，企业经归纳汇总，最终推算出产品需求数量。

除以上方法外，预测分析还可以使用主观概率法、市场因子法及用户推断法。

（2）销售预测的定量分析方法。销售预测的定量分析方法主要指根据有关的历史资料，运用现代数学方法对历史资料进行分析加工处理，通过建立预测模型对产品的市场销售趋势进行研究，并做出推测方法的统称，包括趋势预测分析法和因果预测分析法。趋势预测分析法主要有算术平均法、加权平均法、移动平均法、指数平滑法；因果预测分析法主要有回归直线法、生产量预测法、目标利润预测法、销售比例推算法。

① 趋势预测分析法。趋势预测分析是根据产品销售的历史资料和有关数据，按照事物连续发展的规律来预测其变动趋势的一种定量预测技术。用此法预测销售指标，是将企业有关销售的历史资料按时间顺序排列，运用一定数学方法分析未来发展趋势，并在此基础上确定有关指标的预计数值。

a. 算术平均法。算术平均法是以过去若干时期的销售量（或销售额）的算术平均数作为计划期销售预测数的方法，计算公式如下：

$$\overline{X} = \frac{\sum x_i}{n}$$

式中：$\overline{X}$——预测值；

$x_i$——第 $i$ 期的实际销售量或销售额；

$n$——时期数。

这种方法的优点是计算简单，但它会使各计算时期的销售差异平均化，特别是历史资料多时没有考虑到近期的变动趋势，只进行简单的平均计算，导致测算结果可能不准确。因此，此法一般只适用于在短期内无明显变化趋势的产品销售预测。

【情景 2-1】华信食品股份有限公司 2010—2017 年的产品销售量资料如表 2-1 所示。

表 2-1 2010—2017 年产品销售量

| 年度 | 2010 | 2011 | 2012 | 2013 | 2014 | 2015 | 2016 | 2017 |
|---|---|---|---|---|---|---|---|---|
| 销售量（箱） | 3 000 | 3 250 | 3 100 | 3 150 | 3 250 | 3 350 | 3 400 | 3 450 |

要求：根据以上资料，用算术平均法预测公司 2018 年的销售量。

根据算术平均法的计算公式，公司 2018 年的预测销售量为：

$$预测销售量\ \overline{X}=\frac{\sum x_i}{n}=(3\ 000+3\ 250+\cdots+3\ 400+3\ 450)\div 8=3\ 244（箱）$$

b. 加权平均法。加权平均法是将若干历史时期的实际销售量或销售额作为样本值，将各个样本值按照一定的权数计算得出加权平均数，并将该平均数作为下期销售量的预测值。一般情况下，权数的选取应遵循“近大远小”的原则，计算公式为：

$$\overline{X}=\sum_{i=1}^{n}\left(w_i x_i\right)$$

式中：$\overline{X}$——预测值；

$w_i$——第 $i$ 期的权数 ($0<w_i\leqslant w_i+1<1$，且 $\sum w_i=1$)；

$x_i$——第 $i$ 期的实际销售量或销售额；

$n$——时期数。

加权平均法较算术平均法更为合理，较移动平均法、指数平滑法计算更为简便。

【情景 2-2】沿用【情景 2-1】中的数据，假设 2010—2017 年各数据的权数如表 2-2 所示。

**表 2-2 2010—2017 年各数据的权数**

| 年度 | 2010 | 2011 | 2012 | 2013 | 2014 | 2015 | 2016 | 2017 |
|---|---|---|---|---|---|---|---|---|
| 销售量（箱） | 3 000 | 3 250 | 3 100 | 3 150 | 3 250 | 3 350 | 3 400 | 3 450 |
| 权数 | 0.04 | 0.06 | 0.08 | 0.11 | 0.13 | 0.15 | 0.17 | 0.19 |

要求：根据上述资料，用加权平均法预测公司 2018 年的销售量。

根据算术平均法的计算公式，公司 2018 年的预测销售量为：

$$预测销售量\ \overline{X}=\sum\left(w_i x_i\right)=3\ 000\times 0.04+\cdots+3\ 450\times 0.19=3\ 068（箱）$$

c. 移动平均法。移动平均法是从 $n$ 期的时间数列销售量中选取 $m$ 期（$m$ 数值固定，且 $m<n/2$）数据作为样本值，求其 $m$ 期的算术平均数，并不断向后移动计算观测其平均值，以最后一个 $m$ 期的平均数作为未来第 $n+1$ 期销售预测值的一种方法。这种方法假设预测值主要受最近 $m$ 期销售量的影响，计算公式为：

$$Y_{n+1}=\frac{X_{n-(m-1)}+X_{n-(m-2)}+\cdots+X_{n-1}+X_n}{m}$$

为了能使预测值反映销售量变化的趋势，可以对上述结果按趋势值进行修正，其计算公式为：

$$\overline{Y}_{n+1}=Y_{n+1}+(Y_{n+1}-Y_n)$$

【情景 2-3】沿用【情景 2-1】中的数据，假定公司预测前期（即 2017 年）的预测销售量为 3 500 箱。

要求：分别用移动平均法和修正的移动平均法预测公司 2018 年的销售量(假设样本期为 3 期)。

• 根据移动平均法的计算公式，公司 2018 年的预测销售量为：

$$预测销售量\ Y_{n+1}=\frac{X_{n-(m-1)}+X_{n-(m-2)}+\cdots+X_{n-1}+X_n}{m}=\frac{3\ 350+3\ 400+3\ 450}{3}=3\ 400\ （箱）$$

• 根据修正的移动平均法计算公式，公司 2018 年的预测销售量为：

$$\begin{aligned}修正后的预测销售量\ (Y_{n+1})&=Y_{n+1}+(Y_{n+1}-Y_n)\\&=3\ 400+(3\ 400-3\ 500)\\&=3\ 300\ （箱）\end{aligned}$$

d. 指数平滑法。指数平滑法是以一个指标本身过去的变化趋势作为预测未来的依据。在预测计划期销售指标时，为了排除在实际销售中所包含的偶然因素的影响，可导入平滑系数（加权因子）进行计算，以区别近期资料的影响程度，计算公式为：

$$Y_{n+1}=aX_n+(1-a)Y_n$$

【情景 2-4】沿用【情景 2-1】中的数据，2017 年实际销售量为 3 450 箱，假设原预测销售量为 3 500 箱，平滑指数 $a$=0.7。

要求：用平滑指数法预测公司 2018 年的销售量。

根据指数平滑法的计算公式，公司 2018 年的预测销售量为：

预测销售量 =0.7×3 450+(1−0.7)×3 500=3 465（箱）

② 因果预测分析法。因果预测分析法指分析影响产品销售量（因变量）的相关因素（自变量），以及它们之间的函数关系，并利用这种函数关系进行产品销售预测的方法。因果预测的方法最常用的是回归分析法。本项目中主要讲回归直线法。

回归直线法也称一元回归分析法。它假定影响预测对象销售量的因素只有一个，根据直线方程式 $y=a+bx$，按照最小二乘法原理，确定一条误差最小的、能正确反映自变量与 $y$ 之间关系的直线，其常数项 $a$ 和系数 $b$ 的计算公式为：

$$b=\frac{n\sum xy-\sum x\cdot\sum y}{n\sum x^2-\left(\sum x\right)^2}$$

$$a=\frac{\sum y-b\sum x}{n}$$

【情景 2-5】沿用【情景 2-1】中的数据，假定产品销售量只受广告费支出大小的影响，2018 年预计广告费支出为 220 万元，以往年度的广告费支出资料如表 2-3 所示。

**表 2-3 广告费支出资料**

| 年度 | 2010 | 2011 | 2012 | 2013 | 2014 | 2015 | 2016 | 2017 |
|---|---|---|---|---|---|---|---|---|
| 销售量（箱） | 3 000 | 3 250 | 3 100 | 3 150 | 3 250 | 3 350 | 3 400 | 3 450 |
| 广告费（万元） | 105 | 115 | 130 | 148 | 162 | 170 | 195 | 205 |

要求用回归直线法预测公司 2018 年的产品年销售量（计算结果保留两位小数）。

根据公式以及表 2-4 中有关数据得：

$$b=\frac{n\sum xy-\sum x\cdot\sum y}{n\sum x^2-\left(\sum x\right)^2}=275\,100\div 73\,084\approx 3.76$$

$$a=\frac{\sum y-b\sum x}{n}=21\,325.2\div 8=2\,665.65\text{（箱）}$$

将 $a$、$b$ 代入公式，得出结果，即 2018 年的产品预测销售量为（计算结果保留整数）：

**表 2-4　2018 年的产品预测销售量**

| 年度 | 广告费支出 $x$（万元） | 销售量 $y$（箱） | $xy$ | $x^2$ | $y^2$ |
|---|---|---|---|---|---|
| 2010 | 105 | 3 000 | 315 000 | 11 025 | 9 000 000 |
| 2011 | 115 | 3 250 | 373 750 | 13 225 | 10 562 500 |
| 2012 | 130 | 3 100 | 403 000 | 16 900 | 9 610 000 |
| 2013 | 148 | 3 150 | 466 200 | 21 904 | 9 922 500 |
| 2014 | 162 | 3 250 | 526 500 | 26 244 | 10 562 500 |
| 2015 | 170 | 3 350 | 569 500 | 28 900 | 11 222 500 |
| 2016 | 195 | 3 400 | 663 000 | 38 025 | 11 560 000 |
| 2017 | 205 | 3 450 | 707 250 | 42 025 | 11 902 500 |
| $n$=8 | 1 230 | 25 950 | 4 024 200 | 198 248 | 84 342 500 |

$$y=a+bx=2\,665.65+3.76x=2\,665.65+3.76\times 220\approx 3\,493\text{（箱）}$$

## 2.1.2　资金需求量预测

### 1. 销售百分比法

（1）概念。销售百分比法，是根据资产负债表和利润表中有关资金项目与销售额之间的依存关系来预测短期资金需求量的一种方法。

（2）基本步骤。

① 确定随销售额变动而变动的资产和负债项目。

一般情况下，随销售额的增长而增加的项目称为敏感项目。敏感资产项目包括现金、应收账款和存货；敏感负债项目包括应付账款和应付费用。不随销售额增长而增加的项目称为非敏感项目。非敏感资产项目包括对外投资、短期借款、长期负债和实收资本。

② 计算相关项目与销售额的百分比。确定敏感项目后，计算出相关项目与销售额的百分比，确定相关资产、负债与销售额的稳定比例关系。

③ 确定需要增加的筹资数量。预计由于销售增长而需要的资金需求增长额，扣除利润留存后，即为所需要的外部筹资额。即有：

$$\text{外部融资需求量}=\frac{A}{S_1}\times\Delta S-\frac{B}{S_1}\times\Delta S-P\times E\times S_2$$

式中：$A$——随销售变化的敏感性资产；

$B$——随销售变化的敏感性负债；

$S_1$——基期销售额；

$S_2$——预测期销售额；

$\Delta S$——销售的变动额；

$P$——销售净利率；

$E$——利润留存比率；

$\frac{A}{S_1}$——敏感资产与销售额的关系百分比；

$\frac{B}{S_1}$——敏感负债与销售额的关系百分比。

需要说明的是，如果非敏感性资产增加，则外部融资需求量也应相应增加。

【情景 2-6】华信食品股份有限公司 2018 年 12 月 31 日的简要资产负债及相关信息如表 2-5 所示。假定华信食品股份有限公司 2018 年销售额为 120 000 000 元，销售净利率为 8%，利润留存率 35%，2019 年销售额预计增长 25%，公司有足够的生产能力，无须追加固定资产投资。

**表 2-5　华信食品股份有限公司简要资产负债及相关信息表**

单位：元

| 资产 | 金额 | 与销售关系 | 负债与权益 | 金额 | 与销售关系 |
|---|---|---|---|---|---|
| 现　金 | 4 000 000 | 3% | 短期借款 | 22 000 000 | N |
| 应收账款 | 20 000 000 | 17% | 应付账款 | 18 000 000 | 15% |
| 存　货 | 24 000 000 | 20% | 预提费用 | 6 000 000 | 5% |
| 固定资产 | 46 000 000 | N | 公司债券 | 10 000 000 | N |
| | | | 实收资本 | 20 000 000 | N |
| | | | 留存收益 | 18 000 000 | N |
| 合计 | 94 000 000 | 40% | 合计 | 94 000 000 | 20% |

首先，确定有关项目及其与销售额的关系百分比。在表中 N 表示不变动，是指该项目不随销售的变化而变化。

其次，确定需要增加的资金量。从表 2-5 中可以看出，销售收入每增加 100 元，必须增加 40 元的资金占用，但同时自动增加 20 元的资金来源，两者差额的 20%，产生了资金需求。因此，每增加 100 元的销售收入，公司必须取得 20 元的资金来源，销售额从 120 000 000 元增加到 150 000 000 元，增加了 30 000 000 元，按照 20% 的比率可预测将增加 6 000 000 元的资金需求。

最后，确定外部融资需求的数量。2019 年的净利润为 12 000 000 元（150 000 000×8%），利润留存率 35%，则将有 4 200 000 元的利润被留存下来，还有 1 800 000 元的资金必须从外部筹集。

根据华信食品股份有限公司资料，可求得对外融资的需求量为：

外部融资需求量 =40%×30 000 000−20%×30 000 000−8%×35%×150 000 000

=1 800 000（元）

销售百分比法简单实用，使用成本低；便于了解主要变量之间的关系。它的局限性在于，主要假设常与事实不完全相符，使用范围受到限制，只能作为复杂方法的补充或检验。

**2. 根据资金占用额与产销量的关系预测**

这种方式是根据历史上企业资金占用额与产销量之间的关系，把资金分为不变和变动两部分，然后结合预计的销售量来预测资金需求量。

假设产销量为自变量 $x$，资金占用为因变量 $y$，它们之间关系可以用下式表示：

$$y=a+bx$$

式中：$a$——不变资金；

$b$——单位产销量所需变动资金。

可见，只要求出 $a$ 和 $b$，并知道预测期的产销量，就可以用上述公式测算资金需求情况。$a$ 和 $b$ 可用回归直线方程组求出。

【情景 2-7】华信食品股份有限公司 2013—2018 年的产销量和资金变化情况如表 2-6 所示。根据表 2-6 整理出表 2-7，2019 年预计销售量为 75 万箱，请预测 2019 年的资金需求量。

**表 2-6　产销量与资金变化情况表**

| 年度 | 产销量（$x$：箱） | 资金占用（$y$：万元） |
|---|---|---|
| 2013 | 50 | 95 |
| 2014 | 65 | 120 |
| 2015 | 72 | 90 |
| 2016 | 78 | 100 |
| 2017 | 68 | 105 |
| 2018 | 70 | 120 |

**表 2-7　资金需要量预测表（按总额预测）**

| 年度 | 产销量（$x$：万箱） | 资金占用（$y$：万元） | $xy$（万元） | $x^2$（万元） |
|---|---|---|---|---|
| 2013 | 50 | 95 | 4 750 | 2 500 |
| 2014 | 65 | 120 | 7 800 | 4 225 |
| 2015 | 72 | 90 | 6 480 | 5 184 |
| 2016 | 78 | 100 | 7 800 | 6 084 |
| 2017 | 68 | 105 | 7 140 | 4 624 |
| 2018 | 70 | 120 | 8 400 | 4 900 |
| 合计 $n$=6 | $\sum x$=403 | $\sum y$=630 | $\sum xy$=42 370 | $\sum x^2$=27 517 |

将表 2-7 中数据代入公式得：

$$a=\frac{\sum x^2 \cdot \sum y - \sum x \cdot \sum xy}{n\sum x^2 - \left(\sum x\right)^2}=260\ 600 \div 2\ 693 \approx 97$$

$$b=\frac{n\sum xy - \sum x \cdot \sum y}{n\sum x^2 - \left(\sum x\right)^2}=330 \div 2\ 693 \approx 0.12$$

解得：$y=97+0.12x$。

把 2019 年预计销售量 75 万箱代入上式，得出 2019 年资金需求量为：

$$2019\text{ 年资金需求量}=97+0.12\times75=106\text{（万元）}$$

## 2.1.3 成本预测

### 1. 成本性态与变动成本法

（1）成本性态。成本性态又称成本习性，是指成本的变动与业务量（产量或销售量）之间的依存关系。成本性态分析就是对成本与业务量之间的依存关系进行分析，从而在数量上具体掌握成本与业务量之间的规律性关系，以便为企业正确地进行最优管理决策和改善经营管理提供有价值的资料。

按照成本性态，可以把成本分为固定成本、变动成本和混合成本。

① 固定成本。

a. 固定成本的概念。固定成本指在一定时期及一定产量范围内，其总额不直接受业务量变动的影响而保持固定不变的成本。例如，固定折旧费用、房屋租金、行政管理人员工资、财产保险费、广告费、职工培训费、办公费和产品研究开发费用，均属于固定成本。

b. 固定成本的基本特征。在一定时期及一定产量范围内，固定成本总额不因业务量的变动而变动，如图 2-1 所示；但单位固定成本（单位业务量负担的固定成本）会与业务量的增减呈反向变动，如图 2-2 所示。

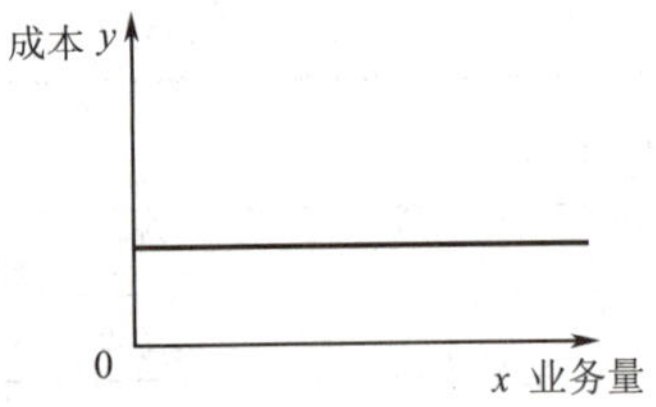


图 2-1　固定成本总额图

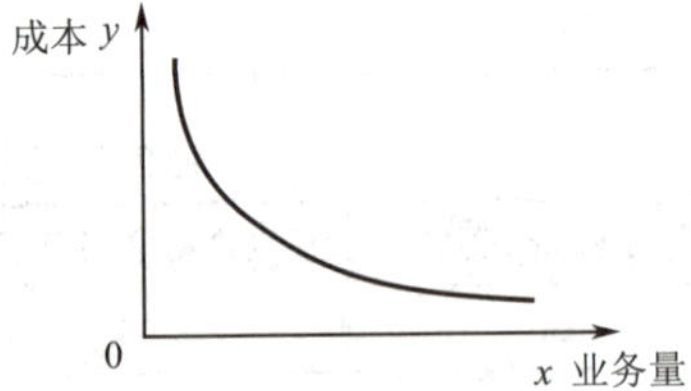


图 2-2　单位固定成本图

【情景 2-8】华信食品股份有限公司生产所用的蛋糕模具是向租赁公司租用的，每月租金为 120 000 元，该机器每月最大的生产能力为 5 000 个，则企业每月的产量在 5 000 个以内，租金总成本不随产量的变动而变动，因而如表 2-8 所示。

表 2-8　产量对固定成本的影响

| 产量（个） | 固定成本总额（租金）(元) | 单位固定成本（元） |
|---|---|---|
| 1 000 | 120 000 | 120 |
| 1 200 | 120 000 | 100 |
| 1 500 | 120 000 | 80 |

从表 2-8 可以看出，企业产品的产量由 1 000 个增加到 1 500 个，增加了 50%，但月租金仍然是 120 000 元，该租金并没有因为产量的增加而增加，这一关系可以用函数 $y=120\ 000$ 表示，如图 2-3 所示。

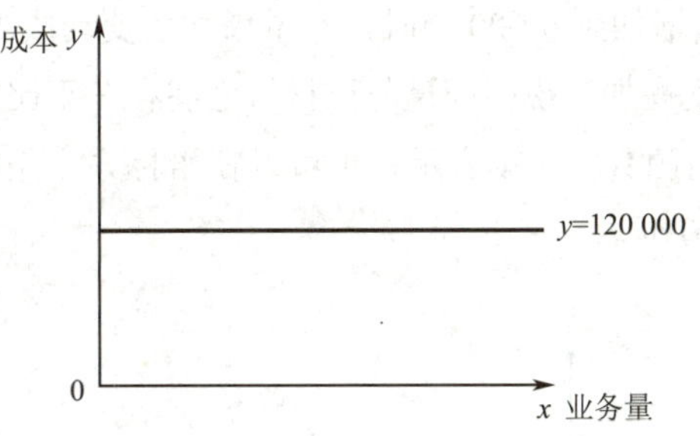


图 2-3 固定成本总额与业务量的关系图

固定成本按其性质可以进一步细分为约束性固定成本和酌量性固定成本：

• 约束性固定成本指不受管理部门短期决策行为影响的固定成本，如固定资产折旧费、保险费和不动产税。约束性固定成本受企业的战略规划和长期目标影响，短期内很难改变。

• 酌量性固定成本是受管理部门短期决策行为影响的固定成本，如广告费、职工培训费、法律咨询费、公关费和新产品研究开发费，这类固定成本取决于管理当局的短期决策。

② 变动成本。

a. 变动成本的概念。变动成本是在特定的业务量范围内，其总额会随业务量的变动而成正比例变动的成本，如直接材料、直接人工，按销售量支付的推销员佣金、装运费、包装费以及按产量计提的固定设备折旧都是和单位产品的生产直接联系的，其总额会随着产量的增减成正比例的增减。

b. 变动成本的特征。变动成本总额因业务量的变动而成正比例变动，如图 2-4 所示；但单位变动成本（单位业务量负担的变动成本）不变，如图 2-5 所示。

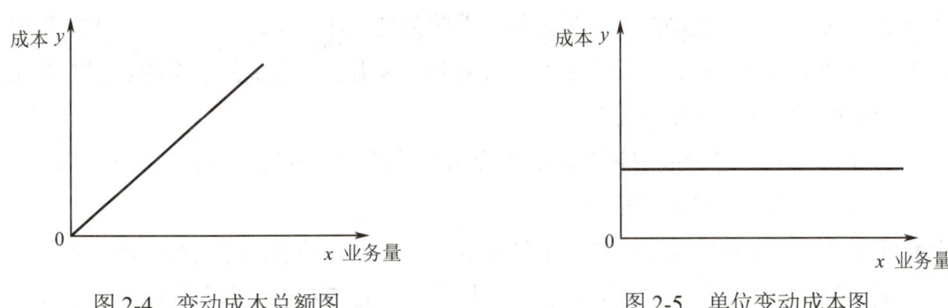


图 2-4 变动成本总额图　　图 2-5 单位变动成本图

【情景 2-9】华信食品股份有限公司生产蛋糕，其原材料费用和生产量之间的关系如表 2-9 所示。

**表 2-9 产量与变动成本的关系**

| 产量（箱） | 变动成本总额（元） | 单位变动成本（元） |
|---|---|---|
| 1 000 | 10 000 | 10 |
| 2 000 | 20 000 | 10 |
| 3 000 | 30 000 | 10 |
| 4 000 | 40 000 | 10 |
| 5 000 | 50 000 | 10 |

可见，当产量从 1 000 箱增加到 5 000 箱时，产量增加，变动成本总额随之从 10 000 元增加到 50 000 元，也以相同的幅度增加。说明产量与原材料之间存在正比例关系，原材料是产品的变动成本，这一正比关系可以用函数 $y=10x$ 表示，也可以在坐标系中用图 2-6 表示。但无论产量如何变化，单位变动成本都是 10 元。

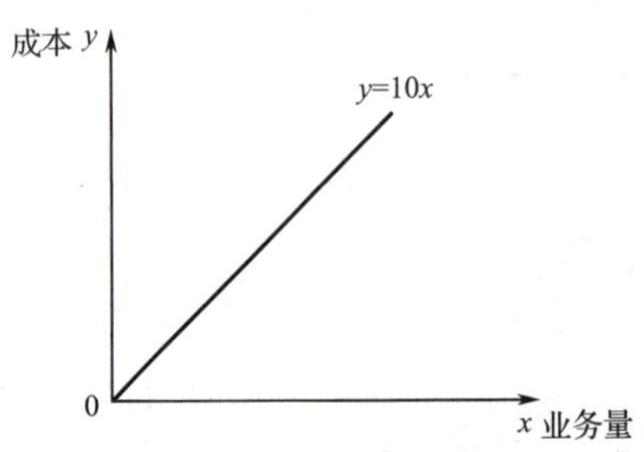

图 2-6　变动成本总额与业务量的关系图

变动成本可细分为设计性变动成本和酌量性变动成本：

- 设计性变动成本是由产品的工艺设计所确定的，只要工艺技术及产品设计不改变，成本就不会变动，因此不受管理部门决策的影响。
- 酌量性变动成本受管理部门决策影响，有很大的选择性，在不影响设计程序和产品质量的前提下，企业如果可以在不同地区或不同供货单位采购到不同价格的原材料，那么原材料消耗就属于酌量性变动成本。

③ 混合成本。

a. 混合成本的概念。混合成本就是“混合”了固定成本和变动成本两种不同性质的成本。从成本习性来看，固定成本和变动成本只是两种极端的类型。在现实经济生活中，大多数成本与业务量之间的关系处于两者之间，一方面它们随业务量的变化而变化；另一方面它们的变化又不能与业务量的变化保持纯粹的正比例关系。

b. 混合成本的分类。混合成本兼有固定与变动两种性质，可进一步将其细分为半变动成本、半固定成本、延期变动成本和曲线变动成本。

- 半变动成本。半变动成本是在有一定初始量的基础上，随着产量的变化而成正比例变动的成本。这些成本的特点是：它有一个初始的固定基数，在此基数内与业务量的变化无关，这部分成本类似于固定成本；在此基数之上的其余部分，则随着业务量的增加成正比例增加，如固定电话座机费、水费和煤气费均属于半变动成本，其成本习性模型如图 2-7 所示。

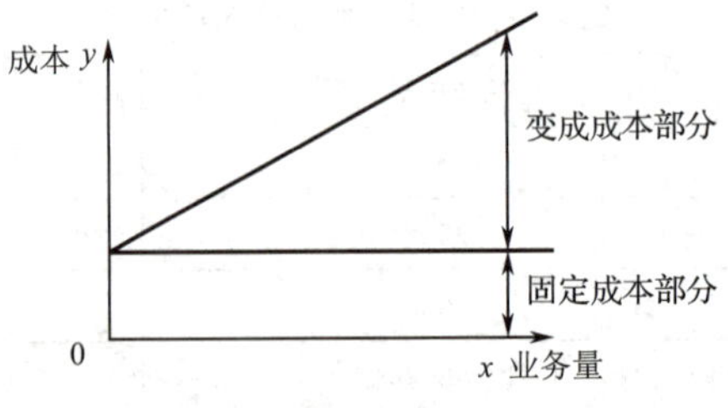

图 2-7　半变动成本习性模型

● 半固定成本。半固定成本也称阶梯式变动成本，这类成本在一定业务量范围内的发生额是固定的，但当业务量增长到一定限度时，其发生额就突然跳跃到一个新的水平，然后在业务量增长的一定限度内，发生额又保持不变，直到另一个新的跳跃。例如，企业的管理员、运货员、检验员的工资等成本项目就属于这一类，其成本习性模型如图 2-8 所示。

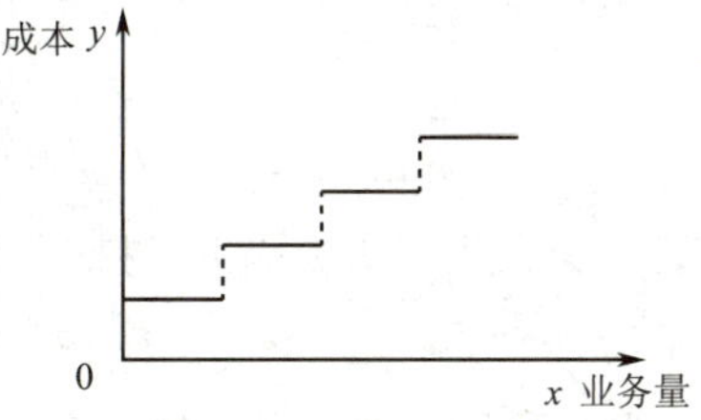


图 2-8　半固定成本习性模型

● 延期变动成本。延期变动成本在一定的业务量范围内有一个固定不变的基数，当业务量增长超出了这个范围，它就与业务量的增长成正比例变动。例如，职工的基本工资，在正常工作期间是不变的；但当工作时间超出正常标准时，则需按加班时间的长短成比例地支付加班薪金，其成本习性模型如图 2-9 所示。

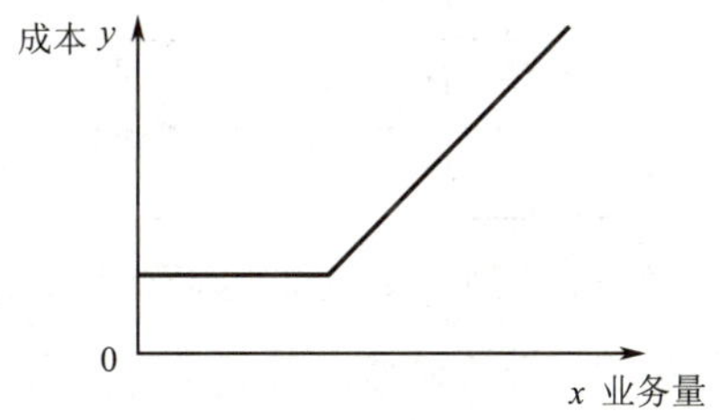


图 2-9　延期变动成本习性模型

● 曲线变动成本。曲线变动成本有一个不变的初始量，相当于固定成本，在这个初始量的基础上，随着业务量的增加，成本也逐步变化，但它与业务量的关系是非线性的。这种曲线成本又可以分为以下两种类型：一是递增曲线成本，如累进计件工资、违约金，随着业务量的增加，成本逐步增加，并且增加幅度是递增的，其成本习性模型如图 2-10 所示；二是递减曲线成本，如有价格折扣或优惠条件下的水、电消费成本和“费用封顶”的通信服务费，用量越大则总成本越高，但增长越来越慢，变化率是递减的，其成本习性模型如图 2-11 所示。

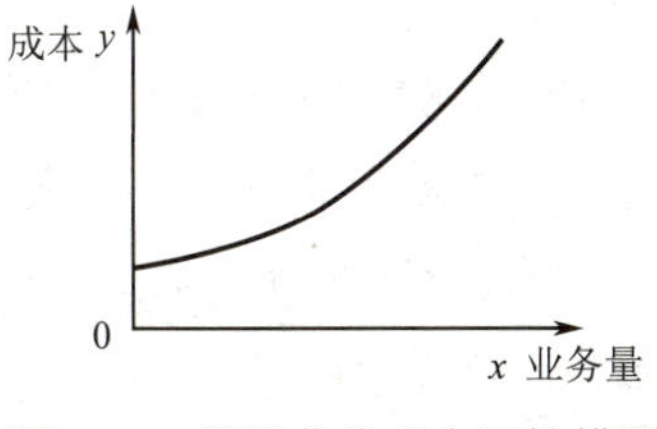


图 2-10　递增曲线成本习性模型

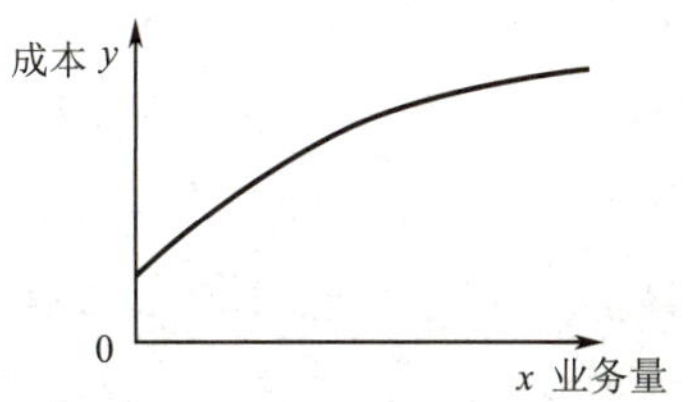


图 2-11　递减曲线成本习性模型

c. 混合成本的分解。在实际经济生活中，为了经营管理的需要，必须把混合成本分为固定成本与变动成本两个部分。混合成本的分解主要有以下几种方法：

● 高低点法。它是以过去某一会计期间的总成本和业务量资料为依据，从中选取业务量最高点和业务量最低点，将总成本进行分解，得出成本性态的模型，计算公式为：

单位变动成本 =（最高点业务量成本 − 最低点业务量成本）÷（最高点业务量 − 最低点业务量）

固定成本总额 = 最高点业务量成本 − 单位变动成本 × 最高点业务量

或：

固定成本总额 = 最低点业务量成本 − 单位变动成本 × 最低点业务量

采用高低点法计算较简单，但它只采用了历史成本资料中的高点和低点两组数据，故代表性较差。

【情景 2-10】华信食品股份有限公司是一家大型的制造企业，最近连续 4 期生产面包的成本及业务量的资料如表 2-10 所示。

表 2-10　成本与业务量

| 会计期间 | 生产量（$x$：箱） | 全部成本（$y$：万元） |
| --- | --- | --- |
| 1 | 320 | 350 |
| 2 | 380 | 380 |
| 3 | 420 | 420 |
| 4 | 440 | 440 |

可知第 4 会计期间的业务量最高，第 1 会计期间的业务量最低，因此这两期就是最高点和最低点。把最高点和最低点的业务量和相应的成本代入高低点法计算公式，即可求得：

$$b=\frac{y_H-y_L}{x_H-x_L}=(440-350)\div(440-320)=0.75$$

$$a=y_H-bx_H=440-0.75\times440=110\text{（万元）}$$

或：

$$a=y_L-bx_L=350-0.75\times320=110\text{（万元）}$$

把 $a$ 和 $b$ 代入总成本公式，即得 $y$=110+0.75$x$。

这一公式显示总成本由以下两部分组成：

△$a$=110 说明该产品的固定成本为 110 万元；

△$b$=0.75，表示单位变动成本为 0.75，它与业务量 $x$ 的乘积就是该产品的变动成本。

● 回归分析法。这是一种较为精确的方法。它根据过去一定期间的业务量和混合成本的历史资料，应用最小二乘法原理，算出最能代表业务量与混合成本关系的回归直线，借以确定混合成本中固定成本和变动成本的方法。这种方法假设混合成本符合总成本模型，即：

$$y=a+bx$$

式中：$a$——固定成本；

$b$——单位变动成本。

可见，只要求出 $a$ 和 $b$，就可以将混合成本分解成变动成本和固定成本两部分。在回归分析法下，$a$ 和 $b$ 可用回归直线方程求出，计算公式如下：

$$a=\frac{\sum x^2 \cdot \sum y-\sum x \cdot \sum xy}{n\sum x^2-(\sum x)^2}$$

$$b=\frac{n\sum xy-\sum x \cdot \sum y}{n\sum x^2-(\sum x)^2}$$

【情景 2-11】沿用【情景 2-10】中数据，说明回归分析法的应用。

△根据回归分析法的要求对数据进行加工，如表 2-11 所示。

**表 2-11　回归分析法的相关数据**

| $n$ | $x$（箱） | $y$（元） | $xy$ | $x^2$ | $y^2$ |
|---|---|---|---|---|---|
| 1 | 320 | 350 | 112 000 | 102 400 | 122 500 |
| 2 | 380 | 380 | 144 400 | 144 400 | 144 400 |
| 3 | 420 | 420 | 176 400 | 176 400 | 176 400 |
| 4 | 440 | 440 | 193 600 | 193 600 | 193 600 |
| 合计 | 1 560 | 1 590 | 626 400 | 616 800 | 636 900 |

△计算 $a$ 和 $b$ 的值。

$$a=\frac{\sum x^2 \cdot \sum y-\sum x \cdot \sum xy}{n\sum x^2-(\sum x)^2}=25\ 200\div 33\ 600=0.75$$

$$b=\frac{n\sum xy-\sum x \cdot \sum y}{n\sum x^2-(\sum x)^2}=3\ 528\ 000\div 33\ 600=105$$

△把 $a$ 和 $b$ 代入总成本公式，即：

$$y=105+0.75x$$

●账户分析法，又称会计分析法，它是根据有关成本账户及其明细账的内容，结合其与产量的依存关系，判断其比较接近哪一类成本，就视其为哪一类成本。这种方法简便易行，但比较粗糙且带有主观判断。

●技术测定法，又称工业工程法，它是根据生产过程中各种材料和人工成本消耗量的技术测定来划分固定成本和变动成本的方法。该方法只适用于投入成本与产出数量之间有规律性联系的成本分解。

●合同确认法。它是根据企业订立的经济合同或协议中关于支付费用的规定，来确认并估算哪些项目属于变动成本，哪些项目属于固定成本的方法。合同确认法要配合账户分析法使用。

●总成本公式。将混合成本按照一定的方法区分为固定成本和变动成本之后，企业的总成本由固定成本和变动成本构成。根据成本性态，企业的总成本公式就可以表示为：

总成本 = 固定成本总额 + 变动成本总额

= 固定成本总额 +( 单位变动成本 × 业务量 )

这个公式在变动成本计算、本量利分析、正确制定经营决策和评价各部门工作业绩等方面具有不可或缺的重要作用。

**2. 成本预测**

（1）成本预测概述。

① 成本预测的概念。成本预测是根据形成成本的各种要素及影响成本水平的各因素之间的依存关系，结合预测期内可能发生的变化和所能采取的措施，利用一定的科学方法，对未来的成本水平及变化趋势所做的科学预测。搞好成本预测，对加强成本管理，挖掘降低成本潜力，提高经济效益，进行生产经营决策具有十分重要的意义。

② 成本预测的意义。

a. 成本预测有利于加强事前管理。成本预测是编制产品生产成本计划的前提条件，在进行生产经营活动之前，通过成本预测，可以将企业管理的重要内涵——成本管理纳入事前管理的轨道，改变一直以来成本控制和管理的被动状况，确定未来一定时期内的成本水平，促使企业有目的地降低产品成本，为编制成本计划提供依据，从而提高成本管理的预见性和科学性。

b. 成本预测为企业挖掘成本降低的潜力。企业为达到降低成品成本的目的，会在生产经营活动发生之前进行成本的预测，根据企业的实际情况，寻找降低产品成本的途径。

c. 正确地进行成本预测有利于制定企业的经营决策。企业经营决策的制定取决于以成本为基础的决策成本信息，通过成本预测，可以帮助企业在“进、销、存”等环节确定与成本之间的内在联系，进行有关产品品种结构、产品产量及生产费用计划的制订，确保企业决策的正确性。

（2）成本预测程序。成本预测包括成本变动趋势预测和目标成本预测，其预测程序如下：

① 确定成本预测的对象和时期限；

② 收集和分析与预测有关的资料和数据；

③ 建立成本预测模型，进行预测分析。

（3）成本预测方法的种类。

① 高低点法。高低点法是选用一定时期历史资料中的最高和最低业务量的总成本之差（$\Delta y$）与业务量之差（$\Delta x$）进行对比，先求出单位变动成本 $b$，再求出固定成本 $a$ 的方法。其原理与计算公式前面已经介绍，此处不再赘述。

高低点法是最简易的预测成本的方法。在成本变动趋势比较稳定的情况下，比较适宜采用高低点法。若产品成本各期的变动幅度较大时，采用此法会造成较大误差。

② 回归分析法。如果企业产品成本忽高忽低，变动幅度较大，进行成本预测时采用回归分析法较为精确。回归分析法根据直线方程 $y=a+bx$，按照最小二乘法原理，来确定一条误差最小、能正确反映自变量 $x$ 和因变量 $y$ 之间关系的直线，其常数项 $a$ 和系数 $b$ 的计算公式如下：

$$a=\frac{\sum x^2\sum y-\sum x\sum xy}{n\sum x_i^2-\left(\sum x\right)^2}$$

$$b=\frac{n\sum xy-\sum x\sum y}{n\sum x^2-\left(\sum x\right)^2}$$

回归分析法的计算方法复杂，且需要较多的历史成本资料。

③ 加权平均法。加权平均法是依据 $y=a+bx$ 的总成本公式，将其若干期的固定成本总额和单位变动成本的历史数据由近及远，按其影响程度大小分别进行加权，测算计划期成本指标的方法。若企业具备较详细的成本资料，并且已经能够确定固定成本总额和单位变动成本资料时，可利用加权平均法来预测企业未来期间的产品总成本。

设：$y$ 为预计未来总成本，$a$ 为固定成本总额，$b$ 为单位变动成本，$w$ 为权数，$x$ 为产量；则总成本计算公式为：

$$y=\sum aw\div\sum w+\left(\sum bw\div\sum w\right)\cdot x$$

## 2.1.4　利润预测

### 1. 利润预测的概念

利润预测是根据企业经营目标的要求，通过对影响利润的销售数量、销售单价、单位变动成本和固定成本总额等因素进行综合分析，对企业未来一定时期内可能达到的利润水平及变动趋势进行的科学预计和科学推测。利润是反映企业经营成果的综合指标，也是考核企业经营管理水平的重要依据。因此，做好利润预测工作，对加强企业管理，扩大经营业绩，提高企业经济效益，都有极其重要的意义。

### 2. 利润预测的意义

（1）利润预测有助于企业制定和实现经营目标。经营目标是在一定时期内，企业从事生产经营活动所应遵循的基本方向和要求达到的总体水平。它是根据企业经营条件和市场环境及经济技术、科技发展等因素综合分析而确定的。一般情况下，确定经营目标的出发点和最终归宿都直接或间接地与利润有关，因此利润目标也就构成了生产经营目标的一个重要的组成部分。进行利润预测就是在对企业内部和外部条件及主客观因素进行全面分析的基础上，为合理确定企业在未来一定时期的利润目标服务的。

（2）利润预测有助于企业正确地制定和实施经营决策。预测是决策的基础，通过利润预测，不仅能够科学地确定企业在未来一定时期的目标利润，而且又能拟定完成目标利润的可行方案，使决策者根据特定的决策程序和标准进行分析评价，选择一个投入产出比相对合理，利润值在当前条件下最大的方案。

（3）利润预测有助于企业改变不合理的经营管理策略，提高经营管理水平。通过利润预测，企业的经营者可以按照既定的目标利润及实现目标的要求，组织生产经营活动，充分调动企业内部各方面的积极性，进一步挖掘内部潜力，以达到降低成本费用，改善经营管理，提高经济效益的目的。

3. 预测目标利润

（1）根据销售利润率确定目标利润。销售利润率法是根据销售利润率和计划期预计销售收入总额确定目标利润的方法，其计算公式如下：

目标利润 = 计划期预计销售收入总额 × 销售利润率

或：

目标利润 = 计划期预计销售收入总额 × 贡献毛益率 × 安全边际率

（2）根据资金利润率确定目标利润。资金利润率法是根据资金利润率和资金平均占用额确定目标利润的方法，其计算公式如下：

目标利润 = 资金平均占用额 × 资金利润率

【情景 2-12】华信食品股份有限公司只经营一种产品，明年该产品的销售价格预计为 120 元，单位变动成本预计为 60 元，固定成本总额为预计为 300 000 元，实现销售量预计为 8 000 箱。企业按同行业较高的资金利润率预测明年企业的目标基数，已知资金利润率为 12%，预计企业资金平均占用额为 1 200 000 元。对该企业进行目标利润预测分析如下：

明年目标利润基数 = 资金利润率 × 资金平均占用额 =12%×1 200 000=144 000（元）

明年预计利润 =8 000×(120−60)−300 000=180 000（元）

比较目标利润基数和利润估计数，对目标利润基数进行修订，可以看到按行业资金利润率计算目标利润基数 144 000 元，和利润估计数 180 000 元相差甚远，需要调整目标利润基数，企业管理人员可根据现有的经营条件及预计变化，本着先进性和合理性原则，调整目标利润基数。

假定企业管理人员认为目标利润基数应增加 26 000 元，则企业的目标利润就为 170 000 元。将目标利润作为全面预算的编制基础，层层分解至各相关部门。

## 2.2 财务预算

——制订用数量表现的计划

### cfo 要求你知道

财务预算是从企业全局角度制定的具体行动方案，是协调企业各部门之间利益关系的纲领，是企业进行财务分析时的重要参照物。作为一名财务管理人员应掌握编制预算的方法和财务预算的编制方法。

业务预算（Operating Budget）

## 2.2.1 预算的意义

预算的意义主要表现在以下几个内容：

（1）预算具有规划、控制、引导企业经济活动有序进行，以最经济有效的方式实现预定目标的功能。预算引导和控制经济活动，使企业经营达到预期目标。通过预算指标可以控制实际活动过程，随时发现问题，采取必要的措施，纠正不良偏差，通过有效的方式实现预期目标，避免经营活动的漫无目的、随心所欲。

（2）全面预算经过综合平衡后可以提供解决各级各部门冲突的最佳办法，代表企业的最优方案，可以使各级各部门的工作在此基础上协调进行。

预算可以实现企业内部各个部门之间的协调。从系统论的观点来看，局部计划的最优化，对全局来说不一定是最合理的。各个职能部门的经济活动必须密切配合、相互协调、统筹兼顾、全面安排，搞好综合平衡。通过各部门预算的综合平衡，能促使各部门管理人员清楚地了解本部门在全局中的地位和作用，尽可能地做好部门之间的协调工作。各级各部门因其职责不同，往往会出现相互冲突的现象。所以各部门之间必须协调一致，才能最大限度地实现企业整体目标。

（3）预算可以作为业绩考核的标准。预算作为企业财务活动的行为标准，使各项活动的实际执行有章可循。企业进行财务分析时，可以把指标的实际值和预算进行比较，评价企业的经营状况。预算标准可以作为各部门责任考核的依据，经过分解落实的预算规划目标能与部门和责任人的业绩考评结合起来，成为奖勤罚懒及评估优劣的准绳。

## 2.2.2 预算的分类

企业预算按不同标准有多种分类：

（1）根据预算内容不同，可以分为业务预算 ( 即经营预算 )、专门决策预算和财务预算。

① 业务预算（即经营预算）指与企业日常经营活动直接相关的经营业务的各种预算。它主要包括销售预算、生产预算、直接材料预算、直接人工预算、制造费用预算、产品成本预算、销售费用预算和管理费用预算。

② 专门决策预算指企业不经常发生的、一次性的重要决策预算。专门决策预算直接反映相关决策的结果，是实际中选择方案的进一步规划，如资本支出预算，其编制依据可以追溯到决策之前搜集到的有关资料，只不过预算比决策估算更细致、更准确。

③ 财务预算指企业在计划期内反映有关预计现金收支、财务状况和经营成果的预算。财务预算作为全面预算体系的最后环节，它是从价值方面总体反映企业业务预算与专门决策预算的结果，也就是说，业务预算和专门决策预算中的资料都可以用货币金额反映在财务预算内，财务预算是各项业务预算和专门决策预算的整体计划，也称为总预算，其他预算则相应称为辅助预算或分预算。财务预算在全面预算中占有举足轻重的地位，全面预算体系如图 2-12 所示。

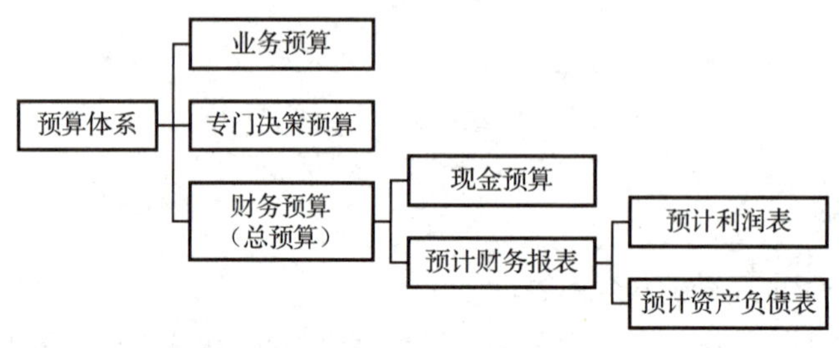


图 2-12　全面预算体系

（2）从预算指标覆盖的时间长短划分，企业预算可分为长期预算和短期预算。

企业将预算期在 1 年以内 ( 含 1 年 ) 的预算称为短期预算，预算期在 1 年以上的预算则称为长期预算。预算的编制时间可以视预算的内容和实际需要而定，可以是 1 周、1 月、1 季、1 年或若干年。在预算编制过程中，往往应结合各项预算的特点，将长期预算和短期预算结合使用。一般情况下，企业的业务预算和财务预算多为 1 年期的短期预算，年内再按季或月细分，而且预算期间往往与会计期间保持一致。

## 2.2.3　预算工作的组织

预算工作的组织包括决策层、管理层、执行层和考核层，具体如下：

（1）企业董事会或类似机构应当对企业预算的管理工作负总责。可以根据情况设立预算委员会或指定财务管理部门负责预算管理事宜，并对企业法定代表人负责。

（2）预算委员会或财务管理部门主要拟定预算的目标、政策，制定预算管理的具体措施和办法，审议、平衡预算方案、组织下达预算、协调解决预算编制和执行中的问题，组织审计、考核预算的执行情况，督促企业完成预算目标。

（3）企业财务管理部门具体负责企业预算的跟踪管理和监督预算的执行情况，分析预算与实际执行的差异及原因，提出改进管理的意见与建议。

（4）企业内部生产、投资、物资、人力资源、市场营销等职能部门具体负责本部门业务涉及的预算编制、执行、分析等工作，并配合预算委员会或财务管理部门做好企业总预算的综合平衡、协调、分析、控制与考核等工作。其主要负责人参与企业预算委员会的工作，并对本部门预算执行结果承担责任。

（5）企业所属基层单位是企业预算的基本单位，在企业财务管理部门的指导下，负责本单位现金流量、经营成果和各项成本费用预算的编制、控制、分析工作，接受企业的检查、考核。其主要负责人对本单位财务预算的执行结果承担责任。

## 2.2.4 预算的编制方法

### 1. 弹性预算法

弹性预算是在按照成本（费用）习性分类的基础上，根据“量、本、利”之间的依存关系，考虑到计划期间业务量可能发生的变动，编制出一套适应多种业务量的费用预算，以便分别反映在不同业务量的情况下所应支出的成本费用水平。该方法是为了弥补固定预算的缺陷而产生的。编制弹性预算所依据的业务量可能是生产量、销售量、机器工时、材料消耗量和直接人工工时。

弹性预算的优点表现在：一是预算范围宽；二是可比性强。弹性预算适用于与预算执行单位业务量有关的成本（费用）、利润等预算项目。

弹性预算的编制，可以采用公式法，也可以采用列表法。

（1）公式法。公式法是假设成本和业务量之间存在线性关系，成本总额、固定成本总额、业务量和单位变动成本之间的变动关系可以表示为：

$$y=a+bx$$

其中，$y$ 是成本总额，$a$ 表示不随业务量变动而变动的那部分固定成本，$b$ 是单位变动成本，$x$ 是业务量，某项目预算成本总额 $y$ 是该项目固定成本总额和变动成本总额之和。这种方法要求按上述成本与业务量之间的线性假定，将企业各项目成本总额分解为变动成本和固定成本两部分。

【情景 2-13】华信食品股份有限公司制造费用中的修理费用与修理工时密切相关。经测算，预算期修理费用中的固定修理费用为 54 000 元，单位工时的变动修理费用为 6 元；预计预算期的修理工时为 3 600 小时。运用公式法，测算预算期的修理费用总额为：

$$54\,000+6\times3\,600=75\,600\text{（元）}$$

因为任何成本都可用公式 $y=a+bx$ 来近似地表示，所以只要在预算中列式 $a$（固定成本）和 $b$（单位变动成本），便可随时利用公式计算任一业务量（$x$）的预算成本（$y$）。

【情景 2-14】华信食品股份有限公司经过分析得出某种产品的制造费用与人工工时密切相关，采用公式法编制的制造费用预算如表 2-12 所示。

**表 2-12 制造费用预算（公式法）**

| 业务量范围 | 450 ～ 650（人工工时） | |
|---|---|---|
| 费用项目 | 固定费用（元 / 月 ） | 变动费用（元 / 人工工时） |
| 运输费用 | | 0.24 |
| 电力费用 | | 0.2 |
| 材料费用 | | 0.12 |
| 修理费用 | 100 | 0.55 |
| 油料费用 | 125 | 0.29 |
| 折旧费用 | 425 | |
| 人工费用 | 250 | |
| 合计 | 900 | 1.4 |
| 备注 | 当业务量超过 600 工时后，修理费用中的固定费用将由 100 元上升为 180 元 | |

本例中，针对制造费用而言，在业务量为450～600（人工工时）的情况下，$y$=900+1.4$x$；在业务量为600～650人工工时的情况下，$y$=980+1.4$x$。如果任务量为500人工工时，则制造费用预算为900+1.4×500=1 600（元）；如果业务量为650人工工时，则制造费用预算为980+1.4×650=1 890（元）

公式法的优点是便于在一定范围内计算任何业务量的预算成本，可比性和适应性强，编制预算的工作量相对较小。缺点是按公式进行成本分解比较麻烦，对每个费用子项目甚至细目逐一进行成本分解，工作量很大。同时，对于阶梯成本和曲线成本只能先用数学方法修正为直线，才能应用公式法，必要时还需在“备注”中说明适用不同业务量范围的固定费用和变动费用。

（2）列表法。列表法指通过列表的方式，将与各种业务量对应的预算数列示出来的一种弹性预算编制方法。

【情景2-15】沿用【情景2-14】中数据，华信食品股份有限公司采用列表法编制的2018年6月制造费用预算如表2-13所示。

**表2-13　制造费用预算（列表法）**

单位：元

| 业务量（直接人工工时） | 450 | 500 | 550 | 600 | 650 |
|---|---|---|---|---|---|
| 占正常生产能力百分比 | 70% | 80% | 90% | 100% | 110% |
| 变动成本： | | | | | |
| 运输费用（$b$=0.24） | 108 | 120 | 132 | 144 | 156 |
| 电力费用（$b$=0.2） | 90 | 100 | 110 | 120 | 130 |
| 材料费用（$b$=0.12) | 54 | 60 | 66 | 72 | 78 |
| 合计 | 252 | 280 | 308 | 336 | 364 |
| 混合成本： | | | | | |
| 修理费用 | 347.5 | 375 | 402.5 | 430 | 457.5 |
| 油料费用 | 255.5 | 270 | 284.5 | 299 | 313.5 |
| 合计 | 603 | 645 | 687 | 729 | 771 |
| 固定成本： | | | | | |
| 折旧费用 | 425 | 425 | 425 | 425 | 425 |
| 人工费用 | 250 | 250 | 250 | 250 | 250 |
| 合计 | 675 | 675 | 675 | 675 | 675 |
| 总计 | 1 530 | 1 600 | 1 670 | 1 740 | 1 810 |

在表2-13中，分别列示了五种业务量水平的成本预算数据（根据企业情况，也可以按更多的业务量水平来列示）。这样，无论实际业务量达到何种水平，都有适用的一套成本数据来发挥控制作用。

如果固定预算法是按600小时编制的，成本总额为1 740元。在实际业务量为520小时的情况下，不能用1 740元去评价实际成本的高低，也不能按业务量变动的比例调整后的预算成本[1 740×520÷600=1 508（元）]去考核实际成本，因为并不是所有的成本都一定同业务量成同比例关系。

如果采用弹性预算法，就可以根据各项成本与业务量的不同关系，采用不同方法确定“实际业务量的预算成本”，去评价和考核实际成本。实际业务量为520小时，运输费等各项变动成本可用实际工时数乘以单位业务量变动成本来计算，即变动总成本为：520×0.24+520×0.2+520×0.12=291.2（元）。固定总成本不随业务量变动，仍为675元。混合成本可用插值法逐项计算：520小时处在500～550小时之间，修理费用应该在375～402.5元之间，设实际业务的预算修理费为$x$，则：

$$(520-500)\div(550-500)=(x-375)\div(402.5-375)$$

$$x=386\text{（元）}$$

油料费用在500小时和550小时分别为270元和284.5元，用插值法计算520小时应为275.8元，可见：

520小时的预算成本=(0.24+0.2+0.12)×520+386+275.8+675=1 628（元）

这样计算出来的预算成本比较符合成本的变动规律，可以用来评价和考核实际成本，比较确切并容易被考核人接受。

#### 2. 固定预算法

固定预算又称静态预算，是根据预算期内正常的、可实现的某一既定业务量水平为基础来编制的预算，适用于固定费用或者数额比较稳定的预算项目。

固定预算的缺点表现在：一是过于呆板，因为编制预算的业务量基础是实现假定的某个业务量。二是可比性差，当实际的业务量与编制预算所依据的业务量发生较大差异时，有关预算指标的实际数与预算数就会因业务量基础不同而失去可比性。

#### 3. 增量预算法

增量预算指以基期成本费用水平为基础，结合预算期业务量水平及有关降低成本的措施，通过调整有关费用项目而编制预算的方法。增量预算以过去的费用发生水平为基础，主张不需在预算内容中做较大的调整，它的编制遵循如下假定：

第一，企业现有业务活动是合理的，不需要进行调整；

第二，企业现有各项业务的开支水平是合理的，在预算期予以保持；

第三，以现有业务活动和各项活动的开支水平，确定预算期各项活动的预算数。

增量预算编制方法的缺陷是可能导致无效费用开支项目无法得到有效控制，因为不加以分析地保留或接受原有的成本费用项目，可能使原来不合理的费用继续开支而得不到控制，形成不必要开支合理化，造成预算上的浪费。

#### 4. 零基预算法

零基预算法的全称为“以零为基础的编制计划和预算方法”，它是在编制费用预算时，不考虑以往会计期间所发生的费用项目或费用数额，而是一切以零为出发点，从实际需要逐项审议预算期内各项费用的内容及开支标准是否合理，在综合平衡的基础上编制费用预算的方法。

【情景2-16】华信食品股份有限公司用零基预算方法编制管理费用预算。该企业管理部门经过分析讨论，确定预算期内管理费用项目有：办公室租金、员工培训费、差旅费、研究开发费用以及办公费用。经充分论证，确定其中的办公室租金、差旅费以及办公费用属于不可避免的费用开支，必须得到全额保证。而员工培训费和研究开发费则是可避免项目，需要根据历史资料进行成本－效益分析，经过适当调整来确定预算期的金额。

要求：确定该企业管理费用项目预算（成本－效益分析如表 2-14 所示）。

**表 2-14　费用项目（可避免项目）的成本－效益分析表**

单位：元

| 项目 | 成本 | 收益 |
| --- | --- | --- |
| 员工培训费 | 100 | 200 |
| 研究开发费用 | 100 | 300 |

假设该企业在预算期内可用于管理费用的资金总额 20 000 元，满足不可避免的费用支出后尚余 10 000 元（其中办公室租金为 2 000 元，差旅费 5 000 元，办公费用 3 000 元），将这 10 000 元分配于员工培训费、研究开发费用。

员工培训费分配额 =200÷(200+300)×10 000=4 000（元）

研究开发费用分配额 =300÷(200+300)×10 000=6 000（元）

所以，该企业最后确定的管理费用预算为：办公室租金 2 000 元；差旅费 5 000 元；办公费用 3 000 元；研究开发费用 6 000 元；员工培训费 4 000 元。

**5. 定期预算法**

定期预算指在编制预算时，以不变的会计期间（如日历年度）作为预算期的一种编制预算的方法。这种方法的优点是能够使预算期间与会计期间相对应，便于将实际数与预算数进行对比，也有利于对预算执行情况进行分析和评价，但这种方法固定以 1 年为预算期，在执行一段时期之后，往往使管理人员只考虑剩余几个月的业务量，缺乏长远打算，导致一些短期行为的出现。

**6. 滚动预算法**

滚动预算法又称连续预算法，是在编制预算时，将预算期与会计期间脱离开，随着预算的执行不断地补充预算，逐期向后滚动，使预算期始终保持为一个固定长度（一般情况下为 12 个月）的一种预算方法。

滚动预算的基本做法是使预算期始终保持 12 个月，每过 1 个月或 1 个季度，立即在期末增列 1 个月或 1 个季度的预算，逐期往后滚动，因而在任何一个时期都使预算保持为 12 个月的时间长度，故又叫连续预算或永续预算。这种预算能使企业各级管理人员对未来始终保持 12 个月的考虑和规划，从而保证企业的经营管理工作能够平稳而有序地进行。

按月滚动的滚动预算编制方式如图 2-13 和图 2-14 所示。

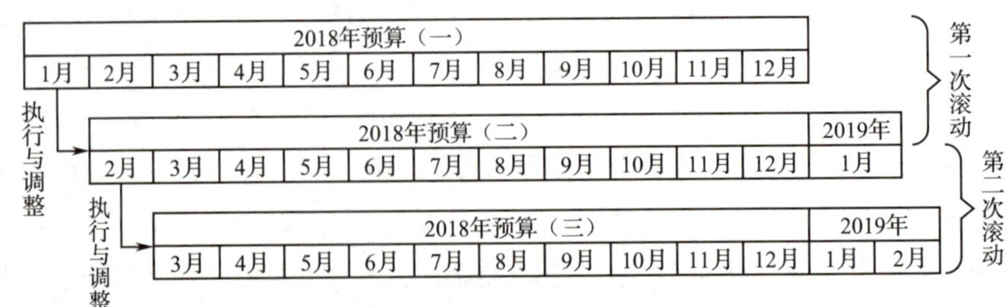


图 2-13　按月滚动预算图

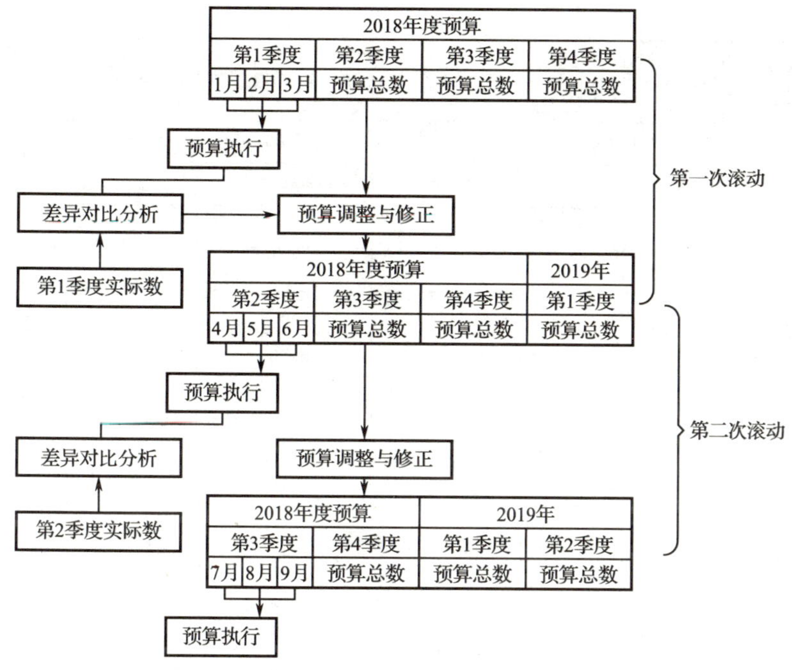


图 2-14 按季度滚动预算图

## 2.2.5 财务预算的编制

### 1. 业务预算的编制

（1）销售预算。企业其他预算的编制都必须以销售预算为基础，销售预算是编制全面预算的起点。

销售预算是在销售预测的基础上，根据企业年度目标利润确定的预计销售量、销售单价和销售收入参数编制的，用于规划预算期销售活动的一种业务预算。在编制过程中，应根据年度内各季度市场预测的销售量和单价，确定预计销售收入，并根据各季现销收入与收回前期的应收账款反映现金收入额，以便为编制现金收支预算提供资料。

根据销售预测确定的销售量和销售单价确定各期销售收入，并根据各期销售收入和企业信用政策，确定每期的销售现金流量，这是销售预算的两个核心问题。

【情景 2-17】华信食品股份有限公司生产面包，第一季度的现金收入包括两部分，即上年应收账款在本年第一季度收到的货款以及本季度销售中可能收到的货款。假设公司每季度销售收入中，本季度收到现金 60%，另外的 40% 现金要到下季度才能收到，上年应收账款 80 000 元，如表 2-15 所示。

表 2-15 销售预算

单位：元

| 季度<br>项目 | 第一季度 | 第二季度 | 第三季度 | 第四季度 | 全年 |
|---|---|---|---|---|---|
| 预计销售量（箱） | 3 000 | 3 500 | 4 000 | 3 800 | 14 300 |

（续表）

| 季度<br>项目 | 第一季度 | 第二季度 | 第三季度 | 第四季度 | 全年 |
|---|---|---|---|---|---|
| 预计单位售价 | 100 | 100 | 100 | 100 | 100 |
| 销售收入 | 300 000 | 350 000 | 400 000 | 380 000 | 1 430 000 |
| 预计现金收入 | | | | | |
| 上年应收账款 | 80 000 | | | | 80 000 |
| 第一季度（销货 300 000） | 180 000 | 120 000 | | | 300 000 |
| 第二季度（销货 350 000） | | 210 000 | 140 000 | | 350 000 |
| 第三季度（销货 400 000） | | | 240 000 | 160 000 | 400 000 |
| 第四季度（销货 380 000） | | | | 228 000 | 228 000 |
| 现金收入合计 | 260 000 | 330 000 | 380 000 | 388 000 | 1 358 000 |

（2）生产预算。生产预算是为了规划预算期生产数量而编制的一种业务预算，它是在销售预算的基础上编制的，并可以作为编制材料采购预算和生产成本预算的依据。编制生产预算的主要依据是预算期各种产品的预计销售量及存货期初、期末资料，计算公式为：

预计生产量 = 预计销售量 + 预计期末结存量 − 预计期初结存量

生产预算的要点是确定预算期的产品生产量和期末结存产品数量，前者为编制材料预算、人工预算和制造费用预算提供基础，后者是编制期末存货预算和预计资产负债表的基础。

【情景 2-18】沿用【情景 2-17】华信食品股份有限公司生产面包编制的生产预算表，期末产成品存货数量按下期销售量的一定百分比确定，按 10% 安排期末产成品存货。假设年初有产成品存货 80 箱，年末存货 250 箱，如表 2-16 所示。

**表 2-16　生产预算表**

单位：箱

| 季度<br>项目 | 第一季度 | 第二季度 | 第三季度 | 第四季度 | 全年 |
|---|---|---|---|---|---|
| 预计销售量 | 3 000 | 3 500 | 4 000 | 3 800 | 14 300 |
| 加：预计期末结存量 | 350 | 400 | 380 | 250 | 250 |
| 合计 | 3 350 | 3 900 | 4 380 | 4 050 | 14 550 |
| 减：预计期初结存量 | 80 | 350 | 400 | 380 | 80 |
| 预计生产量 | 3 270 | 3 550 | 3 980 | 3 670 | 14 470 |

（3）直接材料预算。直接材料预算是为了规划预算期材料消耗情况及采购活动而编制的，用于反映预算期各种材料定额耗用量、采购量、材料消耗单位成本和材料采购成本等计划信息的一种业务预算。依据预计产品生产量和材料定额耗用量，确定生产需要量，再根据材料的期初期末结存量情况，确定材料采购量，最后根据采购材料的付款，确定现金支出情况，计算公式为：

某种材料耗用量 = 产品预计生产量 × 单位产品定额耗用量

某种材料采购量 = 某种材料耗用量 + 该种材料期末结存量 − 该种材料期初结存量

材料采购预算的要点是反映预算期材料定额耗用量、采购量和期末结存量，并确定各预算期材料采购现金支出。材料期末结存量的确定可以为编制期末存货预算提供依据，现金支出的确定可以为编制现金预算提供依据。

【情景 2-19】沿用【情景 2-17】华信食品股份有限公司生产面包编制的直接材料预算表各季度“期末材料存量”根据下季度生产需用量的一定百分比确定，按 20% 计算。每个季度的现金支出包括偿还上期应付账款和本期应支付的采购货款。假设材料采购的货款有 50% 在本季度内付清，另外 50% 在下季度付清。直接材料预算如表 2-17 所示。

**表 2-17　直接材料预算**

| 项目＼季度 | 第一季度 | 第二季度 | 第三季度 | 第四季度 | 全年 |
|---|---|---|---|---|---|
| 预计生产量（箱） | 3 270 | 3 550 | 3 980 | 3 670 | 14 470 |
| 单位产品定额耗用量(千克/箱) | 5.00 | 5.00 | 5.00 | 5.00 | 5.00 |
| 生产需要量（千克） | 16 350 | 17 750 | 19 900 | 18 350 | 72 350 |
| 加：预计期末结存量（千克） | 3 550 | 3 980 | 3 670 | 2 300 | 2 300 |
| 减：预计期初结存量（千克） | 1 000 | 3 550 | 3 980 | 3 670 | 1 000 |
| 预计材料采购量（千克） | 18 900 | 18 180 | 19 590 | 16 980 | 73 650 |
| 材料消耗单位成本（元/千克） | 10 | 10 | 10 | 10 | 10 |
| 预计材料采购成本（元） | 189 000 | 181 800 | 195 900 | 169 800 | 736 500 |
| 预计现金支出 | | | | | |
| 上年应付账款 | 200 000 | | | | 200 000 |
| 第一季度（采购 189 000） | 94 500 | 94 500 | | | 189 000 |
| 第二季度（采购 181 800） | | 90 900 | 90 900 | | 181 800 |
| 第三季度（采购 195 900） | | | 97 950 | 97 950 | 195 900 |
| 第四季度（采购 169 800） | | | | 84 900 | 84 900 |
| 合计 | 294 500 | 185 400 | 188 850 | 182 850 | 851 600 |

（4）直接人工预算。直接人工预算是反映预算期内人工工时消耗水平，同时又规划人工成本开支的业务预算。这项预算是根据生产预算中的预计生产量以及单位产品定额工时和单位工时工资率进行编制的。

在一般情况下，企业往往要雇用不同工种的人工，必须按工种类别分别计算不同工种的直接人工小时总数；然后将算得的直接人工小时总数分别乘以各该工种的工资率，再予以合计，即可求得预计直接人工总成本。

有关数据计算公式如下：

① 预计产品生产直接人工工时总数。

某种产品直接人工总工时 = 单位产品定额工时 × 该产品预计生产量

产品定额工时是由产品生产工艺和技术水平决定的，由产品技术和生产部门提供定额标准；产品预计生产量来自生产预算。

② 预计直接人工总成本。

某种产品直接人工总成本 = 单位工时工资率 × 该种产品直接人工总工时

单位工时工资率来自企业人事部门工资标准和工资总额。

直接人工预算的要点是确定直接人工总成本。

【情景 2-20】华信食品股份有限公司生产面包编制的生产直接人工预算表如表 2-18 所示。

**表 2-18　直接人工预算表**

| 项目＼季度 | 第一季度 | 第二季度 | 第三季度 | 第四季度 | 全年 |
|---|---|---|---|---|---|
| 预计产量（箱） | 3 270 | 3 550 | 3 980 | 3 670 | 14 470 |
| 单位产品定额工时(小时/箱) | 3 | 3 | 3 | 3 | 3 |
| 人工总工时（小时） | 9 810 | 10 650 | 11 940 | 11 010 | 43 410 |
| 单位工时工资率（元 / 小时） | 6 | 6 | 6 | 6 | 6 |
| 人工总成本（元） | 58 860 | 63 900 | 71 640 | 66 060 | 260 460 |

（5）制造费用预算。制造费用预算是反映生产成本中除直接材料和直接人工以外的一切不能直接计入产品制造成本的间接制造费用预算。这些费用按成本习性划分为固定费用和变动费用，分别编制变动制造费用预算和固定制造费用预算。变动制造费用预算部分，应区分不同费用项目，根据各项目单位变动制造费用分配率和业务量（直接人工总工时或机器工时）确定其变动制造费用预算数，计算公式为：

$$制造费用小时分配率=\frac{该项目变动制造费用预算总额}{业务量预算总数}$$

固定制造费用预算部分，也应区分不同费用项目，逐各项目确定预算期的固定费用预算。

在编制制造费用预算时，为方便现金预算编制，还需要确定预算期的制造费用预算的现金支出部分。为了方便，企业将制造费用中扣除折旧费后的余额作为预算期内的制造费用现金支出。

制造费用预算的要点是确定各个变动和固定制造费用项目的预算金额，并确定预计制造费用的现金支出。

【情景 2-21】华信食品股份有限公司生产面包编制的制造费用预算表如表 2-19 所示。

**表 2-19　制造费用预算表**

单位：元

| 项目＼季度 | 第一季度 | 第二季度 | 第三季度 | 第四季度 | 全年 |
|---|---|---|---|---|---|
| 变动制造费用 | | | | | |
| 间接人工（1 元 / 张） | 3 270 | 3 550 | 3 980 | 3 670 | 14 470 |
| 间接材料（1 元 / 张） | 3 270 | 3 550 | 3 980 | 3 670 | 14 470 |
| 修理费（2 元 / 张） | 6 540 | 7 100 | 7 960 | 7 340 | 28 940 |
| 水电费（1 元 / 张） | 3 270 | 3 550 | 3 980 | 3 670 | 14 470 |
| 小计 | 16 350 | 17 750 | 19 900 | 18 350 | 72 350 |

（续表）

| 项目＼季度 | 第一季度 | 第二季度 | 第三季度 | 第四季度 | 全年 |
|---|---|---|---|---|---|
| 固定制造费用 | | | | | |
| 修理费 | 6 000 | 6 500 | 7 200 | 7 500 | 27 200 |
| 折旧 | 5 000 | 5 000 | 5 000 | 5 000 | 20 000 |
| 管理人员工资 | 6 500 | 6 500 | 6 500 | 6 500 | 26 000 |
| 保险费 | 4 000 | 4 600 | 5 400 | 5 800 | 19 800 |
| 财产税 | 3 000 | 3 000 | 3 000 | 3 000 | 12 000 |
| 小计 | 24 500 | 25 600 | 27 100 | 27 800 | 105 000 |
| 合计 | 40 850 | 43 350 | 47 000 | 46 150 | 177 350 |
| 减：折旧 | 5 000 | 5 000 | 5 000 | 5 000 | 20 000 |
| 现金支出的费用 | 35 850 | 38 350 | 42 000 | 41 150 | 157 350 |

（6）产品成本预算。单位生产成本预算是反映预算期内各种产品生产成本水平的一种业务预算，是在生产预算、直接材料预算、直接人工预算和制造费用预算的基础上编制的，反映单位产品生产成本。

单位产品预计生产成本 = 单位产品直接材料成本 + 单位产品直接人工成本 + 单位产品制造费用

上述资料分别来自直接材料采购预算、直接人工预算和制造费用预算。

以单位产品成本预算为基础，还可以确定期末结存产品成本，计算公式如下：

期末结存产品成本 = 期初存货产品成本 + 本期产品生产成本 − 本期销售产品成本

【情景 2-22】华信食品股份有限公司生产面包编制的产品成本预算表如表 2-20 所示。

**表 2-20　产品成本预算表**

| 项目 | 单位成本 | | | 生产成本（元） | 期末存货（元） | 销售成本（元） |
|---|---|---|---|---|---|---|
| | 每立方米或每小时 | 投入量（每立方米或每小时） | 成本（元） | | | |
| 直接材料 | 10 | 5 | 50 | 723 500 | 12 500 | 715 000 |
| 直接人工 | 6 | 3 | 18 | 260 460 | 4 500 | 257 400 |
| 变动制造费用 | 1.67 | 3 | 5.01 | 72 495 | 1 253 | 71 643 |
| 固定制造费用 | 2.42 | 3 | 7.26 | 105 052 | 1 815 | 103 818 |
| 合计 | | | 80.27 | 1161 507 | 20 068 | 1147 861 |

（7）销售及管理费用预算。销售及管理费用预算是以反映整个预算期内为销售产品和维持一般行政管理工作而发生的各项目费用支出预算。该预算与制造费用预算一样，需要划分固定费用和变动费用列示，其编制方法也与制造费用预算相同。在该预算表下也应附列出计划期间预计销

售和管理费用的现金支出计算表，以便编制现金预算。

销售及管理费用预算的要点是确定各个变动及固定费用项目的预算数，并确定预计的现金支出。

【情景 2-23】华信食品股份有限公司生产面包编制的销售及管理费用预算表如表 2-21 所示。

表 2-21　销售及管理费用预算表

单位：元

| 项目 | 金额 |
| --- | --- |
| 销售费用： | |
| 销售人员工资 | 18 000 |
| 广告费 | 15 000 |
| 包装、运输费 | 5 000 |
| 保管费 | 7 000 |
| 折旧 | 10 000 |
| 管理费用： | |
| 管理人员薪金 | 16 000 |
| 福利费 | 5 000 |
| 保险费 | 4 000 |
| 办公费 | 10 000 |
| 折旧 | 7 000 |
| 合计 | 97 000 |
| 减：折旧 | 17 000 |
| 每季度支付现金（80 000/4） | 20 000 |

2. 专门决策预算的编制

专门决策预算主要是长期投资预算，又称资本支出预算，指与项目投资决策相关的专门预算，它往往涉及长期建设项目的资金投放与筹集，并经常跨越多个年度。编制专门决策预算的依据，是项目财务可行性分析资料，以及企业筹资决策资料。

专门决策预算的要点是准确反映项目资金投资支出与筹资计划，它同时也是编制现金预算和预计资产负债表的依据。

【情景 2-24】华信食品股份有限公司生产面包编制的专门决策预算表如表 2-22 所示。

表 2-22　专门决策预算表

单位：元

| 项目 | 第一季度 | 第二季度 | 第三季度 | 第四季度 | 全年 |
| --- | --- | --- | --- | --- | --- |
| 投资支出预算 | 450 000 | 80 000 | — | 100 000 | 630 000 |
| 借入长期借款 | 600 000 | — | — | 150 000 | 750 000 |

### 3. 财务预算的编制

（1）现金预算。现金预算是以业务预算和专门决策预算为依据编制的，专门反映预算期内预计现金收入与现金支出，以及为满足理想现金余额而进行现金投融资的预算。

现金预算由现金收入、现金支出、现金余缺、现金投放与筹措四部分构成，计算公式为：

现金收入 − 现金支出 = 现金余缺

财务管理部门应根据现金余缺与期末现金余额的比较来确定预算期现金投放或筹措。当现金余缺大于期末现金余额时，应将超过期末余额以上的多余现金进行投资；当现金余缺小于现金余额时，应筹措现金，直到现金总额达到要求的期末现金余额。

四个部分之间应该满足如下关系：

现金收入 − 现金支出 + 现金筹措 ( 现金不足时 )= 期末现金余额

或：

现金收入 − 现金支出 − 现金投放 ( 现金多余时 )= 期末现金余额

现金预算的四个组成部分就是构成现金预算的核心内容。

【情景 2-25】华信食品股份有限公司上年末的长期借款余额为 100 000 元。所以，第一季度、第二季度、第三季度的长期借款利息均为（100 000+600 000）×12%÷4=21 000（元），第四季度的长期借款利息（100 000+600 000+150 000)×12%÷4=25 500（元）。其中，理想中的现金余额是 100 000 元，如果资金不足，可以取得短期借款，银行的要求是借款额必须是 10 000 的整数倍。现金预算表如表 2-23 所示。

表 2-23　现金预算表

单位：元

| 季度<br>项目 | 第一季度 | 第二季度 | 第三季度 | 第四季度 | 全年 |
|---|---|---|---|---|---|
| 期初现金余额 | 250 000 | 247 040 | 155 640 | 149 400 | 250 000 |
| 加：现金收入（表 2-15） | 260 000 | 330 000 | 380 000 | 388 000 | 1 358 000 |
| 可供使用现金 | 510 000 | 577 040 | 535 640 | 537 400 | 1 608 000 |
| 减：现金支出 | | | | | |
| 直接材料（表 2-17） | 294 500 | 185 400 | 188 850 | 182 850 | 851 600 |
| 直接人工（表 2-18） | 58 860 | 63 900 | 71 640 | 66 060 | 260 460 |
| 制造费用（表 2-19） | 35 850 | 38 350 | 42 000 | 41 150 | 157 350 |
| 销售及管理费用（表 2-21） | 20 000 | 20 000 | 20 000 | 20 000 | 80 000 |
| 所得税费用 | 12 000 | 12 000 | 12 000 | 12 000 | 48 000 |
| 购买设备（表 2-22） | 450 000 | 80 000 | 0 | 100 000 | 630 000 |
| 股利 | | | | 50 000 | 50 000 |
| 现金支出合计 | 871 210 | 399 650 | 334 490 | 472 060 | 2 077 410 |
| 现金余缺 | −361 210 | 177 390 | 201 150 | 65 340 | −469 410 |
| 现金筹措与运用 | | | | | |

（续表）

| 项目＼季度 | 第一季度 | 第二季度 | 第三季度 | 第四季度 | 全年 |
|---|---|---|---|---|---|
| 借入长期借款（表 2-22） | 600 000 | | | 150 000 | 750 000 |
| 取得短期借款 | 30 000 | | | | 30 000 |
| 归还短期借款 | | | 30 000 | | 30 000 |
| 短期借款利息（年利 10%） | 750 | 750 | 750 | 0 | 2 250 |
| 长期借款利息（年利 12%） | 21 000 | 21 000 | 21 000 | 25 500 | 88 500 |
| 期末现金余额 | 247 040 | 155 640 | 149 400 | 189 840 | 189 840 |

（2）利润表预算的编制。预计利润表用来综合反映企业在计划期内的预计经营成果，是企业最主要的财务预算表之一。编制利润表预算的依据是各业务预算、专门决策预算和现金预算。

【情景 2-26】华信食品股份有限公司生产面包编制的利润表预算表如表 2-24 所示。

表 2-24　利润表预算

单位：元

| 项目 | 金额 |
|---|---|
| 销售收入 | 1430 000 |
| 销售成本 | 1147 861 |
| 毛利 | 282 139 |
| 销售及管理费用 | 97 000 |
| 利息 | 90 750 |
| 利润总额 | 94 389 |
| 所得税费用（估计） | 48 000 |
| 净利润 | 46 389 |

（3）资产负债表的编制。预计资产负债表用来反映企业在计划期末预计的财务状况。它的编制需以计划期开始日的资产负债表为基础，结合计划期间各项业务预算、专门决策预算、现金预算和预计利润表进行编制，它是编制全面预算的终点。

【情景 2-27】华信食品股份有限公司生产面包编制的资产负债表如表 2-25 所示。

表 2-25　资产负债表预算

单位：元

| 资产 | 年初余额 | 年末余额 | 负债和股东权益 | 年初余额 | 年末余额 |
|---|---|---|---|---|---|
| 流动资产： | | | 流动负债： | | |
| 货币资金 | 250 000 | 189 840 | 短期借款 | | 0 |
| 应收账款 | 80 000 | 152 000 | 应付账款 | 200 000 | 84 900 |
| 存货 | 16 422 | 42 871 | 流动负债合计 | 200 000 | 84 900 |
| 流动资产合计 | 346 422 | 384 711 | 非流动负债： | | |
| 非流动资产： | | | 长期借款 | 100 000 | 850 000 |
| 固定资产 | 500 000 | 463 000 | 非流动负债合计 | 100 000 | 850 000 |

（续表）

| 资产 | 年初余额 | 年末余额 | 负债和股东权益 | 年初余额 | 年末余额 |
|---|---|---|---|---|---|
| 在建工程 | 1 000 000 | 1 630 000 | 负债合计 | 300 000 | 934 900 |
| 非流动总产合计 | 1 500 000 | 2 093 000 | 股东权益 | | |
| | | | 股本 | 400 000 | 400 000 |
| | | | 资本公积 | 220 000 | 220 000 |
| | | | 盈余公积 | 123 654 | 128 293 |
| | | | 未分配利润 | 802 768 | 794 518 |
| | | | 股东权益合计 | 1 546 422 | 1 542 811 |
| 资产总计 | 1 846 422 | 2 477 711 | 负债和股东权益合计 | 1 846 422 | 2 477 711 |

① 应收账款年初余额 80 000 元来自销售预算表的上年应收账款，年末余额为 380 000×(1-60%)=152 000（元）。

② 固定资产的年末余额为 500 000-(20 000+17 000)=463 000（元）(数据来源于制造费用预算表和销售及管理费用预算表）。

③ 在建工程的年末余额为 1000 000+630 000=1 630 000（元）(固定资产和在建工程的年初余额来源于上年末的资产负债表）。

④ 应付账款的年初余额 200 000（数据来源于直接材料预算表）年末余额为 169 800×(1-50%)=84 900（元）。

⑤ 长期借款本年增加额 750 000（数据来源于专门决策预算表）。

⑥ 未分配利润本年的增加额为 (802 768-50 000)+46 389×90%=794 518（数据来源于现金预算表、利润表和预算表）。

# 筹资管理

## ——资金从哪来？各项资金来源的比重是多少

CFO 

公司经营必须有一定资金支撑，熟知筹资方式，善于资本结构决策是财务管理人员的一项重要职责。

### 本项目架构

- 筹资管理的内容
  - 股权筹资
    - 债务筹资

# 3.1 筹资管理的内容
——资金从哪来

**cfo 要求你知道**

筹资动机影响筹资方式的选择，不同筹资方式筹资成本和风险不同。筹资管理就是在可能的筹资方式中，能承受的筹资风险先，选择成本最低的筹资方式或筹资方式组合。

**关键术语**

内部筹资（Internal Financing）

外部筹资（Outside Financing）

## 3.1.1 筹资动机

公司筹集资金的动机可能有以下几种情形：

（1）设立性筹资动机。公司要实现其设立目标并承担相应民事责任，需在创建时筹集一定的资本金，才可能办理注册登记，开展正常的生产经营活动。

（2）扩张性筹资动机。公司要发展、扩大生产经营规模，就必须购买新设备、提高技术、开发新项目，这些都需要追加投资。

（3）调整性筹资动机。由于采用不同的筹资方式会产生不同的财务结构，这种结构直接关系到所有者、债权人、国家及其他有关各方面的利益，为此公司需要选择不同的筹资方式来筹集资金，使财务结构趋于合理。

（4）混合性筹资动机。公司既要扩大生产经营规模又要调整资金结构，需要筹集资金。例如，当公司权益资金比重过高时，通过负债来筹措资金，既可以满足资金需求，又可以使资金结构趋于合理。

（5）应付偶发事件。公司在生产经营过程中经常有偶发事情出现，如临时接到大订单使资金需求激增，这时公司应迅速筹资以化解偶发事件带来的不利影响。

## 3.1.2 筹资的分类

公司采用不同方式所筹集的资金，按照不同的分类标准可分为不同的筹资类别。

（1）按使用期限的长短，资金分为短期资金和长期资金。

① 短期资金指供一年以内使用的资金。短期资金主要投资于现金、应收账款、存货，一般在短期内可收回。

② 长期资金指供一年以上使用的资金。长期资金主要投资于新产品的开发和推广、生产规模的扩大、厂房和设备的更新，一般需几年或几十年才能收回。

（2）按取得资金的特性，筹资分为股权筹资、债务筹资和混合筹资。

① 股权筹资。股权筹资指公司通过发行股票、吸收投资、内部积累等方式筹集的资金。股权筹资属于公司的所有者权益，因而称为自有资金、主权资金或权益资金。股权筹资不用还本，没有财务风险，但要求的回报率高，资本成本高。

② 债务筹资。债务筹资指公司通过发行债券、银行借款、融资租赁等方式筹集的资金。债务筹资属于公司的负债，需要到期还本付息，因而又称借入资金或负债资金。公司采用债务筹资，会承担较大的财务风险，但相对股权筹资付出的资本成本较小。

③ 混合筹资。混合筹资兼具股权与债务筹资性质。我国上市公司目前最常见的混合筹资方式是发行可转换债券和认股权证。

（3）按资金来源范围，公司筹资可以分为内部筹资和外部筹资两种类型。

① 内部筹资。内部筹资指公司通过利润留存形成的筹资来源。内部筹资金额大小主要取决于公司可分配利润的多少和利润分配政策，一般无须花费筹资费用，从而降低了资本成本。

② 外部筹资。外部筹资指公司向外部筹措资金而形成的筹资来源。公司外部筹资需要花费一定的筹资费用，从而增加了筹资成本。

处于初创期的公司，内部筹资的可能性是有限的；处于成长期的公司，内部筹资往往难以满足需要，这就需要公司广泛开展外部筹资，如发行股票、债券，取得商业信用、银行借款。

## 3.1.3 筹资渠道

筹资渠道指公司取得资金的来源。目前我国公司的筹资渠道主要有：

### 1. 国家财政资金

公司筹集的国家财政资金，包括财政拨款和国家以注资方式投入公司的资金。虽然目前我国对公司的财政拨款或注资逐渐减少，但仍是国有公司和国有控股公司的一条重要筹资渠道。

### 2. 银行信贷资金

银行信贷资金是公司资金的主要供应渠道，是公司以支付利息为代价向银行购买在有限时间内的资金支配权。公司的绝大部分资金，包括短期借款和长期借款均从银行取得。银行信贷资金是公司非常重要的债务资金来源。

3. 非银行金融机构资金

非银行金融机构指除中央银行、商业银行和政策性银行以外的其他金融机构，主要包括信托、证券、保险、融资租赁等机构以及农村信用社、财务公司。非银行金融机构将社会闲散资金集中起来，向需要资金的公司提供借款，也是公司重要的债务资金来源。

4. 其他企业资金

公司在生产经营过程中，往往形成部分暂时闲置的资金，并为一定目的而进行相互投资。另外，公司间的购销业务可以通过商业信用方式来完成，从而形成公司间的债权债务关系，形成债务人对债权人的短期信用资金占用。公司间的相互投资和商业信用的存在，使其他公司资金也成为公司资金的重要来源。

5. 居民资金

居民资金是公司职工和城乡居民手中暂时不用的节余货币，作为“游离”于银行和非银行机构之外的个人资金，公司可运用一定方式，如发行股票、债券，吸收这些闲置资金，形成筹资的民间渠道。随着市场经济的发展，这种渠道的作用越来越重要。

6. 公司的留存收益

公司可以根据生产经营的具体状况，采用不同的利润分配政策，使公司当年取得利润合理留给公司使用，等以后取得更多利润后一起分配给投资者，留存收益是公司筹集所有者权益资金的重要途径。

7. 境外资金

公司利用外资筹资包括利用国际性组织、外国政府、外国社团、外国企业与外国个人的资金。利用外资筹资不仅指以货币资金形式筹资，也包括以设备、原材料等有形资产形式的筹资与专利、商标等无形资产形式的筹资。外资的直接投资方式主要有合资经营、合作经营、合作开发等方式。

## 3.1.4 筹资方式

筹资方式指公司筹集资金所采取的具体形式，它受到法律环境、经济体制、融资市场等筹资环境的制约，特别是受国家对金融市场和融资行为方面的法律制约。

一般情况下，公司最基本的筹资方式就是两种：股权筹资和债务筹资。股权筹资形成公司的权益资金，通过吸收直接投资，公开发行股票等方式取得；债务筹资形成企业的债务资金，通过向银行借款、发行公司债券、利用商业信用等方式取得。公司发行可转换债券等筹集资金的方式，属于兼有股权筹资和债务筹资性质的混合筹资方式。

1. 吸收直接投资

吸收直接投资，指公司以投资合同、协议等形式定向地吸收国家、法人单位和自然人等投资主体资金的筹资方式。这种筹资方式不以股票这种融资工具为载体，通过签订投资合同或授资协议规定双方的权利和义务，主要适用于非股份制公司筹集股权资本。

2. 发行股票

发行股票，指公司以发售股票的方式取得资金的股权筹资方式，只有股份有限公司才能发行股票，股票是股份有限公司发行的，表明股东按其持有的股份享有权益和承担义务的可转让的书面投资凭证。股票的发售对象可以是社会公众，也可以是定向的特定投资主体。这种筹资方式只适用于股份有限公司，而且必须以股票作为载体。

3. 发行债券

发行债券，指公司以发售公司债券的方式取得资金的债务筹资方式。按照中国证券监督管理委员会颁布的《公司债券发行与交易管理办法》，除了地方政府融资平台公司以外，所有公司制法人，均可以发行公司债券。公司债券是公司依照法定程序发行、约定还本付息期限、标明债权债务关系的有价证券。发行公司债券适用于向法人单位和自然人两种渠道筹资。

4. 向金融机构借款

向金融机构借款，指公司根据借款合同从银行或非银行金融机构取得资金的债务筹资方式。这种筹资方式广泛适用于各类公司，它既可以筹集长期资金，也可以用于短期融通资金，具有灵活、方便的特点。

5. 融资租赁

融资租赁，也称为资本租赁或财务租赁，指公司与租赁公司签订租赁合同，从租赁公司取得租赁物资产，通过对租赁物的占有、使用取得资金的债务筹资方式。融资租赁方式不直接取得货币性资金，通过租赁信用关系，直接取得实物资产，快速形成生产经营能力，然后通过向出租人分期交付租金方式偿还资产的价款。

6. 商业信用

商业信用，指公司之间在商品或劳务交易中，由于延期付款或延期交货所形成的借贷信用关系。商业信用是由于业务供销活动而形成的，它是公司短期资金的一种重要的和经常性的来源。

7. 留存收益

留存收益，指公司从税后净利润中提取的盈余公积金以及从公司可供分配利润中留存的未分配利润。留存收益是公司将当年利润转化为股东对公司追加投资的过程，是一种股权筹资方式。

### 3.1.5 筹资的原则

1. 规模适度原则

公司在筹资过程中，无论采用何种渠道、通过何种方式，都应预先确定资金的需求量，以便使筹资量与需要量相互平衡，防止筹资不足而影响正常的生产经营活动的开展，同时也避免筹资过度而降低筹资效益。

2. 结构合理原则

筹资管理要综合考虑各种筹资方式，优化资本结构。公司筹资要综合考虑股份资金与债务资金的关系、长期资金与短期资金的关系、内部筹资与外部筹资之间的关系，合理安排资本结构，保持适当偿债能力，防范财务风险。

3. 取得及时原则

合理安排筹措资金时间，适时取得资金。公司筹集资金，需要合理预测资金需要时间，要根据资金需求的具体情况，合理安排资金筹集到位的时间，使筹资与用资在时间上恰当衔接。既要避免过早筹集资金形成资金投放前的闲置，又要防止取得资金的时间滞后，错过资金投放的最佳时间。

**4. 来源经济原则**

充分利用各种筹资渠道，选择经济可行的资金来源。公司筹集的资金要付出资本成本的代价，进而给公司的资金使用提出了最低报酬的要求。不同筹资渠道和方式所取得的资金，其资本成本各有差异。公司应当在考查筹资难易程度的基础上，针对不同来源资金的成本，认真选择筹资渠道，并选择经济、可行的筹资方式，力求降低筹资成本。

## 3.2 股权筹资——企业的自有资金

**cfo 要求你知道**

股权筹资影响公司所有者权益，财务风险低，但筹资成本高，而且容易分散控制权。

**关键术语**

普通股（Common Stock）
优先股（Preferred Stock）
记名股票（Inscribed Stock）
无记名股票（Bearer Stock）
股票价值（Stock Value）
股票价格（Share Price）
留存收益（Earnings Retained）

股权筹资形成公司的股权资金，是企业最基本的筹资方式。吸收直接投资、发行股票和利用留存收益，是股权筹资的三种基本形式。

### 3.2.1 吸收直接投资

吸收直接投资指公司按照“共同投资、共同经营、共担风险、共享利润”的原则吸收国家、企业单位、个人、外商投入资金的一种筹资方式。吸收直接投资是非股份制公司筹集主权资本的基本方式，股份制公司应以发行股票方式筹集股本。

#### 1. 吸收直接投资的种类

（1）吸收国家投资。国家投资指有权代表国家投资的政府部门或机构，以国有资产投入公司，这种情形下形成的资本称为“国有资本”。吸收国家投资具有以下特点：

① 产权归属国家；

② 资金的运用和处置受国家约束较大；

③ 在国有公司中广泛运用。

（2）吸收法人投资。法人投资指法人单位以其依法可支配的资产投入公司，这种情况下形成的资本称为“法人资本”。吸收法人资本具有以下特点：

① 发生在法人单位之间；

② 以参与公司利润分配或控制为目的；

③ 出资方式灵活多样。

（3）吸收社会公众投资。社会公众投资指社会个人或本公司职工以个人合法财产投入公司，这种方式下形成的资金称为“个人资本”。吸收社会公众投资具有以下特点：

① 参加投资的人员较多；

② 每人投资的数额相对较少；

③ 以参与公司利润分配为目的。

#### 2. 吸收直接投资的出资方式

公司在用吸收直接投资方式筹集资金时，投资者可以货币、实物、知识产权（专利权、商标权、著作权）、土地使用权等出资；不得以劳务、信用、自然人姓名、商誉、特许经营权、设定担保（已抵押）的财产出资。

以非货币出资的，应当评估作价，核实财产，不得高估或低估。应办理过户收取的，该手续在 6 个月内办理完毕。

以房屋、土地使用权或需办理权属登记的知识产权出资，已交付使用未办理权属变更登记的，出资人自交付使用享有相应的股东权利；已办理权属变更手续未交付使用的，在实际交付使用前不享有股东权利。

#### 3. 吸收直接投资的优缺点

（1）吸收直接投资的主要优点。

① 有利于提高公司的信誉。 由于吸收直接投资筹集的是股权资金，公司可以长期使用，不需偿还。增加权益资金可以增强公司的经济实力，提高公司的信誉，从而提高公司的举债能力。

② 吸收直接投资不仅可以筹集到现金，增强公司支付能力，而且可以获得先进设备和技术，有利于尽快形成生产能力，从而增强公司市场竞争力。

③ 有利于降低财务风险。吸收直接投资不仅不存在还本问题，而且向投资者支付报酬也具有一定的灵活性，因而财务风险较小。

（2）吸收直接投资的缺点。

① 资金成本较高。吸收直接投资要根据公司盈利的多少和出资的数额来确定向投资者支付的报酬，与其他筹资方式相比，其资金成本较高。

② 容易分散公司控制权。直接投资者不仅要获得盈利分配权，而且要获得与投资额相适应的经营管理权，如果吸收直接投资的数额过大就有可能会分散原投资者对公司的控制权。

## 3.2.2 发行股票

股票是股份有限公司为筹集股权资本而公开发行证明投资者在股份有限公司拥有权益的一种有价证券。股票的持有者就是股份有限公司的股东，股票既是股东入股的凭证，又是从股份有限公司盈利中取得股息、分派红利的有价证券。发行股票使得大量社会游离资金得到集中和运用，并把一部分消费资金转化为生产资金。它是公司筹集长期资金的一种重要途径。

**1. 股票的种类**

股份有限公司发行的股票种类很多，可按不同标准进行分类。

（1）股票按照股东权利和承担义务的不同，可分为普通股和优先股。

① 普通股是股份有限公司依法发行的具有权利最大和风险最大的一种股票，它是股份有限公司股本的基本部分。普通股的最大特点是股利不固定，随着股份有限公司盈利的多少而变化。普通股在权利义务方面的特点是：

a. 普通股股东对公司有经营管理权，在股东大会上有表决权，可以选举董事会，从而实现对股份有限公司的经营管理。

b. 普通股股利分配在优先股分红之后进行，股利多少取决于股份有限公司的经营情况。

c. 公司解散、破产时，普通股股东的剩余财产求偿权位于公司各种债权人和优先股股东之后。

d. 在公司增发新股时，有认股优先权，可以优先购买新发行的股票。

② 优先股是较普通股有某些优先权利的同时也有一定限制的股票。其优先权利表现在：首先，优先获得股利。优先股股利的发放一般在普通股之前，其股票利率是固定的。其次，优先分配剩余财产。当股份有限公司解散或破产时，优先股的剩余财产求偿权虽位于债权人之后，但位于普通股之前。优先股股东在股东大会上无表决权，在参与股份有限公司经营管理中受到一定限制，仅对涉及优先股权利的问题有表决权。优先股属于主权资金，优先股股东的权利与普通股股东有相似之处，两者股利都是在税后利润中支付，而不能像债券利息那样在税前列支，同时优先股又具有债券的某些特征。

（2）股票按照票面有无记名，可分为记名股票和无记名股票。

① 记名股票在票面上载有股东姓名，并将股东姓名记入股份有限公司股东名册。对记名股票要颁发股权手册，股东只有同时具备股票和股权手册才能领取股利。记名股票的转让和继承要办理过户手续。

② 无记名股票在票面上不记载股东姓名，但股份有限公司也要设置股东名册，记载股票的

数量、编号和发行日期。凡是持有无记名股票的人，就成为股份有限公司的股东。无记名股票的转让和继承无须办理过户手续，只要买卖双方办理交割手续，就可完成股权的转移。

（3）股票按照是否标明金额，可分为有面额股票和无面额股票。

① 票面上标有金额的股票称为有面额股票，其股东对股份有限公司享有权利和承担风险的大小，以其所拥有的全部股票的票面金额之和占股份有限公司发行在外股票总面额的比例大小来确定。

② 无面额股票指股票票面上不标明金额，只在股票上载明所占股份有限公司股本总额的比例或股数，其价值随着股份有限公司净资产的增减而变动。发行无面额股票，有利于促进投资者在购买股票时计算出股票的实际价值。

（4）股票按照投资主体，可分为国家股、法人股、个人股和外资股。

① 国家股是有权代表国家投资的部门或机构以国有资产向股份有限公司投资形成的股份。国家股由国务院授权的部门或机构，或是根据国务院的决定由地方人民政府授权的部门或机构持有，并委派股权代表。

② 法人股是企业法人以其依法可支配的资产向股份有限公司投资形成的股份，或具有法人资格的事业单位和社会团体以国家允许用于经营的资产向股份有限公司投资形成的股份。

③ 个人股是社会个人或本股份有限公司职工以个人合法财产投入股份有限公司形成的股份。

④ 外资股是外国投资者和我国港澳台地区投资者以购买人民币特种股票形式向股份有限公司投资形成的股份。

（5）股票按照发行对象和上市地区，可分为 A 股、B 股、H 股、N 股、S 股。

A 股即人民币普通股票。它是由我国境内的股份有限公司发行，供境内机构、组织和个人以人民币认购和交易。

B 股即人民币特种股票。它是以人民币标明面值，以外币认购和进行交易，在境内（上海、深圳）证券交易所上市交易。它的投资人限于国外和我国港澳台地区的机构组织和个人定居国外的中国公民，同时还包括中国证券监督管理委员会规定的其他投资人。目前，境内公民亦可投资 B 股。

H 股是注册地在内地，上市地在香港的外资股，取香港的英文“Hong Kong”字首。在香港上市交易的外资股就称为 H 股。

以此类推，在纽约和新加坡上市的外资股股票，就分别称为 N 股和 S 股。

**2. 股票的发行与上市**

发行股票的目的主要有两个：一是设立新的股份公司，二是扩大经营规模。

（1）股票发行。

① 设立股份有限公司公开发行股票，应当符合《中华人民共和国公司法》规定的条件和经国务院批准的国务院证券监督管理机构规定的其他条件，向国务院证券监督管理机构报送募股申请和下列文件：

a. 公司章程；

b. 发起人协议；

c. 发起人姓名或者名称，发起人认购的股份数、出资种类及验资证明；

d. 招股说明书；

e. 代收股款银行的名称及地址；

f. 承销机构名称及有关的协议。

依法聘请保荐人的，还应当报送保荐人出具的发行保荐书。

法律、行政法规规定设立股份有限公司必须报经批准的，还应当提交相应的批准文件。

② 发行新股。股份有限公司公开发行新股，应当符合下列条件：

a. 具备健全且运行良好的组织机构；

b. 具有持续盈利能力，财务状况良好；

c. 最近三年财务会计文件无虚假记载，无其他重大违法行为；

d. 经国务院批准的国务院证券监督管理机构规定的其他条件。

上市公司非公开发行新股，应当符合经国务院批准的国务院证券监督管理机构规定的条件，并报国务院证券监督管理机构核准。

股份有限公司公开发行新股，应当向国务院证券监督管理机构报送募股申请和下列文件：

a. 公司营业执照；

b. 公司章程；

c. 股东大会决议；

d. 招股说明书；

e. 财务会计报告；

f. 代收股款银行的名称及地址；

g. 承销机构名称及有关的协议。

依法聘请保荐人的，还应当报送保荐人出具的发行保荐书。

（2）股票上市。

① 股份有限公司申请股票上市，应当符合下列条件：

a. 股票经国务院证券监督管理机构核准已公开发行；

b. 公司股本总额不少于人民币三千万元；

c. 公开发行的股份达到公司股份总数的百分之二十五以上；公司股本总额超过人民币四亿元的，公开发行股份的比例为百分之十以上；

d. 公司最近三年无重大违法行为，财务会计报告无虚假记载。

② 申请股票上市交易，应当向证券交易所报送下列文件：

a. 上市报告书；

b. 申请股票上市的股东大会决议；

c. 公司章程；

d. 公司营业执照；

e. 依法经会计师事务所审计的公司最近三年的财务会计报告；

f. 法律意见书和上市保荐书；

g. 最近一次的招股说明书；

h. 证券交易所上市规则规定的其他文件。

**3. 股票的价值与价格**

股票的发行价格，是股份公司将股票出售给投资者所采用的价格，也就是投资者认购股票时所支付的价格。股票发行价格由发行公司根据股票面额、股市行情和其他有关因素决定。股份有限公司首次发行股票时，由发起人决定；公司增资发行新股时由股东大会或董事会决定。

（1）股票价值。股票价值有票面价值、账面价值和市场价值三种。

① 票面价值。票面价值指公司发行的股票票面上所载明的货币金额，这是股票的名义价值。票面价值的作用之一是确定每股股份在公司的全部资本中所占的比例；二是表明公司股东对每股股份所负有有限责任的最高限额。这里必须说明，股票票面价值与其实际价值关联不大，甚至有时毫无关联。

② 账面价值。账面价值指股票所包含的实际资产价值。 它是根据公司会计报表资料计算出来的结果，数字准确，可信度高，所以它是证券经营者分析股票价格，股票投资者进行投资评估分析的依据之一。

③ 市场价值。市场价值是股票在股票市场进行交易时具有的价值。它与公司的盈利能力直接有关，并受许多因素的影响，是一种经常变动的数值。 它直接反映着股票市场行情，所以便成为投资者的直接参考依据。

（2）股票发行价格。股票的发行价格，是股份有限公司将股票出售给投资者所采用的价格，也就是投资者认购股票时所支付的价格。股票发行价格由发行公司根据股票面额、股市行情和其他有关因素决定。股份有限公司首次发行股票时，由发起人决定；股份有限公司增资发行新股时，由股东大会或董事会决定。

股份有限公司在不同时期、不同状态下对不同种类的股票，可采用不同的方法确定其发行价格。根据与股票面值的关系，股票发行价格有以下几种：

① 面值发行。面值发行也称平价发行或等价发行，是发行公司按照与票面价格相等的金额出售股票。按面值发行股票，比较容易推销，但发行公司不能得到溢价收入，导致难以激发发行股票的积极性。在资本市场不发达的情况下，发行公司可能按面值发行股票，以确保及时募集足额股本。

② 溢价发行。溢价发行指按超过股票面额的价格发行股票。溢价发行股票对发行公司来说是一件好事，也是我国股份有限公司普遍采用的发行价格。它不仅可以使发行公司筹集到比法定股本更多的权益资金，而且因权益资金的增加，负债比例下降，使公司的财务风险相对降低。但是，溢价发行股票会使投资者实际缴付的投资额大于股票面额获得的股本额，给投资者增加了额外的负担。

③ 折价发行。折价发行指按低于股票面额的价格发行股票。《中华人民共和国公司法》中规定，“股票发行价格可以按票面金额，也可以超过票面金额，但不得低于票面金额”。

**4. 普通股筹资**

（1）普通股及其股东权利和义务。普通股是股份有限公司发行的无特别权利的股票，也是最基本的和标准的股票。正常情况下，股份有限公司只发行普通股。按照《中华人民共和国公司法》

中规定，普通股股东主要有以下权利：

① 出席或委托代理人出席股东大会，并依公司章程规定行使表决权，这是普通股股东参与公司经营管理的基本方式；

② 股份转让权；

③ 股利分配请求权；

④ 对公司账目和股东大会决议的审查权及对公司事务的质询权；

⑤ 分配公司剩余财产的权利；

⑥ 公司章程规定的其他权利。

同时，普通股股东也基于其资格对公司负有义务。《中华人民共和国公司法》中规定，股东具有遵守公司章程、缴纳股款、对公司负有限责任和不得退股等义务。

（2）普通股筹资的优点。

① 没有固定的股利负担。普通股股利分配的多少或者是否分配股利，由董事会根据公司的盈利水平和发展需要而定。与发行公司债券相比，公司没有固定付息的压力。

② 有利于增强公司信誉。发行普通股筹集的是一种永久性的资本，是公司正常经营和抵御风险的基础。权益资本增多有利于提高公司的信用价值，可以为公司吸收更多的债务资金提供强有力的支持。

③ 筹资风险较小。由于普通股既没有固定的到期日，也不用支付固定的利息，因而实际上也就不存在还本付息的筹资风险。

（3）普通股筹资的缺点。

① 筹资成本较高。普通股的筹资成本是最高的，这是因为：一方面筹集普通股时发行费用较高；另一方面，由于普通股是一种高风险的投资，公司必须向股东支付较高的报酬，此外普通股的股利必须在税后利润中支付，不能抵免所得税。

② 容易分散公司的控制权。由于普通股股东享有表决权和经营管理权，发行普通股筹资就会增加新股东，从而分散原股东对公司的控制权。

③ 可能会导致股票价格下跌。新股东对公司已积累的盈余具有分享权，新股东的增加会降低普通股的每股净收益，可能会引起普通股市价下跌。

## 3.2.3 留存收益筹资

### 1. 留存收益的性质

从性质上看，公司通过合法有效地经营所实现的税后净利润，都属于公司的所有者。公司将本年度的利润部分甚至全部留存下来的原因很多，主要包括：第一，收益的确认和计量是建立在权责发生制基础上的，公司有利润，但公司不一定有相应的现金净流量增加，因而公司不一定有足够的现金将利润全部或部分派给所有者。第二，法律、法规从保护债权人利益和要求公司可持续发展等角度出发，限制公司将利润全部分配出去。《中华人民共和国公司法》中规定，公司分配当年税后利润时，应当提取利润的 10% 列入公司法定公积金。第三，公司基于自身扩大再生产和筹资的需求，也会将一部分利润留存下来。

2. 留存收益的筹资途径

（1）提取盈余公积。盈余公积，指有指定用途的留存净利润。盈余公积是从当期企业净利润中提取的积累资金，其提取基数是本年度的净利润。盈余公积主要用于公司未来的经营发展，经投资者审议后也可以用于转增股本（实收资本）和弥补以前年度经营亏损，但不得用于以后年度的对外利润分配。

（2）未分配利润。未分配利润，指未限定用途的留存净利润。未分配利润有两层含义：第一，这部分净利润本年没有分配给公司的股东投资者；第二，这部分净利润未指定用途，可以用于公司未来的经营发展、转增资本（实收资本）和弥补以前年度的经营亏损及以后年度的利润分配。

3. 利用留存收益的筹资特点

（1）不用发生筹资费用。公司从外界筹集长期资本，与普通股筹资相比较，留存收益筹资不需要发生筹资费用，资本成本较低。

（2）维持公司的控制权分布。利用留存收益筹资，不用对外发行新股或吸收新投资者，由此增加的权益资本不会改变公司的股权结构，不会稀释原有股东的控制权。

（3）筹资数额有限。留存收益的最大数额是公司到期的净利润和以前年度未分配利润之和，不像外部筹资一次性可以筹集大量资金。如果公司发生亏损，那么当年就没有利润留存；另外，股东和投资者从自身期望出发，往往希望公司每年发放一定的利润，保持一定的利润分配比例。

## 3.2.4 股权筹资的优缺点

1. 股权筹资的优点

（1）股权筹资是企业稳定的资本基础。股权资本没有固定的到期日，无须偿还，是公司的永久性资本，除非公司清算时才有可能予以偿还。这对于保障公司对资本的最低需求、促进公司长期持续稳定经营具有重要意义。

（2）股权筹资是公司良好的信誉基础。股权资本作为公司最基本的资本，代表了公司的资本实力，是公司与其他单位组织开展经营业务和进行业务活动的信誉基础。同时，股权资本也是其他筹资方式的基础，尤其可为债务筹资，包括银行借款和发行公司债券等提供信用保障。

（3）公司的财务风险较小。股权资本不用在公司正常营运期内偿还，没有还本付息的财务压力。相对于债务资金而言，股权资本筹资限制少，资本使用中也无特别限制，另外公司可以根据其经营状况和业绩的好坏，决定向投资者支付多少报酬，由此资本成本负担比较灵活。

2. 股权筹资的缺点

（1）资本成本负担较重。一般情况下，股权筹资的资本成本要高于债务筹资。这主要是由于投资者投资于股权特别是投资于股票的风险较高，投资者或股东相应要求得到较高的报酬率。从公司成本开支的角度来看，股利和红利从税后利润中支付，而使用债务资金的资本成本允许税前扣除，此外普通股的发行和上市等方面的费用也十分庞大。

（2）控制权变更可能影响公司长期稳定发展。利用股权筹资，由于引进了新的投资者或出售了新的股票，必然会导致公司控制权结构的改变，而控制权变更过于频繁，又势必会影响公司管理层的人事变动和决策效率，进而影响公司的正常经营。

（3）信息沟通与披露成本较大。投资者或股东作为公司的所有者，有了解公司经营业务、财务状况和经营成果的权利。公司需要通过各种渠道和方式加强与投资者的关系管理，保障投资者的权益。特别是上市公司，其股东众多而分散，只能通过公司的公开信息披露了解公司状况，这就需要公司花更多的精力，有些公司还需要设置专门的部门管理公司的信息披露和投资者关系。

## 3.3 债务筹资——公司的借入资金

**cfo 要求你知道**

债务筹资指公司主动举债筹集到的资金，不涉及公司经营过程中产生的应付职工薪酬等自发负债。债务筹资成本低，但财务风险较大。

**关键术语**

可转换债券（Convertible Bonds）
不可转换债券（Unconvertible Bonds）
债券面值（Par Value of Bond）
票面利率（Coupon Rate of Interest）
市场利率（Market Rate of Interest）
现金折扣（Cash Discount）

债务筹资也称借入资金筹资，指经营单位通过向金融机构借款、发行债券、商业信用、融资租赁等方式筹集资金。银行借款、发行公司债券和融资租赁，是债务筹资的三种基本形式。商业信用也是一种债务资金，但它是公司间的商品和劳务交易形成的，故在营运资金管理部分予以介绍。

### 3.3.1 银行借款

银行借款指公司向银行或其他非银行金融机构借入的，需要还本付息的款项，包括偿还期限超过 1 年的长期借款和不足 1 年的短期借款，主要用于公司购建固定资产和满足流动资金周转的需要。

1. 银行借款的种类

（1）按提供货款的机构，分为政策性银行贷款、商业银行贷款和其他金融机构贷款。

① 政策性银行贷款指执行国家政策性贷款业务的银行向公司发放的贷款为长期贷款，如国家开发银行贷款，主要满足公司承建国家重点建设项目的资金需要；中国进出口银行贷款，主要为大型设备的进出口提供买方信贷或卖方信贷；中国农业发展银行贷款，主要用于确保国家对“粮、棉、油”等政策性收购资金的供应。

② 商业性银行贷款指由各商业银行，如中国工商银行、中国建设银行、中国农业银行、中国银行，向工商企业提供的贷款，用以满足公司生产经营的资金需要，包括短期贷款和长期贷款。

③ 其他金融机构贷款，如从信托投资公司取得实物或货币形式的信托投资贷款，从财务公司取得的各种中长期贷款，从保险公司取得的贷款。其他金融机构贷款较商业银行贷款的期限要长，要求的利率较高，对借款公司的信用要求和担保的选择比较严格。

（2）按机构对贷款有无担保要求，分为信用贷款、担保贷款。信用贷款指以借款人的信誉或保证人的信用为依据而获得的贷款。公司取得这种贷款，无须以财产做抵押，对于这种贷款，由于风险较高，银行要收取较高的利息，往往还附加一定的限制条件。

担保贷款指由借款人或第三方依法提供担保而获得的贷款。担保包括保证责任、财产抵押、财产质押，由此担保贷款包括保证贷款、抵押贷款和质押贷款三种基本类型。

保证贷款指按《中华人民共和国担保法》中规定的保证方式，以第三方作为保证人承诺在借款人不能偿还借款时，按约定承担一定保证责任或连带责任而取得的贷款。

抵押贷款指按《中华人民共和国担保法》中规定的抵押方式，以借款人或第三方的财产作为抵押物而取得的贷款。抵押，指债务人或第三方并不转移对财产的占有，只将该财产作为对债权人的担保。债务人不能履行债务时，债权人有权将该财产折价或者以拍卖、变卖的价款优先受偿。作为贷款担保的抵押品，可以是不动产、机器设备、交通运输工具等实物资产，也可以是依法有权处分的土地使用权，还可以是股票、债券等有价证券，它们必须是能够变现的资产。如果贷款到期借款公司不能或不愿偿还贷款，银行可取消公司对抵押品的赎回权。抵押贷款有利于降低银行贷款的风险，提高贷款的安全性。

质押贷款指按《中华人民共和国担保法》中规定的质押方式，以借款人或第三方的动产或财产权利作为质押物面取得的贷款。质押，指债务人或第三方将其动产或财产权利移交给债权人占有，将该动产或财产权利作为债权的担保。债务人不履行债务时，债权人有权以该动产或财产权利折价或者以拍卖、变卖的价款优先受偿。作为贷款担保的质押品，可以是汇票、支票、债券、存款单、提单等信用凭证，可以是依法可以转让的股份、股票等有价证券，也可以是依法可以转让的商标专用权、专利著作权中的财产权。

（3）按公司取得贷款的用途，分为基本建设贷款、专项贷款和流动资金贷款。基本建设贷款指公司因从事新建、改建、扩建等基本建设项目需要资金而向银行申请借入的款项。

专项贷款指公司因为专门用途而向银行申请借入的款项，包括更新改造技术贷款、大修理贷款、研发和新产品研制贷款、小型技术措施贷款、出口专项贷款、引进技术转让费周转金贷款、进口设备外汇贷款、进口设备人民币贷款及国内配套设备贷款。

流动资金贷款指公司为满足流动资金的需求而向银行申请借入的款项，包括流动资金借款、生产周转借款、临时借款、结算借款和卖方信贷。

**2. 银行借款的程序**

（1）提出申请，银行审批。公司根据筹资需求向银行提出书面申请，按银行要求的条件和内容填报借款申请书。银行按照有关政策和贷款条件，对借款公司进行信用审查，核准公司申请的借款金额和用款计划。银行审查的主要内容包括：公司的财务状况、信用情况、盈利的稳定性、发展前景、借款投资项目的可行性、抵押品和担保情况。

（2）签订合同，取得借款。借款申请获批准后，银行与公司进一步协商贷款的具体条件，签订正式的借款合同，规定贷款的数额、利率、期限和一些约束性条款。借款合同签订后，公司在核定的贷款指标范围内，根据用款计划和实际需要，一次或分次将贷款转入公司的存款结算账户中，以便使用。

**3. 长期借款的保护性条款**

长期借款的金额高、期限长、风险大，除借款合同的基本条款之外，债权人还会在借款合同中附加各种保护性条款，以确保公司按要求使用借款和按时足额偿还借款。保护性条款有以下三类：

（1）例行性保护条款。这类条款作为例行常规，在大多数借款合同中都会出现，主要包括：

① 定期向提供贷款的金融机构提交公司财务报表，以使债权人随时掌握公司的财务状况和经营成果；

② 保持存货储备量，不准在正常情况下出售较多的非产成品存货，以保持公司正常生产经营能力；

③ 及时清偿债务，包括到期清偿应缴纳税金和其他债务，以防被罚款而造成不必要的现金损失；

④ 不准以资产做其他承诺的担保或抵押；

⑤不准贴现应收票据或出售应收账款，以避免或有负债。

（2）一般性保护条款。一般性保护条款是对公司资产的流动性及偿债能力等方面的要求条款，这类条款应用于大多数借款合同，主要包括：

① 保持企业的资产流动性。要求公司需持有一定最低额度的货币资金及其他流动资产，以保持公司资产的流动性和偿债能力，规定了公司必须保持的最低营运资金数额和最低流动比率数值。

② 限制公司非经营性支出，如限制支付现金股利、购入股票和职工加薪的数额规模，以减少公司资金过度外流。

③ 限制公司资本支出的规模。控制公司资产结构中的长期性资产的比例，以减少公司日后不得不变卖固定资产以偿还贷款的可能性。

④ 限制公司再举债规模。目的是防止其他债权人取得对公司资产的优先索偿权。

⑤ 限制公司的长期投资，如规定公司不准投资于短期内不能收回资金的项目，不能未经银行等债权人同意而与其他公司合并。

（3）特殊性保护条款。这类条款是针对某些特殊情况而出现在部分借款合同中的条款，只有在特殊情况下才能生效，主要包括：要求公司的主要领导人购买人身保险；借款的用途不得改变；违约惩罚条款。

上述各项条款结合使用，将有利于全面保护银行等债权人的权益。但借款合同是经双方充分协商后决定的，其最终结果取决于双方谈判能力的大小，而不是完全取决于银行等债权人的主观愿望。

#### 4. 银行借款的筹资特点

（1）筹资速度快。与发行公司债券和融资租赁等债务筹资其他方式相比，银行借款的程序相对简单，所花时间较短，公司可以迅速获得所需资金。

（2）资本成本较低。利用银行借款筹资，比发行债券和融资租赁的利息负担要低，而且无须支付证券发行费用和租赁手续费用等筹资费用。

（3）筹资弹性较大。在借款之前，公司根据当时的资本需求与银行等贷款机构直接商定贷款的时间、数量和条件。在借款期间，若公司的财务状况发生某些变化，也可与债权人再协商，变更借款数量、时间、条件或是提前偿还本息。因此，借款筹资对公司具有较大的灵活性，特别是短期借款更是如此。

（4）限制条款多。与发行公司债券相比较，银行借款合同对借款用途有明确规定，通过借款的保护性条款，对公司资本支出额度、再筹资和股利支付等行为有严格的约束，以后公司的生产经营活动和财务政策必将受到一定程度的影响。

（5）筹资数额有限。银行借款的数额往往受到贷款机构资本实力的制约，难以像发行公司债券和股票那样一次筹集到大笔资金，无法满足公司大规模筹资的需要。

### 3.3.2 发行公司债券

公司债券又称企业债券，是公司依照法定程序发行的，约定在一定期限内还本付息的有价证券。债券是持券人拥有公司债权的书面证书，它代表债券持券人与发债公司之间的债权债务关系。

#### 1. 发行债券的条件

在我国，根据《中华人民共和国公司法》中的规定，股份有限公司和有限责任公司，具有发行债券的资格。

根据《中华人民共和国证券法》中的规定，公开发行公司债券，应当符合下列条件：

① 股份有限公司的净资产不低于人民币 3 000 万元，有限责任公司的净资产不低于人民币 600 万元；

② 累计债券余额不超过公司净资产的 40%；

③ 最近 3 年平均可分配利润足以支付公司债券 1 年的利息；

④ 筹集的资金投向符合国家产业政策；

⑤ 债券的利率不超过国务院限定的利率水平；

⑥ 国务院规定的其他条件。

公开发行公司债券筹集的资金，必须用于核准的用途，不得用于弥补亏损和非生产性支出。

根据《中华人民共和国证券法》中的规定，公司债券要上市交易，应当进一步符合下列条件：

① 公司债券的期限为 1 年以上；

② 公司债券实际发行额不少于人民币 5 000 万元；

③ 公司申请债券上市时仍符合法定的公司债券发行条件。

**2. 公司债券的种类**

（1）按是否记名，分为记名公司债券和无记名公司债券。

① 记名公司债券，应当在公司债券存根簿上载明债券持有人的姓名、住所和债券持有人取得债券的日期及债券的编号等信息。记名公司债券，由债券持有人以背书方式或者法律、法规规定的其他方式转让；转让后由公司将受让人的姓名或者名称及住所记载于公司债券存根簿。

② 无记名公司债券，应当在公司债券存根簿上载明债券总额、利率、偿还期限和方式、发行日期及债券的编号。无记名公司债券的转让，由债券持有人将该债券交付给受让人后即发生转让的效力。

（2）按是否能够转换成公司股权，分为可转换债券与不可转换债券。

① 可转换债券，指债券持有者可以在规定的时间内按规定的价格转换为发债公司股票的一种债券。这种债券在发行时，对债券转换为股票的价格和比率都做了详细规定。《中华人民共和国公司法》中规定，可转换债券的发行主体是股份有限公司中的上市公司。

② 不可转换债券，指不能转换为发债公司股票的债券，大多数公司债券属于这种类型。

（3）按有无特定财产担保，分为担保债券和信用债券。

① 担保债券指以抵押方式担保发行人按期还本付息的债券，主要指抵押债券，抵押债券按抵押品的不同，又分为不动产抵押债券、动产抵押债券和证券信托抵押债券。

② 信用债券是无担保债券，是仅凭公司自身的信用发行的、没有抵押品作抵押担保的债券。在公司清算时，信用债券的持有人因无特定的资产做担保品，只能作为一般债权人参与剩余财产的分配。

**3. 公司债券发行的程序**

（1）做出发债决议。拟发行公司债券的公司，需要由公司董事会制定公司债券发行的方案，并由公司股东大会批准，做出决议。

（2）提出发债申请。根据《中华人民共和国证券法》中的规定，公司申请发行债券由国务院证券监督管理部门批准。公司申请应提交公司登记证明、公司章程、公司债券募集办法、资产评估报告和验报告等正式文件。

（3）公告募集办法。公司发行债券的申请经批准后，要向社会公告公司债券的募集办法。公司债券募集的分为私募发行和公募发行。私募发行是以特定的少数投资者未指定对象发行债券，公募发行是在证券市场上以非特定的广大投资者为对象公开发行债券。

（4）委托证券经营机构发售。按照我国公司债券发行的相关法律规定，公司债券的公募发行采取间接发行方式。在这种发行方式下，发行公司与承销团签订承销协议。承销团由数家证券公司或投资银行组成，承销方式有代销和包销两种。代销指承销机构代为推销债券，在约定期限内未售出的余额可退还发行公司，承销机构不承担发行风险。包销是由承销团先购入发行公司拟发行的全部债券，然后再出售给社会上的投资者，如果约定期限内未能全部售出，余额要由承销团负责认购。

（5）交付债券，收缴债券款。债券购买人向债券承销机构付款购买债券，承销机构向购买人交付债券。然后，债券发行公司向承销机构收缴债券款，登记债券存根簿，并结算发行代理费。

**4. 债券偿还**

债券偿还时间按其实际发生与规定的到期日之间的关系，分为提前偿还与到期偿还两类，其中后者又包括到期分批偿还和到期一次偿还两种。

（1）提前偿还。提前偿还又称提前赎回或收回，指在债券尚未到期之前就予以偿还。只有在公司发行债券的契约中明确规定了有关允许提前偿还的条款，公司才可以进行此项操作。提前偿还所支付的价格要高于债券的面值，并随到期日的临近而逐渐下降。具有提前偿还条款的债券可使公司筹资有较大的弹性。当公司资金有结余时可提前赎回债券；当预测利率下降时，也可提前赎回债券，而后以较低的利率来行新债券。

（2）到期分批偿还。如果一个公司在发行同一种债券的当时就为不同编号或不同发行对象的债券规定了不同的到期日，这种债券就是分批偿还债券。因为各批债券的到期日不同，它各自的发行价格和票面利率也可能不相同，从而导致发行费较高，但由于这种债券便于投资人挑选最合适的到期日，因而便于发行。

（3）到期一次偿还。多数情况下，发行债券的公司在债券到期日，一次性归还债券本金，并结算债券利息。

**5. 发行公司债券的筹资特点**

（1）一次筹资数额大。利用发行公司债券筹资，能够筹集大额的资金，满足公司大规模筹资的需要，这是与银行借款、融资租赁等债务筹资方式相比，公司选择发行公司债券筹资的主要原因，大额筹资能够适应大型公司经营规模的需要。

（2）募集资金的使用限制条件少。与银行借款相比，发行债券募集的资金在使用上具有相对灵活性和自主性。特别是发行债券所筹集的大额资金，能够用于流动性较差的公司长期资产上。从资金使用的性质来看，银行借款期限短，额度小，主要用途为增加适量存货或增加小型设备；反之，期限较长、额度较大，用于公司扩展、增加大型固定资产和基本建设投资的需求多采用发行债券方式筹资。

（3）资本成本负担较高。相对于银行借款筹资，发行债券的利息负担和筹资费用都比较高，而且债券不能像银行借款一样进行债务展期，加上大额的本金和较高的利息，在固定的到期日，将会对公司现金流量产生巨大的财务压力。不过，尽管公司债券的利息比银行借款高，但公司债券的期限长、利率相对固定。在预计市场利率持续上升的金融市场环境下，发行公司债券筹资，能够锁定资本成本。

（4）提高公司的社会声誉。公司债券的发行主体，有严格的资格限制。发行公司债券，往往是股份有限公司和有实力的有限责任公司所为。通过发行公司债券，一方面筹集了大量资金，另一方面也扩大了公司的社会影响。

## 3.3.3 融资租赁

融资租赁指出租人根据承租人对供货人和租赁标的物的选择，向供货人购买租赁标的物后，出租给承租人使用的信用性业务。融资租赁集“融资”与“融物”于一身，具有借贷性质，是承租人筹集长期资金的一种特殊形式。

**1. 融资租赁的形式**

（1）售后租回。售后租回指公司根据协议，将自己的某项资产卖给出租人，再将其租回使用，并按期向出租人支付租金。采用这种租赁方式，公司因出售资产而获得一笔现金，又通过将其租回而保留了该资产的使用权，与抵押贷款有些相似。

（2）直接租赁。直接租赁是融资租赁的典型形式，即承租人直接向出租人租入所需要的资产，并付出租金。直接租赁的主要出租人可能是制造商、金融公司、租赁公司。

（3）杠杆租赁。杠杆租赁是国际上比较流行的一种融资租赁形式，涉及承租人、出租人和资金出借者三方当事人。

在这种租赁中，对于承租人而言，与其他租赁形式并无区别，同样是按合同的规定，在基本租赁期内定期支付定额租金，取得资产的使用权。对于出租人却不同，出租人只支付购买资产所需的部分资金（20%～40%），再以该资产作为担保向资金出借者借入其余资金（60%～80%）。因此，他既是出租人又是贷款人，同时拥有对资产的所有权，既收取租金又要偿付债务，如果不能按期偿还借款，资产的所有权就要归属资金的出借者。

这种租赁形式，由于租赁收益一般大于借款成本，出租人借款购物出租可获得财务杠杆利益，故称为杠杆租赁。

**2. 融资租赁的租金**

（1）影响融资租赁租金的因素。影响融资租赁租金的因素有以下几项：

① 租赁设备的购置成本，包括设备的买价、运杂费和途中保险费；

② 预计租赁设备的残值，指设备租赁期满时预计的变现净值；

③ 利息，指租赁公司为承租人购置设备融资而应计的利息；

④ 租赁手续费，包括租赁公司承办租赁设备的营业费用以及一定的盈利；

⑤ 租赁期限，租赁期限的长短影响租金金额；

⑥ 租金的支付方式也会影响每期租金的多少。租金支付的次数越多，每次的支付额越少。

（2）融资租赁租金的支付形式。融资租赁的租金应分次支付，具体类型有：

① 按支付间隔期的长短，可以分为年付、半年付、季付和月付等方式；

② 按支付时期先后，可以分为先付租金和后付租金两种方式；

③ 按每期支付金额，可以分为等额支付和不等额支付两种方式。

### 3. 租金的计算

我国融资租赁实务中，租金的计算大多采用等额年金法。等额年金法，是要根据利率和租赁手续费率确定一个租费率，作为折现率。

【情景 3-1】华信食品股份有限公司于 2019 年 1 月 1 日从租赁公司租入一套设备，价值 450 000 元，租期 6 年，租赁期满时预计残值 89 000 元，归属租赁公司。年利率 8%，租赁手续费率每年 2%。租金每年年末支付一次，则：

每年租金 =[450 000−89 000×(P/F,10%,6)]÷(P/A,10%,6)=91 787（元）

为了便于有计划地安排租金的支付，承租企业可编制租金摊销计划表。根据本例的有关资料编制租金摊销计划表如表 3-1 所示。

表 3-1 租金摊销计划表

单位：元

| 年份 | 期初本金（1） | 支付租金（2） | 应计租费<br>（3）=（1）×10% | 本金偿还额<br>（4）=（2）-（3） | 本金余额<br>（5）=（1）-（4） |
|---|---|---|---|---|---|
| 2011 | 450 000 | 91 787 | 45 000 | 46 787 | 403 213 |
| 2012 | 403 213 | 91 787 | 40 321 | 51 466 | 351 747 |
| 2013 | 351 747 | 91 787 | 35 175 | 56 612 | 295 135 |
| 2014 | 295 135 | 91 787 | 29 514 | 62 273 | 232 862 |
| 2015 | 232 862 | 91 787 | 23 286 | 68 501 | 164 361 |
| 2016 | 164 361 | 91 787 | 16 436 | 75 351 | 89 010 |
| 合计 | | 550 722 | 189 732 | 360 990 | 89 010 |

注：89 010 为到期残值，尾数 10 是中间计算过程四舍五入的误差导致。

### 4. 融资租赁筹资的优缺点

（1）融资租赁筹资的优点。

① 筹资速度快。融资租赁集“融资”和“融物”于一身，可使公司尽快形成生产能力。

② 租金可在所得税前扣除，承租公司能享受税收中的利益，税收负担轻。

③ 减少设备陈旧过时遭淘汰的风险。随着技术的不断进步，设备陈旧过时的风险很高，而多数租赁协议规定由出租人承担，承租公司可免遭这种风险。

④ 租金在整个租期内分摊，可适当减轻到期还本负担。

（2）融资租赁筹资的缺点。

① 资金成本较高。租金总额要高于设备价值。

② 固定的租金支付构成较重的负担，特别是公司在财务困难时期，支付固定的租金也将构成一项沉重的负担。

③ 不能享有设备残值，这可视为承租公司的一种机会损失。

### 3.3.4 债务筹资的优缺点

1. 债务筹资的优点

（1）筹资速度较快。与股权筹资相比，债务筹资不需要经过复杂的审批手续和证券发行程序，如银行借款、融资租赁，可以迅速地获得资金。

（2）筹资弹性较大。发行股票等股权筹资，一方面需要经过严格的政府审批；另一方面从公司的角度出发，由于股权不能退还，股权资本在未来永久性地给公司带来了资本成本的负担。利用债务筹资，可以根据公司的经营情况和财务状况，灵活地商定债务条件，控制筹资数量，安排取得资金的时间。

（3）资本成本负担较轻。债务筹资的资本成本要低于股权筹资。其一是取得资金的手续费用等筹资费用较低；其二是利息、租金等资金费用比股权资本要低；其三是利息等资本成本可以在税前支付。

（4）可以利用财务杠杆。债务筹资不改变公司的控制权，因而股东不会出于控制权稀释的原因而反对公司举债。债权人从公司那里只能获得固定的利息或租金，不能参加公司剩余收益的分配。当公司的资本报酬率（息税前利润率）高于债务利率时，会增加普通股股东的每股收益，提高净资产报酬率，提升公司价值。

（5）稳定公司的控制权。债权人无权参与公司的经营管理，利用债务筹资不会改变和分散股东对公司的控制权。在信息沟通与披露等公司治理方面，债务筹资的代理成本也较低。

2. 债务筹资的缺点

（1）不能形成公司稳定的资本基础。债务资本有固定的到期日，到期需要偿还，只能作为公司的补充性资本来源。再加上取得债务往往需要进行信用评级，没有信用基础的公司和新创公司，往往难以取得足额的债务资本。现有债务资本在公司的资本结构中达到一定比例后，往往由于财务风险而不容易再取得新的债务资金。

（2）财务风险较大。债务资本有固定的到期日，有固定的债息负担，抵押、质押等担保方式取得的债务，资本使用中可能会有特别的限制。这些都要求公司必须保证有一定的偿债能力，要保持资产流动性及其资产报酬水平，能够作为债务清偿的保障，对公司的财务状况提出了更高的要求，否则会带来公司的财务危机，甚至导致公司的破产。

（3）筹资数额有限。债务筹资的数额往往受到贷款机构资本实力的制约，除发行债券方式外，难以像发行股票那样一次筹集到大笔资金，无法满足公司大规模筹资的需要。

# 资本成本与资本结构

## ——如何确定资金来源的比例关系

CFO 

筹资决策的核心是确定资本结构问题，计算资本成本。确定最佳资本结构是财务管理人员的重要职责。

### 本项目架构

- 资本成本
  - 杠杆效应
    - 资本结构

# 4.1 资本成本
## ——如何计算筹资过程中的代价？

**cfo 要求你知道**

不同筹资方式中的个别资本成本，不同筹资方式的筹资金额，影响着加权资本成本。

**关键术语**

个别资本成本（Individual Cost of Capital）

企业筹资管理的目的是在满足财务管理目标的前提下尽可能降低资本成本。资本成本包括资金筹集费用和资金占用费用两部分。资本成本是影响企业选择筹资方式的重要因素。

长期资金的使用成本对企业有巨大的影响，一般讨论资本成本时主要讨论的是个别资本成本。长期资金又称资本，所以长期资金的成本被称为资本成本。资本成本有多种计量形式。在比较各种不同筹资方式时，使用个别资本成本。在进行资本结构决策时，使用加权资本成本；在进行追加筹资决策时，则使用边际资本成本。

资本成本是企业为筹集和使用资金而付出的代价，也是企业选择资金来源、拟定筹资方案、评价投资项目、衡量经营成果的重要标准。资本成本的计算包括个别资本成本、加权资本成本和边际资本成本的计算。

### 4.1.1 个别资本成本

#### 1. 什么是个别资本成本

个别资本成本指企业各种长期资金的成本，主要包括长期借款资本成本、长期债券资本成本、普通股资本成本、留存收益资本成本。前两类是债务资本成本，后两类是权益资本成本。企业在选择筹资方式时，需要计算、比较各种筹资方式的个别资本成本率。在不考虑货币时间价值的情况下，资本成本率是企业资金占用费与筹资净额的比率。按年计算，其计算公式为：

$$\text{资本成本率}=\frac{\text{资金占用费}}{\text{筹资总额}-\text{筹资费用}}=\frac{\text{资金占用费}}{\text{筹资总额（1-筹资费用率）}}$$

#### 2. 个别资本成本计算

（1）银行借款资本成本。银行借款资本成本指借款利息和筹资费用。借款利息计入税前成本费用，可以起到抵税作用。因此一次还本、分期付息的借款资本成本的计算公式为：

$$K_b=\frac{\text{年利率}\times\text{（1-所得税税率）}}{\text{1-筹资费用率}}=\frac{i\times(1-T)}{1-f}$$

式中：$K_b$——银行借款资本成本率；

$i$——银行借款年利率；

$T$——所得税税率；

$f$——筹资费用率。

由于银行借款的筹资费用（手续费）很低，上式中的筹资费用率常常可以忽略不计，则上式可简化为：

$$K_b=i\times(1-T)$$

【情景 4-1】华信食品股份有限公司取得 5 年期长期借款 2 500 000 元，年利率 12%，每年付息一次，到期一次还本，筹资费用率 0.3%，企业所得税税率 25%，则该项借款的资本成本率为（计算结果保留两位小数）：

$$K_b=\frac{12\%\times(1-25\%)}{1-0.3\%}\approx 9.03\%$$

（2）债券资本成本。债券资本成本中的利息在税前支付，具有减税效应。债券的筹资费用主要包括申请发行债券的手续费、债券注册费、印刷费、上市费以及推销费用。每年付息一次，到期一次还本的债券筹资成本的计算公式为：

$$\text{债券资本成本}=\frac{\text{年利息}\times(\text{1-所得税税率})}{\text{债券筹资额}\times(\text{1-筹资费用率})}\times 100\%$$

式中，年利息 = 银行借款总额 × 年利率。

【情景 4-2】华信食品股份有限公司以 1 100 元的价格，溢价发行面值为 1 000 元、期限 3 年、票面利率 8% 的公司债券一批。每年付息一次，到期一次还本，筹资费用率 2.4%，所得税税率 25%，则该批债券的资本成本率为（计算结果保留两位小数）：

$$K_b=\frac{1\ 000\times 8\%\times(1-25\%)}{1\ 100\times(1-2.4\%)}=5.59\%$$

（3）融资租赁资本成本。融资租赁各期的租金中，包含有本金每期的偿还和各期手续费用（及租赁公司的各期利润），其资本成本率只能按贴现模式计算。

（4）优先股的资本成本。优先股的资本成本主要是向优先股股东支付的各期股利。对于固定股息率优先股而言，如果各期股利相等，则优先股资本成本率的计算公式为：

$$K_s=\frac{D}{P\times(1-f)}$$

式中：$K_s$——优先股资本成本率；

$D$——优先股年固定股息；

$P$——优先股发行价格；

$f$——筹资费用率。

【情景 4-3】华信食品股份有限公司发行面值为 150 元的优先股，规定的年股息率为 10%。该优先股溢价发行，发行价格为 180 元，发行时筹资费用率为发行价的 3%。则该优先股的资本成本率为（计算结果保留两位小数）：

$$K_s=\frac{150\times 10\%}{180\times(1-3\%)}\approx 8.59\%$$

由本情景可见，该优先股票股息率为 10%，但实际资本成本率只有 8.59%，主要原因是因为该优先股溢价 1.2 倍发行。

（5）普通股资本成本。普通股的资本成本率就是普通股投资的必要收益率，有三种方法计算：股利固定增长模型法、资本资产定价模型法、无风险利率加风险溢价法。

① 股利固定增长模型法。这种方法的前提是股票的现金股利按照固定的比率增长，则普通股筹资的资金成本计算公式为：

$$K_s=\frac{D_0\times(1+g)}{P_0\times(1-f)}+g=\frac{D_1}{P_0\times(1-f)}+g$$

式中：$D_1$——第一年预期股利；

$P_0$——普通股发行价格；

$g$——普通股股利固定增长率；

$f$——普通股筹资费用率。

如果 $g$=0, 则该公式变为：

$$K_s=\frac{D_1}{P_0\times(1-f)}$$

【情景 4-4】华信食品股份有限公司普通股市价 40 元，筹资费用率 2.5%，本年发放现金股利每股 0.6 元，预期股利年增长率为 8%，则普通股的资本成本率为（计算结果保留两位小数）：

$$K_s = \frac{0.6\times(1+8\%)}{40\times(1-2.5\%)} + 8\% \approx 9.66\%$$

② 资本资产定价模型法。按照资本资产定价模型，普通股资本成本的计算公式如下：

$$K_s = R_f + \beta\times\left(R_m - R_f\right)$$

【情景 4-5】华信食品股份有限公司普通股 $\beta$ 系数为 1.2，此时一年期国债利率为 5%，市场平均报酬率 15%，则该普通股资本成本率为：

$$K_s=5\%+1.2\times(15\%-5\%)=17\%$$

（6）留存收益成本。一般情况下企业不会把收益全部分配给股东，所以留存收益是企业资金的一种主要来源。企业留存收益等于股东对企业的追加投资，股东对这部分投资与以前交给企业的股本一样，也要求一定的回报，所以留存收益也要计算成本。留存收益成本的计算与普通股基本相同，但不需要考虑筹资费用。

## 4.1.2 加权资本成本

### 1. 加权资本成本的概念

加权资本成本指多元化融资方式下的综合资本成本，反映企业资本成本整体水平的高低。在衡量和评价单一融资方案时，需要计算个别资本成本；在衡量和评价企业筹资总体的经济性时，需要计算企业的加权资本成本。加权资本成本用于衡量企业资本成本水平，确立企业理想的资本结构。

### 2. 加权资本成本的计算

企业加权资本成本，是以各项个别资本在企业总资本中的比重为权数，对各项个别资本成本率进行加权而得到的总资本成本率，其计算公式为：

$$K_w = \sum_{j=1}^{n}\left(K_j W_j\right)$$

式中：$K_w$——加权资本成本；

$K_j$——第 $j$ 种个别资本成本率；

$W_j$——第 $j$ 种个别资本在全部资本中的比重。

加权资本成本率的计算，存在着权数价值的选择问题，即各项个别资本按什么权数来确定资本比重，可供选择的价值形式有账面价值权数、市场价值权数、目标价值权数。

（1）账面价值权数。账面价值权数，即以各项个别资本的会计报表账面价值为基础来计算资本权数，确定各类资本所占总资本的比重。其优点是：资料容易取得，可以直接从资产负债表中得到，而且计算结果比较稳定。其缺点是：当债券和股票的市价与账面价值差距较大时，导致按账面价值计算出来的资本成本不能准确反映从资本市场上筹集资本的现时机会成本和资本结构。

（2）市场价值权数。市场价值权数，即以各项个别资本的现行市场价为基础来计算资本权数，确定各类资本所占总资本的比重。其优点是：能够反映现时的资本成本水平，有利于进行资本结构决策。但现行市价处于经常变动之中，不容易取得市场价值权数，而且现行市场价反映的只是现时资本结构，不适用未来的筹资决策。

（3）目标价值权数。目标价值权数，即以各项个别资本预测的未来价值为基础来确定资本权数，确定各类资本占总资本的比重。目标价值是目标资本结构要求下的产物，是公司筹集和使用资金对资本结构的一种要求。对于公司筹集新资金、反映期望的资本结构来说，目标价值是有益的，适用于未来的筹资决策，但目标价值的确定难免具有主观性。

以目标价值为基础计算资本权重，能体现决策的相关性。目标价值权数的确定，可以选择未来的市场价值，也可以选择未来的账面价值。选择未来的市场价值，与资本市场现状联系比较紧密，能够与现时资本市场环境状况结合起来，目标价值权数的确定一般以现时市场价值为依据。但市场价值波动频繁，可行的方案是选用市场价值的历史平均值，如 30 日、60 日、120 日均价。总之，目标价值权数是主观愿望和预期表现，依赖于财务经理的价值判断和职业经验。

【情景 4-6】华信食品股份有限公司本年年末长期资本账面总额为 12 000 000 元，其中：银行长期贷款 4 800 000 元，占 40%；长期债券 1 800 000 元，占 15%；股东权益 5 400 000 元（共 2 000 000 股，每股面值 1 元，市价 6 元），占 45%。个别资本成本分别为：4%、7%、10%。则该公司的平均资本成本为：

按账面价值计算：

$$K_w=4\%\times40\%+7\%\times15\%+10\%\times45\%=7.15\%$$

按市场价值计算（计算结果保留两位小数）：

$$K_w=\frac{4\%\times4\ 800\ 000+7\%\times1\ 800\ 000+10\%\times12\ 000\ 000}{4\ 800\ 000+1\ 800\ 000+12\ 000\ 000}=\frac{1\ 518\ 000}{18\ 600\ 000}\approx 8.16\%$$

### 4.1.3 边际资本成本

边际资本成本指每增加一个单位的资金而增加的成本。边际资本成本就是追加筹资时所使用资金的成本。

在经营活动中，企业无法以某一固定的筹资方式、按固定的加权资本成本筹集到无限的资金。一般情况下，企业以某一种筹资模式筹资时，其筹资数额超过一定限额，边际资本成本就会发生变化。即使企业仍保持原有的资本结构，也可能会导致加权资本成本的上升。

通过计算边际资本成本，可以知道筹资总额达到什么水平时，会引起资本成本发生变化，再将边际资本成本与追加投资项目的收益进行比较，确定是否需要追加投资。

计算资金的边际资本成本应按以下步骤进行：确定企业目标资本结构；确定各种筹资方式的资本成本；计算筹资总额分界点；计算资金的边际资本成本。

【情景 4-7】华信食品股份有限公司设定的目标资本结构为：银行借款 22%、公司债券 18%、股东权益 60%。现拟追加投资 2 500 000 元，按此资本结构来筹资。个别资本成本率预计分别为：银行借款 6%、公司债券 10%、股东权益 13%。追加筹资 2 500 000 元的边际资本成本如表 4-1 所示。

表 4-1　边际资本成本计算表

| 资本种类 | 目标资本结构 | 追加筹资额（元） | 个别资本成本 | 边际资本成本 |
|---|---|---|---|---|
| 银行借款 | 22% | 550 000 | 6% | 1.32% |
| 公司债券 | 18% | 450 000 | 10% | 1.80% |
| 股东权益 | 60% | 1 500 000 | 13% | 7.80% |
| 合计 | 100% | 2 500 000 | — | 10.92% |

## 4.2　杠杆效应
——通过杠杆理论说明筹资过程中收益和风险的关系

**cfo 要求你知道**

风险和收益是两个对等的观念，财务人员应通过杠杆原理计算、分析与判断风险和收益，在风险和收益之间理性地权衡利弊。

**关键术语**

边际资本成本（Marginal Cost of Capital）
经营杠杆（Operating Leverage）
经营风险（Business Risk）

### 4.2.1　经营杠杆效应

#### 1. 经营杠杆

财务管理中存在着类似于物理学中的杠杆效应，表现为：由于特定固定支出或费用的存在，当某一财务变量以较小的幅度变动时，另一相关变量会以较大幅度变动。财务管理中的杠杆效应包括经营杠杆、财务杠杆和总杠杆三种效应形式。杠杆效应既可以产生杠杆利益也可能带来杠杆风险。

经营杠杆指由于固定性经营成本的存在，而使得企业的资产报酬（息税前利润）变动率大于业务量变动率的现象。经营杠杆反映资产报酬的波动性，用来评价企业的经营风险。

经营杠杆的存在源于固定性经营成本，杠杆的一边是业务量，另一边是资产报酬。由于资产一部分来源于负债，一部分来源于所有者权益，负债和所有者权益都需要获得报酬，所以财务管理中资产报酬用息税前利润表示而不是净利润。用息税前利润（EBIT）表示资产总报酬，则有：

$$\text{EBIT}=S-V-F=(P-V_c)Q-F=M-F$$

式中：EBIT——息税前利润；

$S$——销售额；

$V$——变动性经营成本；

$F$——固定性经营成本；

$Q$——产销业务量；

$P$——销售单价；

$V_c$——单位变动成本；

$M$——边际贡献。

上式中，影响 EBIT 的因素包括产品售价、产品需求、产品成本。当产品成本中存在固定成本时，如果其他条件不变，产销业务量的增加虽然不会改变固定成本总额，但会降低单位产品分摊的固定成本，从而提高单位产品利润，使息税前利润的增长率大于产销业务量的增长率，进而产生经营杠杆效应。当不存在固定性经营成本时，所有成本都是变动性经营成本，边际贡献等于息税前利润，此时息税前利润变动率与产销业务量的变动率完全一致。

**2. 经营杠杆系数**

只要企业存在固定性经营成本，就存在经营杠杆效应。但不同的产销业务量，其对应的杠杆效应的大小程度是不一致的。测算经营杠杆效应程度，常用的指标为经营杠杆系数。经营杠杆系数（DOL），是息税前利润变动率与产销业务量变动率的比值，其计算公式为：

$$\text{经营杠杆系数（DOL）}=\frac{\text{息税前利润变动率}}{\text{产销业务量变动率}}=\frac{\Delta\text{EBIT}}{\text{EBIT}_0}\div\frac{\Delta Q}{Q_0}$$

式中：DOL——经营杠杆系数；

Δ EBIT——息税前利润变动额；

Δ $Q$——产销业务量变动值。

上式经整理，经营杠杆系数的计算也可以简化为：

$$\text{DOL}=\frac{M_0}{M_0-F_0}=\frac{\text{EBIT}_0+F_0}{\text{EBIT}_0}=\frac{\text{基期边际贡献}}{\text{基期息税前利润}}$$

【情景 4-8】华信食品股份有限公司产销面包，固定成本为 4 000 000 元，变动成本率为 60%。当年产销额为 40 000 000 元时，变动成本为 24 000 000 元，固定成本为 4 000 000 元，息税前利润为 12 000 000 元；当年产销额为 60 000 000 元时，变动成本为 36 000 000 元，固定成本仍为 4 000 000 元，息税前利润为 20 000 000 元。可以看出，该公司产销量增长了 50%，息税前利润增长了 67%，产生了 1.33 倍的经营杠杆系数（计算结果保留两位小数）。

$$\frac{\Delta \text{EBIT} / \text{EBIT}_0}{\Delta Q / Q_0} = (8\ 000\ 000 \div 12\ 000\ 000) \div (20\ 000\ 000 \div 40\ 000\ 000) \approx 1.33\text{（倍）}$$

$$\text{DOL} = \frac{M_0}{\text{EBIT}_0} = (40\ 000\ 000 \times 40\%) \div 12\ 000\ 000 \approx 1.33\text{（倍）}$$

3. 经营杠杆与经营风险

经营风险指企业由于生产经营时的原因而导致的资产报酬波动风险。引起企业经营风险的主要原因是市场需求和生产成本等不确定性因素，经营杠杆本身不是资产报酬不确定的根源，只是资产报酬波动的表现。但是，经营杠杆放大了市场和生产等因素对利润波动的影响。经营杠杆系数越高，表明资产报酬利润波动程度越大，经营风险也就越大。经营杠杆系数的计算公式为：

$$\text{DOL} = \frac{\text{EBIT}_0 + F_0}{\text{EBIT}_0} = 1 + \frac{\text{基期固定成本}}{\text{基期息税前利润}}$$

上式表明，在企业不发生经营性亏损、息税前利润为正的前提下，经营杠杆系数最低为 1，不会为负数。只要有固定性经营成本存在，经营杠杆系数总是大于 1。

从上式可知，影响经营杠杆的因素包括：企业成本结构中的固定成本比重和息税前利润水平。其中，息税前利润水平又受产品销售数量、销售价格、成本水平（单位变动成本和固定成本总额）高低的影响。固定成本比重越高、成本水平越高、产品销售数量和销售价格水平越低，则经营杠杆效应越大，反之亦然。

【情景 4-9】华信食品股份有限公司生产面包，固定成本 1 200 000 元，变动成本率 65%。当销售额分别为 8 000 000 元、6 000 000 元、3 000 000 元时，经营杠杆系数分别为（计算结果保留两位小数）：

$$\text{DOL}_{800\ 000} = \frac{8\ 000\ 000 - 8\ 000\ 000 \times 65\%}{8\ 000\ 000 - 8\ 000\ 000 \times 65\% - 1\ 200\ 000} = 1.75$$

$$\text{DOL}_{600\ 000} = \frac{6\ 000\ 000 - 6\ 000\ 000 \times 65\%}{6\ 000\ 000 - 6\ 000\ 000 \times 65\% - 1\ 200\ 000} \approx 2.33$$

$$\text{DOL}_{300\ 000} = \frac{3\ 000\ 000 - 3\ 000\ 000 \times 65\%}{3\ 000\ 000 - 3\ 000\ 000 \times 65\% - 1\ 200\ 000} = \infty$$

上述计算结果表明，在其他因素不变的情况下，销售额越小，经营杠杆系数越大，经营风险也就越大，反之亦然。当销售额为 8 000 000 元时，DOL 为 1.75；当销售额为 6 000 000 元时，DOL 为 2.33。显然后者的不稳定性大于前者，经营风险也大于前者。在销售额处于盈亏临界点为 3 000 000 元时，经营杠杆系数趋于无穷大，此时企业销售额稍有减少便会导致更大的亏损。

## 4.2.2 财务杠杆效应

1. 财务杠杆

财务杠杆指由于固定性资本成本的存在，而使得企业的普通股收益（或每股收益）变动率大于息税前利润变动率的现象。财务杠杆反映了股权资本报酬的波动性，用以评价企业的财务风险。用普通股收益表示普通股权益资本报酬，其计算公式为：

$$\mathrm{TE}=(\mathrm{EBIT}-I)\times(1-T)-D$$

$$\mathrm{EPS}=\left[(\mathrm{EBIT}-I)\times(1-T)-D\right]$$

式中：TE——全部普通股净收益；

EPS——普通股每股收益；

$I$——债务资本利息；

$T$——所得税税率；

$D$——优先股股利；

$N$——普通股股数。

上式中，影响普通股收益的因素包括资产报酬、资本成本、所得税税率因素。当有固定利息费用的资本成本存在时，如果其他条件不变，息税前利润的增加虽然不改变固定利息费用总额，但会降低每 1 元息税前利润分摊的利息费用，从而提高每股收益，使得普通股收益的增长率大于息税前利润的增长率，进而产生财务杠杆效应。

当不存在固定利息、股息等资本成本时，息税前利润就是利润总额，此时利润总额变动率与息税前利润变动率完全一致。如果两期所得税税率和普通股股数保持不变，每股收益的变动率与利润总额变动率也完全一致，进而与息税前利润变动率一致。

财务杠杆存在源于固定性资本成本，即债务成本。杠杆的一边是息税前利润，另一边是每股收益。

### 2. 财务杠杆系数

只要企业融资方式中存在固定性资本成本，就存在财务杠杆效应。如固定利息、固定融资租赁费的存在，都会产生财务杠杆效应。在同一固定的资本成本支付水平上，不同的息税前利润水平对固定的资本成本的承受负担是不一样的，其财务杠杆效应的大小程度是不一致的。计算财务杠杆效应程度，常用指标为财务杠杆系数。财务杠杆系数（DFL），是每股收益变动率与息税前利润变动率的倍数，计算公式为：

$$\mathrm{DFL}=\frac{\text{普通股盈余变动率}}{\text{息税前利润变动率}}=\frac{\text{EPS 变动率}}{\text{EBIT 变动率}}$$

在不存在优先股股息的情况下，上式经整理，财务杠杆系数的计算也可以简化为：

$$\mathrm{DFL}=\frac{\text{基期息税前利润}}{\text{基期利润总额}}=\frac{\mathrm{EBIT}_0}{\mathrm{EBIT}_0-I_0}$$

【情景 4-10】有 A、B、C 三个公司，资本总额均为 15 000 000 元，所得税税率均为 25%，每股面值均为 1 元。A 公司资本全部由普通股组成；B 公司债务资金为 4 000 000 元（利率 10%），普通股 11 000 000 元；C 公司债务资金为 7 000 000 元（利率 10.00%），普通股 8 000 000 元。三个公司 2017 年 EBIT 均为 3 000 000 元，2018 年 EBIT 均为 4 500 000 元，增长了 50%。三个公司有关财务指标如表 4-2 所示。

**表 4-2 普通股盈余及财务杠杆的计算**

单位：元

| 利润项目 | | A | B | C |
|---|---|---|---|---|
| 普通股股数（股） | | 15 000 000 | 11 000 000 | 8 000 000 |
| 利润总额 | 2017 年 | 3 000 000 | 2 600 000 | 2 300 000 |
| | 2018 年 | 4 500 000 | 4 100 000 | 3 800 000 |
| | 增长率 | 50.00% | 57.69% | 65.22% |
| 净利润 | 2017 年 | 2 250 000 | 1 950 000 | 1 725 000 |
| | 2018 年 | 3 375 000 | 3 075 000 | 2 850 000 |
| | 增长率 | 50.00% | 57.69% | 65.22% |
| 普通股盈余 | 2017 年 | 2 250 000 | 1 950 000 | 1 725 000 |
| | 2018 年 | 3 375 000 | 3 075 000 | 2 850 000 |
| | 增长率 | 50.00% | 57.69% | 65.22% |
| 每股收益 | 2017 年 | 0.15 | 0.18 | 0.22 |
| | 2018 年 | 0.225 | 0.28 | 0.36 |
| | 增长率 | 50.00% | 57.69% | 65.22% |
| 财务杠杆系数 | | 1.000 | 1.154 | 1.304 |

可见，资本成本固定型的资本所占比重越高，财务杠杆系数就越大。A 公司没有固定资本成本的资本，没有财务杠杆效应；B 公司存在债务资本，其普通股收益增长幅度是息税前利润增长幅度的 1.154 倍；C 公司不仅存在债务资本，而且债务资本的比重比 B 公司高，其普通股收益增长幅度是息税前利润增长幅度的 1.304 倍。

### 3. 财务杠杆与财务风险

财务风险指企业由于筹资原因产生的资本成本负担而导致普通股收益波动的风险。引起企业财务风险的主要原因是资产报酬的不利变化和资本成本的固定负担。由于财务杠杆的作用，当企业的息税前利润下降时，企业仍然需要支付固定的资本成本，导致普通股剩余收益下降速度更快。财务杠杆放大了资产报酬变化对普通股收益的影响，财务杠杆系数越高，表明普通股收益的波动程度越大，财务风险也就越大。只要有固定性资本成本存在，财务杠杆系数总是大于 1。

从普通股权益资本报酬公式可知，影响财务杠杆的因素包括：企业资本结构中债务资本比重、普通股收益水平、所得税税率水平。其中，普通股收益水平又受息税前利润、固定资本成本（利息）高低的影响。债务成本比重越高，固定的资本成本支付额越高，息税前利润水平越低，财务杠杆效应越大，反之亦然。

【情景 4-11】沿用【情景 4-10】在财务杠杆系数例题中，三个公司 2017 年的财务杠杆系数分别为 A 公司 1.000 、B 公司 1.154、C 公司 1.304。这意味着，如果 EBIT 下降，A 公司的 EPS 与之同步下降，而 B 公司和 C 公司 EPS 会以更大的幅度下降。导致各公司 EPS 不为负数的 EBIT

最大降幅如表 4-3 所示。

表 4-3 EPS—EBIT 变动表

| 公司 | DFL | EPS 降低 | EBIT 降低 |
|---|---|---|---|
| A | 1 | 100% | 100% |
| B | 1.154 | 100% | 86.66% |
| C | 1.304 | 100% | 76.69% |

上面结果表明，2018 年在 2017 年的基础上，EBIT 只要降低 76.69%，C 公司普通股收益就会出现亏损；EBIT 降低 86.66%，B 公司普通股收益就会出现亏损；EBIT 降低 100%，A 公司普通股收益会出现亏损。显然 C 公司不能支付利息、不能满足普通股股利要求，其财务风险远高于其他公司。

## 4.2.3 总杠杆效应

### 1. 总杠杆

经营杠杆和财务杠杆可以独自发挥作用，也可以综合发挥作用，总杠杆是用来反映二者之间共同作用的结果的，即权益资本报酬与产销业务量之间的变动关系。总杠杆又称联合杠杆或复合杠杆，指由于固定生产经营成本和固定财务费用的共同存在而导致的普通股每股收益变动率大于产销量变动率的杠杆效应，是经营杠杆和财务杠杆的共同作用。

总杠杆的存在源于固定经营成本和固定资本成本的共同作用。杠杆的一边是业务量，另一边是每股收益。

### 2. 总杠杆的计算

对总杠杆计量的主要指标是总杠杆系数（DTL）。总杠杆系数指普通股每股收益变动率相当于产销量（额）变动率的倍数，其计算公式为：

$$总杠杆系数=经营杠杆系数\times 财务杠杆系数$$

【情景 4-12】华信食品股份有限公司有关资料如表 4-4 所示，可以分别计算其 2018 年经营杠杆系数、财务杠杆系数和总杠杆系数。

表 4-4 杠杆效应计算表

单位：元

| 项目 | 2017 年 | 2018 年 | 变动率 |
|---|---|---|---|
| 销售额（售价 10 元） | 11 000 000 | 14 000 000 | 27.27% |
| 边际贡献（单位 5 元） | 5 500 000 | 7 000 000 | 27.27% |
| 固定成本 | 2 000 000 | 2 000 000 | — |
| 息税前利润（EBIT） | 3 500 000 | 5 000 000 | 42.86% |
| 利息 | 550 000 | 550 000 | — |

（续表）

| 项目 | 2017 年 | 2018 年 | 变动率 |
|---|---|---|---|
| 利润总额 | 2 950 000 | 4 450 000 | 50.85% |
| 净利润（税率 25%） | 2 212 500 | 3 337 500 | 50.85% |
| 每股收益（2 000 000 股） | 1.11 | 1.66875 | 50.85% |
| 经营杠杆（DOL） | | | 1.57 |
| 财务杠杆（DFL） | | | 1.19 |
| 总杠杆（DTL） | | | 1.86 |

### 3. 总杠杆与公司风险

公司风险包括经营风险和财务风险，反映了企业的整体风险。只要企业同时存在固定经营成本和固定财务费用支出，总杠杆的作用就会存在。总杠杆系数越大，普通股每股收益的波动幅度也越大。在其他因素不变的情况下，总杠杆系数越大，企业整体风险越高；反之，则风险越低。

同时，总杠杆系数反映了经营杠杆与财务杠杆之间的关系。在实际工作中，企业对经营杠杆和财务杠杆的运用可以有各种不同的组合。经营风险较高的企业可以在较低程度上使用财务杠杆；经营风险较低的企业可以在较高的程度上使用财务杠杆，从而将企业整体风险控制在合理的水平上。

## 4.3 资本结构
## ——确定各项资金来源比例的方法

**cfo 要求你知道**

资本结构是各种资金的价值构成及其比例关系；在风险一定条件下使企业加权资本成本最低、企业价值最大的资本结构是最佳资本结构。

键术语

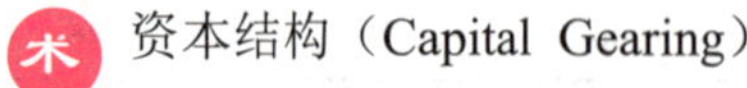

## 4.3.1 资本结构的含义

资本结构指企业各种资金的构成及比例关系。

资本结构有广义和狭义之分。广义的资本结构指企业全部债务与股东权益的比例关系。狭义的资本结构仅指企业长期负债与股东权益的构成的比例关系。狭义资本结构下，短期负债作为营运资金管理。本书所指资本结构指狭义的资本结构。

企业采用各种方式筹集的资金，总体可以分为债务资本和权益资本两大类。由于人们对资本结构的影响存在不同的认识，从而形成不同的资本结构理论。

## 4.3.2 资本结构理论

人们对资本结构的认识主要有以下理论：净收益理论、净营业收益理论、MM 理论、代理理论和等级筹资理论。

### 1. 净收益理论

净收益理论认为，利用债务可以降低企业的综合资本成本，负债程度越高，企业价值越大。这是因为债务资本成本和股权资本成本均不受财务杠杆的影响，无论负债程度有多高，企业的债务和股权资本成本都不会变化。由于与权益资本成本相比，债务资本成本较低，所以，负债程度越高，企业综合资本成本越低，企业的价值就越大。当负债比率达到 100% 时，企业的综合资本成本最低，企业价值将达到最大值。

### 2. 净营业收益理论

净营业收益理论认为，不论财务杠杆如何变化，企业加权资本成本都是固定的，因而企业的总价值也是固定的，即资本结构与企业的价值无关，决定企业价值高低的关键要素是企业的净营业收益。这是因为企业利用财务杠杆时，即使债务成本本身不变，但企业增加了成本较低的债务资金，这同时就加大了企业的风险，导致股权资本成本的提高，于是企业的综合资本成本不会因为负债比率的提高而降低，而是保持不变。不论企业的财务杠杆程度如何，其整体的资本成本不变，企业的价值也就不受资本结构的影响，因而不存在最佳资本结构。筹资决策也就无关紧要。可见，净营业收益理论和净收益理论是完全相反的两种理论。

### 3. MM 理论

MM 理论是由美国两位财务专家米勒和莫迪格莱尼经过深入分析研究而得出的结论。MM 资本结构理论创立以来，几乎所有的资本结构理论研究都是围绕着它来进行的。

MM 资本结构理论的基本结论可以简单地归纳为：在没有企业和个人所得税的情况下，任何企业的价值，不论其有无负债，都等于经营利润除以适用于其风险等级的收益率。风险相同的企业，其价值只取决于其实际资产，不受有无负债及负债程度的影响。但在考虑所得税的情况下，当公司举债后，债务利息可以计入财务费用，形成节税利益，由此可以增加公司的净收益，从而提高公司的价值。企业价值会随负债程度的提高而增加，股东也可获得更多好处。于是，负债越多，公司的综合资金成本率越低，企业价值越大。

4. 代理理论

代理理论认为，企业资本结构会影响经理人员的工作水平和其他行为选择，从而影响企业未来现金收入和企业市场价值。该理论认为，债务筹资有很强的激励作用，并将债务视为一种担保机制。这种机制能够促使经理更加努力工作，减少个人享受，并且做出更好的投资决策，从而降低由于两权分离而产生的代理成本。但是，负债筹资可能导致另一种代理成本，即企业接受债权人监督而产生的成本。均衡的企业所有权结构是由股权代理成本和债权代理成本之间的平衡关系来决定的。

5. 等级筹资理论

等级筹资理论认为：

① 外部筹资的成本不仅包括管理和证券承销成本，还包括不对称信息所产生的“投资不足效应”而引起的成本。

② 债务筹资优于股权筹资。由于企业所得税的节税利益，负债筹资可以增加企业的价值，即负债越多，企业价值增加越多，这是负债的第一种效应。但是，财务危机成本期望值的现值和代理成本的现值会导致企业价值的下降，即负债越多，企业价值减少额越大，这是负债的第二种效应。由于上述两种效应相互抵消，企业应适度负债。

③ 由于非对称信息的存在，企业需要保留一定的负债容量以便有利可图的投资机会来临时，可发行债券，避免以太高的成本发行新股。

从成熟的证券市场来看，企业的筹资模式首先是内部筹资，其次是借款、发行债券、可转换债券，最后是发行新股筹资。但是，20 世纪 80 年代新兴证券市场具有明显的股权筹资偏好。

## 4.3.3 影响资本结构的因素

资本结构是一个产权结构问题，也是社会资本在企业经济组织形式中的资源配置结果。资本结构的变化将直接影响社会资本所有者的利益。

1. 企业经营状况的稳定性和成长率

企业产销业务量的稳定程度对资本结构有重要影响。如果产销业务稳定，企业可较多地负担固定的财务费用；如果产销业务量和盈余有周期性，则要负担固定的财务费用将承担较大的财务风险。经营发展能力表现为未来产销业务量的增长率如果产销业务量能够以较高的水平增长，企业可以采用高负债的资本结构，以提升股权资本的报酬。

2. 企业的财务状况和信用等级

企业财务状况良好，信用等级高，债权人愿意向企业提供投资，企业容易获得债务资金。相反，如果企业财务状况欠佳，信用等级不高，债权人投资风险大，这样会降低企业获得信用的能力，加大债务资金筹资的资本成本。

3. 企业的资产结构

资产结构是企业筹集资本后进行资源配置和使用后的资金占用结构，包括长短期资产构成和比例，以及长短期资产内部的构成和比例。资产结构对企业资本结构的影响主要包括：拥有大量固定资产的企业主要通过发行股票融通资金，而拥有较多流动资产的企业更多地依靠流动负债融通资金。其中，资产适用于抵押贷款的企业负债较多，以技术研发为主的企业则负债较少。

4. 企业投资人和管理当局的态度

从企业所有者的角度看，如果企业股权分散，企业可能会更多地采用股权资本以分散企业风险。如果企业为少数股东控制，股东往往很重视企业的控股权问题，为防止控股权稀释，企业尽量避免普通股筹资，而是采用优先股或债务资本。从企业管理当局的角度看，高负债资本结构的财务风险高，一旦经营失败或出现财务危机，管理者将面临市场接管的威胁或者被董事会解聘。因此，稳健的管理者偏好于选择低负债比例的资本结构。

5. 行业特征和企业发展周期

不同行业资本结构差异很大。产品市场稳定的成熟产业经营风险低，因此可提高债务资本比重，发挥财务杠杆作用。高新技术企业产品、技术、市场尚不成熟，经营风险高，因此可降低债务资本比重，控制财务杠杆风险。同一企业的不同发展阶段，资本结构安排不同。企业初创阶段，经营风险高，在资本结构安排中应控制负债比例；企业发展成熟阶段，产品产销业务量稳定并持续增长，经营风险低，可适度增加债务资本比重，发挥财务杠杆效应；企业收缩阶段，产品市场占有率下降，经营风险逐步加大，应逐步降低债务资本比重，保证经营现金流量能够偿付到期债务，保持企业持续经营能力，减少破产风险。

6. 经济环境的税务政策和货币政策

资本结构决策必然要研究理财环境因素，特别是宏观经济状况。政府经济调控手段包括财政税收政策和货币金融政策，当所得税税率较高时，债务资本的抵税作用大，企业充分利用这种作用以提高企业价值。货币金融政策影响资本供给，从而影响利率水平的变动。当国家执行了紧缩的货币政策时，市场利率较高，企业债务资本成本增大。

## 4.3.4 资本结构的优化

资本结构优化，要求企业权衡负债的低资本成本和高财务风险的关系，确定合理的资本结构。资本结构优化的目标是降低平均资本成本率或提高企业价值。

1. 每股收益分析法

可以用每股收益的变化来判断资本结构是否合理，即能够提高普通股每股收益的资本结构，就是合理的资本结构。在资本结构管理中，利用债务资本筹资的目的之一，就在于债务资本能够带来财务杠杆效应，可以利用负债筹资的财务杠杆作用来增加股东财富。

每股收益受到经营利润水平、债务资本成本水平等因素的影响，分析每股收益与资本结构的关系，可以找到每股收益无差别点。所谓每股收益无差别点，指不同筹资方式下每股收益都相等时的息税前利润或业务量水平。根据每股收益无差别点，可以分析判断在什么样的息税前利润水平或产销业务量水平前提下，适于采用何种筹资组合方式，进而确定企业的资本结构安排。

在每股收益无差别点中，无论是采用债务或股权筹资方案，每股收益都是相等的，当预期息税前利润或者业务量水平大于每股收益无差别点时，应当选择债务筹资方案，反之选择股权筹资方案。在每股收益无差别点时，不同筹资方案的 EPS 是相等的，用公式表示如下：

$$\frac{\left(\overline{\mathrm{EBIT}}-I_1\right)\times(1-T)-\mathrm{DP}_1}{N_1}=\frac{\left(\overline{\mathrm{EBIT}}-I_2\right)\times(1-T)-\mathrm{DP}_2}{N_2}$$

式中：$\overline{EBIT}$——每股收益无差别点；

$I_1$、$I_2$——两种筹资方式下的年利息；

$N_1$、$N_2$——两种筹资方式下的流通在外的普通股股数；

$DP_1$、$DP_2$——两种筹资方式下的优先股股利；

$T$——所得税税率。

【情景 4-13】华信食品股份有限公司目前资本结构为：总资本 15 000 000 元，其中债务资金 7 000 000 元，年利息 700 000 元，普通股资本 8 000 000 元（8 000 000 股，面值 1 元，市价 6 元）。企业由于有一个较好的新投资项目，需要追加筹资 4 000 000 元，有两种筹资方案。

甲方案：增发普通股 1 000 000 股，每股发行价 4 元。

乙方案：向银行取得长期借款 4 000 000 元，利息率 14%。

据财务人员测算，追加筹资后销售额可望达到 20 000 000 元，变动成本率 60%，固定成本 3 000 000 元，所得税税率 25%，不考虑筹资费用因素。根据上述数据，代入无差别点状态式：

$$\frac{(\overline{EBIT}-700\ 000)\times(1-25\%)}{8\ 000\ 000+1\ 000\ 000}=\frac{(\overline{EBIT}-700\ 000-560\ 000)\times(1-25\%)}{8\ 000\ 000}$$

可得：

$$\overline{EBIT}=5\ 740\ 000\text{（元）}$$

这里，$\overline{EBIT}$ 为 5 740 000 元是两个筹资方案的每股收益无差别点。在此点上，两个方案的每股收益相等，均为 0.42 元。企业预期追加筹资后销售额为 20 000 000 元，预期获利 5 000 000 元，低于无差别点 5 740 000 元，应当采用财务风险较小的甲方案，即增发普通股方案。在 20 000 000 元销售额水平上，甲方案的 EPS 为 0.358 元，乙方案的 EPS 为 0.351 元。

当企业需要的资本数额较大时，可能会采用多种筹资方式组合融资。这时，需要详细比较分析各种组合筹资方式下的资本成本负担及其对每股收益的影响，选择每股收益最高的筹资方式。

### 2. 平均资本成本比较法

平均资本成本比较法是通过计算和比较各种可能的筹资组合方案的平均资本成本，选择平均资本成本率最低的方案，即能够降低平均资本成本的资本结构，就是合理的资本结构。这种方法侧重于从资本投入的角度对筹资方案的资本结构进行优化分析。

【情景 4-14】华信食品股份有限公司需筹集 1 200 000 元长期资本，可以从贷款、发行债券、发行普通股三种方式筹集，其个别资本成本率已分别确定，有关资料如表 4-5 所示。

表 4-5　资本成本与资本结构数据表

| 筹资方式 | 资本结构 | | | 个别资本结构 |
|---|---|---|---|---|
| | A 方案 | B 方案 | C 方案 | |
| 贷款 | 40% | 30% | 20% | 6% |
| 债券 | 15% | 10% | 20% | 8% |
| 普通股 | 45% | 60% | 60% | 9% |
| 合计 | 100% | 100% | 100% | |

首先，分别计算三个方案的综合资本成本 $K$。

A 方案：$K$=40%×6%+15%×8%+45%×9%=7.7%

B 方案：$K$=30%×6%+10%×8%+60%×9%=8%

C 方案：$K$=20%×6%+20%×8%+60%×9%=8.2%

其次，根据企业筹资评价的其他标准考虑企业的其他因素，对各个方案进行修正。

最后，再选择成本最低的方案。在【情景 4-14】中，我们假设其他因素对方案选择影响很小，则 A 方案的综合资本成本最低。这样，该公司筹资的资本结构为贷款 480 000 元，发行债券 180 000 元，发行普通股 540 000 元。

**3. 公司价值分析法**

公司价值分析法指在考虑市场风险的基础上，以企业市场价值为标准，进行资本结构优化的方法，从而提升企业价值的资本结构。该方法具体应用步骤如下：

第一步，测算公司价值。公司价值应该等于资本的市场价值，即：

$$V=B+S$$

式中：$V$——公司价值；

$B$——债务资本价值；

$S$——股权资本价值。

为简化分析，假设公司各期 EBIT 保持不变，债务资本的市场价值等于其面值（或本金）。股权资本的市场价值，即股票的现值按公司未来净收益的折现现值计算，其计算公式为：

$$S=\frac{(\text{EBIT}-I)\times(1-T)}{K_s}$$

第二步，测算不同资本结构下的平均资本成本，计算公式为：

$$K_w=K_b\times\frac{B}{V}+K_s\times\frac{S}{V}$$

在上式中，普通股资本成本可以用资本资产定价模型来测算，其计算公式为：

$$K_s=R_f+\beta(R_m-R_f)$$

式中：$R_f$——无风险报酬率；

$R_m$——所有股票市场报酬率；

$\beta$——公司股票贝塔系数。

第三步，确定最佳资本结构。运用上述原理计算公司总价值和平均资本成本率，并以公司价值最大化为标准分析确定公司的最佳资本结构。

【情景 4-15】华信食品股份有限公司息税前利润为 3 500 000 元，资本总额账面价值 15 000 000 元，假设无风险报酬率为 5%，证券市场平均报酬率为 12%，所得税税率 25%。债务市场价值等于面值，经测算，不同债务水平下的税前债务利息率和股权资本成本率（假设税前利息率等于税前债务资本成本）如表 4-6 所示。

表 4-6　税前债务利息率和股权资本成本率资料表

| 债务市场价值 $B$（元） | 税前债务利息率（%） | 股票 $\beta$ 系数 | 股权资本成本率 $K_s$（%） |
|---|---|---|---|
| 0 | 0 | 1.25 | 13.75 |
| 3 000 000 | 8.0 | 1.30 | 14.10 |
| 5 000 000 | 8.5 | 1.38 | 14.66 |
| 7 000 000 | 9.0 | 1.40 | 14.80 |
| 9 000 000 | 10.0 | 1.51 | 15.57 |
| 11 000 000 | 12.0 | 1.64 | 16.48 |
| 13 000 000 | 15.0 | 1.85 | 17.95 |

根据上表资料，可计算出不同资本结构下的公司总价值和平均资本成本率，如表 4-7 所示。

表 4-7　公司总价值和平均资本成本率

| 债务市场价值 $B$(元) | 股票市场价值 $S$（元） | 公司总价值 $V$（元） | 税后债务资本成本(%) | 普通股资本成本(%) | 平均资本成本（%） |
|---|---|---|---|---|---|
| 0 | 19 090 909 | 19 090 909 | 0 | 13.75 | 13.75 |
| 3 000 000 | 17 340 426 | 20 340 426 | 6.00 | 14.10 | 12.91 |
| 5 000 000 | 15 731 583 | 20 731 583 | 6.38 | 14.66 | 12.66 |
| 7 000 000 | 14 543 919 | 21 543 919 | 6.75 | 14.80 | 12.18 |
| 9 000 000 | 12 524 085 | 21 524 085 | 7.50 | 15.57 | 12.20 |
| 11 000 000 | 9 921 117 | 20 921 117 | 9.00 | 16.48 | 12.55 |
| 13 000 000 | 6 476 323 | 19 476 323 | 11.25 | 17.95 | 13.48 |

可以看出，在没有债务资本的情况下，公司的总价值等于股票的账面价值。当公司增加一部分债务时，财务杠杆开始发挥作用，股票市场价值大于其账面价值，公司总价值上升，平均资本成本率最低。

债务资本达到 7 000 000 元时，公司总价值最高，平均资本成本率最低。债务资本超过 7 000 000 元后，随着利息率不断上升，财务杠杆作用逐步减弱甚至显现副作用，公司总价值下降，平均资本成本率上升。因此，债务资本为 7 000 000 元时的资本结构是该公司的最优资本结构。

与比较资本成本法和每股收益无差别点法相比，公司价值比较法充分考虑了公司的财务风险和资本成本等因素的影响，进行资本结构的决策以公司价值最大为标准，更符合公司价值最大化的财务管理目标；但其测算原理及测算过程较为复杂，一般用于资本规模较大的上市公司。

# 5 营运资金管理

## ——如何进行日常活动资金管理

CFO 导语

营运资金指企业生产经营活动中用在流动资产上的资金，是流动资产和流动负债的差额。财务管理人员应掌握流动资产管理方法，通晓流动负债融资手段，正确做出营运资金决策。

## 本项目架构

- 营运资金管理概述
- 营运资金管理策略
- 现金管理
- 应收款项管理
- 存货管理
- 流动负债管理

# 5.1 营运资金管理概述

**cfo 要求你知道**

营运资金管理就是流动资产和流动负债的管理。由于流动资产的变现期间和流动负债的偿还期限大致相当，在营运资金管理中，把流动资产占用的资金视同来源于流动负债。

**关键术语**

营运资金（Operating Fund）
流动资产（Current Assets）
流动负债（Current Liabilities）

## 5.1.1 营运资金的概念

营运资金指企业生产经营活动中用在流动资产上的资金。广义的营运资金指企业流动资产的总额；狭义的营运资金指流动资产减去流动负债后的余额。营运资金的管理既包括流动资产的管理，又包括流动负债的管理。

**1. 流动资产**

流动资产指可以在一年以内或超过一年的一个营业周期内变现或运用的资产。流动资产具有占用时间短、周转快、易变现的特点。企业拥有较多的流动资产，可在一定程度上降低财务风险。流动资产按不同的标准可进行不同的分类，常见分类方式如下：

（1）按占用形态不同，分为现金、交易性金融资产、应收款项、预付款项和存货。

（2）按在生产经营过程中所处的不同环节，分为生产领域中的流动资产、流通领域中的流动资产和其他领域中的流动资产。

2. 流动负债

流动负债指需要在一年或者超过一年的一个营业周期内偿还的债务。流动负债又称短期负债，具有成本低、偿还期短的特点，因此必须加强管理。流动负债按不同标准可进行不同的分类，最常见的分类方式如下：

（1）以应付金额是否确定为标准，可以分成应付金额确定的流动负债和应付金额不确定的流动负债。应付金额确定的流动负债指那些根据合同或法律所规定的到期必须偿付，并有确定金额的流动负债，如短期借款、应付票据、应付短期融资券。应付金额不确定的流动负债指那些要根据企业生产经营状况，到一定时期或具备一定条件时才能确定的流动负债，或者是应付金额需要估计的流动负债，如应交税费、应付产品质量担保债务。

（2）以流动负债的形成情况为标准，可以分成自然性流动负债和人为性流动负债。自然性流动负债指不需要正式安排，由于结算程序或有关法律法规的规定等原因而自然形成的流动负债；人为性流动负债指由财务人员根据企业对短期资金的需求情况，通过人为安排所形成的流动负债，如短期银行借款。

（3）以是否支付利息为标准，可以分为有息流动负债和无息流动负债。

## 5.1.2 营运资金的特点

为了有效管理企业的营运资金，必须研究营运资金的特点，以便有针对性地进行管理，与长期资金相比，营运资金具有以下特点。

1. 营运资金的来源灵活多样

企业筹集营运资金的方式较为灵活多样，有银行短期借款、短期融资券、商业信用、应交税费、应付利润、应付职工薪酬、应付费用、预收货款、票据贴现等多种融资方式。

2. 营运资金的数量具有波动性

流动资产的数量会随着企业内部、外部条件的变化而变化，波动很大。季节性生产的企业如此，非季节性生产的企业也如此。随着流动资产数量的变动，流动负债的数量也会相应发生变化。

3. 营运资金的周转具有短期性

企业营运资金会在一个营业周期内收回。根据这一特点，它可以利用商业信用、银行短期借款、短期融资债券等短期筹资方式来解决问题。

4. 营运资金的实物形态具有变动性和易变现性

企业营运资金的实物形态是经常变化的，按照现金、材料、在产品、产成品、应收账款、现金的顺序转化。因此，在进行流动资产管理时，必须在各项流动资产上合理配置资金数额，做到结构合理，以促进资金周转顺利进行。此外，短期投资、应收账款、存货等流动资产具有较强的变现能力，如果遇到意外情况，企业出现资金周转不灵、现金短缺时，可迅速变卖这些资产，以获取现金。

### 5.1.3 营运资金管理的原则

营运资金周转期短，形态易变，相对长期资金而言，风险较小。企业在进行营运资金管理时，遵循的管理原则如下：

1. 满足合理的资金需求

企业营运资金的需求数量与企业生产经营活动有直接关系。当企业产销两旺时，流动资产会不断增加，流动负债也会相应增加，而当企业产销量不断减少时，流动资产和流动负债也会相应减少。企业应认真分析生产经营状况，确定合理营运资金的需要数量，满足正常合理的营运资金需求。

2. 提高资金使用效率

提高营运资金使用效率的关键是加速资金周转。企业要千方百计地加速存货、应收账款等流动资产的周转，以便用有限的资金服务于更大的产业规模，为企业赢得更好的经济效益提供条件。

3. 节约资金使用成本

在营运资金管理中，必须正确处理，保证生产经营需要和节约资金使用成本二者之间的关系。要在保证生产经营需要的前提下，遵守勤俭节约的原则，尽力降低资金使用成本。一方面，要挖掘资金潜力，盘活全部资金，精打细算地使用资金；另一方面，积极拓展融资渠道，合理配置资源，筹措低成本资金，服务于生产经营。

4. 保持足够的短期偿债能力

偿债能力的高低是企业财务风险高低的标志之一。合理安排流动资产与流动负债的比例，保持流动资产结构与流动负债结构的适配性，保证企业有足够的短期偿债能力是营运资金管理的重要原则之一。因此，如果一个企业的流动资产比较多，流动负债比较少，说明企业的短期偿债能力较强；反之，则说明短期偿债能力较弱。但如果企业的流动资产太多，流动负债太少，也不是正常现象，这可能是因流动资产闲置或流动负债利用不足所致。

## 5.2 营运资金管理策略

cfo 要求你知道

作为财务管理人员应根据企业所处环境和企业发展策略，在风险和收益之间平衡流动资产的投资和融资策略。

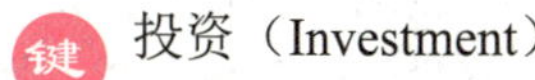

投资（Investment）

融资（Finance）

企业需要评估营运资金管理中的风险与收益，制定流动资产的投资策略和融资。实际上，财务管理人员在营运资金管理方面必须做两项决策：一是确定需要拥有多少流动资产；二是如何为所需要的流动资产融资。在实践中，这两项决策同时进行，相互影响。

## 5.2.1 流动资产的投资策略

由于销售水平、成本、生产时间、存货补给时订货到交货的时间、顾客服务水平、收款和支付期限等方面存在着不确定性，流动资产的投资决策至关重要。企业经营的不确定性和风险忍受程度决定了流动资产的存量水平，其表现在流动资产账户上的投资水平。流动资产账户会随着销售额的变化而变化。销售的稳定性和可预测性反映了流动资产投资的风险程度。销售额越不稳定，越不可预测，则投资于流动资产上的资金就应越多，以保证有足够的存货和应收账款占用来满足生产经营和顾客的需要。

流动资产的投资策略的稳定性和可预测性的相互作用非常重要。虽然销售额是不稳定的，但是依然可以预测。然而，假设销售额不稳定且难以预测（例如，石油和天然气的开采及许多建筑企业），投资策略就会存在显著的风险。从而必须维持一个较高的流动资产存量水平，保持较高的流动资产与销售收入比率。若销售既稳定又可预测，则企业只需维持较低的流动资产投资水平。

一个企业必须选择与其业务需要和管理风格相符的流动资产投资策略。如果企业管理政策趋于保守，就会保持较高的流动资产与销售收入比率，保证更高的流动性（安全性），但盈利能力也更低；如果管理者偏向于为了更高的盈利能力而愿意承担风险，那么它将保持一个低水平的流动资产与销售收入比率。

流动资产的投资策略有两种基本类型。

### 1. 紧缩的流动资产投资策略

在紧缩的流动资产投资策略下，企业维持低水平的流动资产与销售收入比率。需要说明的是，这里的流动资产只包括生产经营过程中产生的存货、应收款项和现金等生产性流动资产，不包括股票、债券等金融性流动资产。

紧缩的流动资产投资策略可以节约流动资产的持有成本。例如，节约持有资金的机会成本。但与此同时可能伴随着更高风险，这些风险表现为更紧的应收账款信用政策和较低的存货占用水平，以及缺少现金用于偿还应付账款。只要不可预见的事件没有损坏企业的流动性而导致严重的问题发生，紧缩的流动资产投资策略就会提高企业效益。

采用紧缩的流动资产投资策略，无疑对企业的管理水平有较高的要求。一旦失控，流动资产的短缺，会对企业的经营活动产生重大影响。根据近几年的研究，美国、日本等一些发达国家的流动资产比率呈现越来越小的趋势。这不意味着企业对流动性的要求越来越低，而主要是因为在流动资产管理方面，尤其是应收账款与存货管理方面，取得了一些重大进展。

**2. 宽松的流动资产投资策略**

在宽松的流动资产投资策略下，企业会维持高水平的流动资产与销售收入比率。也就是说，企业将保持高水平的现金和有价证券、高水平的应收账款（给予客户宽松的付款条件）和高水平的存货（源于补给原材料或不愿意因为产成品存货不足而失去销售）。在这种策略下，由于较高的流动性，企业的财务与经营风险较小。但是，过多的流动资产投资，无疑会带来较大的流动资产持有成本，可能会提高企业的资金成本，降低企业的收益水平。

制定流动资产投资策略时，首先需要权衡资产的收益性与风险性。增加流动资产投资会增加流动资产的持有成本，降低资产的收益性，但会提高资产的流动性。反之，减少流动资产投资会降低流动资产的持有成本，增加资产的收益性，但资产的流动性会降低，短缺成本会增加。因此，从理论上来说，最优的流动资产投资应该是使流动资产的持有成本与短缺成本之和最低。

其次，制定流动资产投资策略时还应充分考虑企业经营的内外部环境。一般情况下，银行和其他借款人对企业资本流动性水平非常重视，流动性是这些债权人确定信用额度和借款利率的主要依据之一，尤其是这些资产被用来当作一项贷款的抵押品时，他们还会考虑应收账款和存货的质量。有些企业因为融资困难，会采用紧缩的流动资产投资策略。

此外，一个企业的流动资产投资策略可能还受产业因素的影响。在销售边际毛利较高的产业中，从额外销售中获得的利润超过额外应收账款所增加的成本，宽松的信用政策可能会为企业带来更为可观的收益。流动资产占用具有明显的行业特征。在机械行业中，存货居于流动资产项目中的主要位置，会占用全部流动资产的 50% 左右。其他行业的流动资产占用往往与机械行业会有很大不同。例如，在商业零售行业，其流动资产占用要超过机械行业。

投资策略的另一个因素是那些影响企业政策的决策者。保守的决策者更倾向于宽松的流动资产投资策略，而风险承受能力较强的决策者则倾向于紧缩的流动资产投资策略。运营经理喜欢高水平的原材料，以便满足生产所需。销售经理喜欢高水平的产成品存货以便满足顾客的需要，而且喜欢宽松的信用政策以便刺激销售。相反，财务管理人员喜欢使存货和应收账款最小化，以便使流动资产融资的成本最低。

### 5.2.2 流动资产的融资策略

一个企业对流动资产的需求数量会随着产品销售的变化而变化。例如，产品销售季节性很强的企业，当销售处于旺季时，流动资产的需求会更旺盛，可能是平时的几倍；当销售处于淡季时，流动资产需求会减弱，可能是平时的几分之一。即使当销售处于最低水平时，也存在对流动资产最基本的需求。在企业经营状况不发生大变化的情况下，流动资产最基本的需求具有一定的刚性和相对稳定性，我们可以将其界定为流动资产的永久性水平。当销售发生季节性变化时，流动资产将会在永久性水平的基础上增加。因此，流动资产可以分解为两部分：永久性部分和波动性部分。永久性流动资产指满足企业长期最低需求的流动资产，其占有量相对稳定；波动性流动资产又称临时性流动资产，指那些由于季节性或临时性的原因而形成的流动资产，其占用量随当时的需求而波动。与流动资产的分类相对应，流动负债也可以分为临时性负债和自发性负债。临时性负债又称筹资性流动负债，指为了满足临时性流动资金需要所发生的负债，如商品零售企业春节前为满足节日销售需要，超量购入货物而举借的短期银行借款。临时性负债只供企业短期使用。自发性负债又称经营性流动负债，指直接产生于企业持续经营中的负债，如商业信用筹资和日常运营中产生的其他应付款，以及应付职工薪酬、应付利息、应交税费，自发性负债可供企业长期使用。

永久性流动资产的水平具有相对稳定性，需要通过长期来源解决；而波动性部分的融资则相对灵活，最经济的办法是通过低成本的短期融资解决，如采用 1 年期以内的短期借款或发行短期融资券等融资方式。

融资决策主要取决于管理者的风险导向，此外它还受短期、中期、长期负债的利率差异的影响。根据资产的期限结构与资金来源的期限结构的匹配程度差异，流动资产的融资策略可以划分为期限匹配融资策略、保守融资策略和激进融资策略三种基本类型。

#### 1. 期限匹配融资策略

在期限匹配融资策略中，非流动资产以非流动负债和所有者（或股东）权益融通，流动资产用流动负债融通，如表 5-1 所示。这意味着，在给定的时间内，企业的流动负债融资数量反映了当时的流动资产的数量。当流动资产扩张时，信贷额度也会增加，用来支持企业的扩张；当流动资产收缩时，就会释放出资金，以偿付短期借款。

**表 5-1 期限匹配融资策略**

| 资产 | 金额（万元） | 负债和所有者（或股东）权益 | 金额（万元） |
|---|---|---|---|
| 流动资产 | 40 | 流动负债 | 40 |
| 非流动资产 | 70 | 非流动负债 | 20 |
| | | 所有者（或股东）权益 | 50 |
| 合计 | 110 | 合计 | 110 |

资金来源的有效期与资产有效期的匹配，只是一种战略性的观念匹配，而不是实际金额完全匹配。实际上，企业也做不到完全匹配，其原因是：

① 企业不可能为每一项资产按其有效期配置单独的资金来源，只能分为短期来源和长期来源两大类来统筹安排筹资。

② 企业必须有所有者权益筹资，它是无限期的资本来源，而资产总是有期限的，不可能完全匹配。

③ 资产的实际有效期是不确定的，而还款期是确定的，必然会出现不匹配的现象。

#### 2. 保守融资策略

在保守融资策略中，非流动资产和所有者（或股东）权益支持非流动资产和部分流动资产，如表 5-2 所示。企业会以非流动资产和所有者（或股东）权益筹资来源为流动资产的平均水平筹资融资，流动负债筹资仅用于融通剩余的流动资产，筹资风险较低。这种策略最小限度地使用流动负债筹资，但由于非流动负债成本高于流动负债成本，会导致筹资成本较高，收益较低。

如果非流动负债以固定利率为基础，而流动负债筹资方式以浮动或可变利率为基础，则利率风险可能降低。因此，这是一种风险低、成本高的筹资策略。

**表 5-2 保守融资策略**

| 资产 | 金额（万元） | 负债和所有者（或股东）权益 | 金额（万元） |
|---|---|---|---|
| 流动资产 | 45 | 流动负债 | 40 |
| 非流动资产 | 65 | 非流动负债 | 20 |
| | | 所有者（或股东）权益 | 50 |
| 合计 | 110 | 合 计 | 110 |

### 3. 激进融资策略

在激进融资策略中，企业以非流动负债和所有者（或股东）权益为所有的非流动资产筹资，除此之外，流动负债也要为一部分非流动资产筹资，剩余的流动负债筹资支持流动资产，如表 5-3 所示。在这种策略观念下，就会使用更多的流动负债筹资。

**表 5-3 激进融资策略**

| 资产 | 金额（万元） | 负债和所有者（或股东）权益 | 金额（万元） |
|---|---|---|---|
| 流动资产 | 25 | 流动负债 | 40 |
| 非流动资产 | 85 | 非流动负债 | 20 |
| | | 所有者（或股东）权益 | 50 |
| 合计 | 110 | 合计 | 110 |

流动负债方式会比非流动负债和所有者（或股东）权益筹资方式具有更低的成本。然而，过多地使用流动负债筹资会导致较低的流动比率和较高的流动性风险。

由于经济衰退、企业竞争环境的变化及其他因素，企业必须面对业绩惨淡的经营年度。当销售下跌时，存货将不会那么快就能转换成现金，这将导致现金短缺。曾经及时支付的顾客可能会延迟支付，这进一步加剧了现金短缺现象。企业可能会发现它对应付账款的支付已经超过信用期限。由于销售下降，会计利润将会降低。

在这种环境下，企业需要与银行重新签订流动负债筹资协议，但此时企业对于银行来说似乎很危险。银行可能会向企业索要更高的利率，从而导致企业在关键时刻筹集不到急需的资金。

企业依靠大量的流动负债来解决目前的困境，这会导致企业每年都必须更新流动负债协议进而产生更大的风险。有些协议可以弱化这种风险，例如，多年期（3 ～ 5 年）滚动信贷协议，这种协议允许企业以短期为基础进行借款。这种类型的借款协议不像传统的短期借款会降低流动比率。另外，企业还可以利用衍生筹资产品来对紧缩投资政策的风险进行套期保值。

# 5.3 现金管理
## ——如何确定最佳现金持有量

**cfo 要求你知道**

现金是最好的资产，现金也是最差的资产。说它最好，因为持有现金没有财务管理上的风险；说它最差，因为现金是所有资产中收益最低的。

**关键术语**

机会成本（Opportunity Cost）
管理成本（Administration Cost）
转换成本（Cost of Conversion）

### 5.3.1 企业现金管理的目标

现金有广义和狭义之分，广义的现金指在生产经营过程中以货币形态存在的资金，包括库存现金、银行存款和其他货币资金；狭义的现金仅指库存现金。

企业持有现金主要满足交易性需求、预防性需求和投机性需求。交易性需求指满足日常业务的现金支付需求。企业必须维持适当的现金余额，才能使业务活动正常进行。预防性需求指置存现金防止发生意外的现金支付。企业有时会发生意想不到的开支，现金流量的不确定性越大，预防性现金的数额也应越大。另外，预防性现金数额也与企业的借款能力有关，企业借款能力强，可以减少预防性现金的数量。投机性需求指置存现金用于不同寻常的购买机会。企业缺乏必要的现金，将不能应付业务开支，使企业蒙受损失。现金流动性强，则收益较低，企业置存现金数量过多，又会因资金不能投入周转无法取得盈利而遭受另外损失。基于交易、预防、投机三个动机的要求，企业必须保持一定数量的现金余额。然而现金作为一项非收益性资产，尽管持有过多现金可以降低经营风险和财务风险，但却影响企业投资收益的提高；相反，持有量不足，在可能使企业蒙受风险损失的同时，往往还要付出各种无法估量的潜在成本和机会成本。

企业现金管理的目标，就是在资产的流动性和盈利能力之间做出决策，确定最佳现金持有量，以获取最大的长期利益。

## 5.3.2 最佳现金持有量

### 1. 成本分析模式

成本分析模式是根据企业持有现金的机会成本、管理成本和短缺成本的分析来确定最佳现金持有量的方法。该模型下的相关总成本，假设企业持有现金的成本包括机会成本、管理成本和短缺成本，不存在转换成本。

（1）机会成本。机会成本指企业因持有一定现金余额而丧失的再投资收益。例如，某企业的资本成本为 8%，年均持有现金 10 万元，则该企业每年持有现金的机会成本为 0.8 万元，也就是放弃的再投资收益及机会成本。

机会成本属于变动成本，与现金持有量的多少密切相关，现金持有量越大，机会成本越大，反之，机会成本越小。

（2）管理成本。管理成本指企业因持有一定数量的现金而发生的管理费用，如管理人员的工资、安全措施费用。现金管理成本是固定成本，这种成本在一定范围内和现金持有量之间没有明显的比例关系。

（3）短缺成本。短缺成本指在现金持有量不足，又无法及时补充时给企业造成的损失。短缺成本随现金持有量的增加而下降，随现金持有量的减少而上升。

成本分析模式是根据现金有关成本，分析预测其总成本最低时现金持有量的一种方法。

由此可知，机会成本随现金持有量成正比例增加，短缺成本与现金持有量成反向变动关系，相关总成本呈抛物线形，抛物线的最低点，即为相关总成本的最低点，该点所对应的现金持有量即为最佳现金持有量。成本同现金持有量之间的关系如图 5-1 所示。

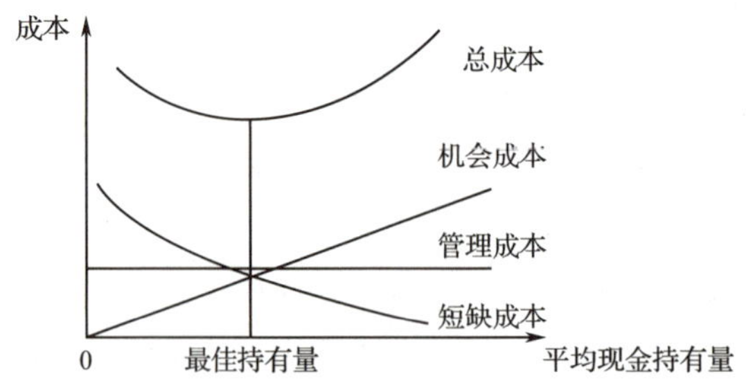


图 5-1 成本模型的现金成本图

成本分析模式是基于上述原理来确定现金最佳持有量的。在这种模式下，最佳现金持有量，就是持有现金而产生的机会成本与短缺成本之和最小时的现金持有量。

实际工作中运用该模式确定最佳现金持有量的具体步骤为：

① 根据不同现金持有量测算并确定有关成本数值；

② 按照不同现金持有量及其有关成本资料编制最佳现金持有量测算表；

③ 在测算表中找出相关总成本最低时的现金持有量，即最佳现金持有量。

【情景 5-1】华信食品股份有限公司有四种现金持有方案，它们各自的现金平均持有量、机会成本、管理成本、短缺成本如表 5-4 所示。假设现金的机会成本率为 12%，要求确定现金最佳持有量。

**表 5-4 现金持有量**

单位：元

| 方案项目 | 甲 | 乙 | 丙 | 丁 |
| --- | --- | --- | --- | --- |
| 现金平均持有量 | 24 000 | 45 000 | 70 000 | 95 000 |
| 机会成本 | 2 880 | 5 400 | 8 400 | 11 400 |
| 管理成本 | 20 000 | 20 000 | 20 000 | 20 000 |
| 短缺成本 | 12 000 | 6 800 | 2 500 | 0 |

这四种方案的总成本计算结果如表 5-5 所示。

**表 5-5 现金持有总成本**

单位：元

| 方案项目 | 甲 | 乙 | 丙 | 丁 |
| --- | --- | --- | --- | --- |
| 机会成本 | 2 880 | 5 400 | 8 400 | 11 400 |
| 管理成本 | 20 000 | 20 000 | 20 000 | 20 000 |
| 短缺成本 | 12 000 | 6 800 | 2 500 | 0 |
| 总成本 | 34 880 | 32 200 | 30 900 | 31 400 |

将以上各方案的总成本加以比较可知，丙方案的总成本最低，故 70 000 元是该企业的最佳现金持有量。

### 2. 存货模式

存货模式分析的着眼点也是现金持有成本最低。存货模式假设现金的持有成本包括机会成本、转换成本，对管理成本和短缺成本不予考虑。

转换成本也称交易成本，指有价证券转换成现金所付出的代价，如支付的手续费。

由于机会成本和转换成本随着现金持有量的变动而呈现出相反的趋势，这就要求企业必须对现金与有价证券的分割比例进行合理安排，从而使机会成本与转换成本保持最佳组合。换言之，能够使现金管理的机会成本与转换成本之和保持最低的现金持有量，即为最佳现金持有量。

存货模式的基本假设前提是：

① 企业所需要的现金可通过证券变现取得，且证券变现的不确定性很小；

② 企业预算期内现金需要的总量可以预测；

③ 现金的支出过程比较稳定，波动性小，而且每当现金余额降至零时，均可通过部分证券变现得以补充；

④ 利率、报酬率及每次固定性交易费用是可以确定的。

最佳现金持有量的存货模式是：

$$Q=\sqrt{(2\times T\times F)/K}$$

式中：$T$——一个周期内现金总需求量；

$F$——每次转换有价证券的固定成本；

$Q$——最佳现金持有量（每次证券变现的数量）；

$K$——有价证券利息率（机会成本）。

【情景 5-2】华信食品股份有限公司每月现金需求总量为 4 800 000 元，每次现金转换的成本为 1 200 元，持有现金的机会成本率为 10%，则该企业的最佳现金持有量可以计算如下：

$$Q=\sqrt{(2\times 4\ 800\ 000\times 1\ 200)/10\%}=339\ 411\text{（元）}$$

该企业最佳现金持有量为 339 411 元，持有现金超过 339 411 元则会降低现金的投资收益率，低于 339 411 元则会加大企业正常现金支付的风险。

**3. 随机模型（米勒—奥尔模型）**

在实际工作中，企业现金流量往往具有很大的不确定性。随机模型是一个在现金流入、流出不稳定情况下确定现金最佳持有量的模型。假定每日现金净流量的分布接近正态分布，每日现金流量可能低于也可能高于期望值，其变化是随机的。由于现金流量波动是随机的，只能对现金持有量确定一个控制区域，定出上限和下限。当企业现金余额在上限和下限之间波动时，则将部分现金转换为有价证券；当现金余额下降到下限时，则卖出部分证券。米勒—奥尔模型如图 5-2 所示。

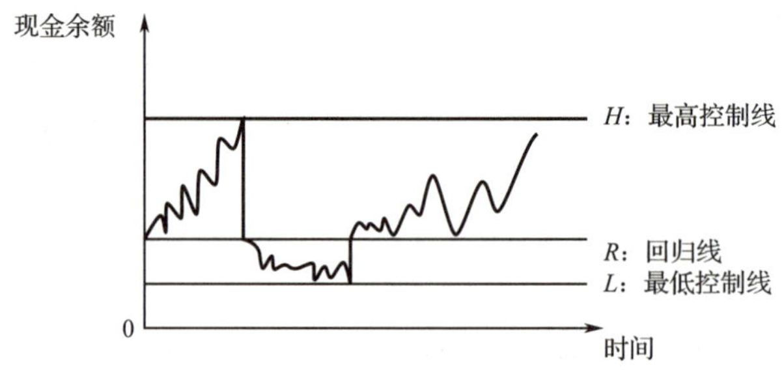


图 5-2　米勒—奥尔模型

该模型有两条控制线和一条回归线。最低控制线 $L$ 取决于模型之外的因素，其数额是由现金管理部经理在综合考虑短缺现金的风险程度、公司借款能力、公司日常周转所需资金、银行要求的补偿性余额等因素的基础上确定的。

回归线 $R$ 可按下列公式计算：

$$R=\sqrt[3]{\frac{3b\times\sigma^2}{4i}}+L$$

式中：$b$——证券转换为现金或现金转换为证券的成本；

$\sigma$——公司每日现金流变动的标准差；

$i$——以日为基础计算的现金机会成本。

最高控制线 $H$ 的计算公式为：

$$H=3R-2L$$

【情景 5-3】假设华信食品股份有限公司现金部经理决定 $L$ 值应为 20 000 元，估计企业现金流量标准差为 2 000 元。持有现金的年机会成本为 12%，换算为 $i$ 值是 0.000 33，$b$=200 元。根据该模型，可求得：

$$R=\sqrt[3]{\frac{3\times 200\times 2\ 000^2}{4\times 0.000\ 33}}+20\ 000=12\ 205+20\ 000=32\ 205\text{（元）}$$

$$H=3\times 32\ 205-2\times 20\ 000=56\ 615\text{（元）}$$

该企业目标现金余额为 32 205 元。若现金持有额达到 56 615 元，则买进 24 410 元的证券；若现金持有额降至 20 000 元，则卖出 12 205 元的证券。

## 5.3.3 现金收支管理

企业在确定了最佳现金持有量后，还应加强现金的日常管理，提高现金的使用效率。

### 1. 建立健全现金收支管理制度

（1）明确现金收支的职责分工，建立现金管理的内部控制制度。库存现金的保管职责与记账职责应由不同人员履行，钱账分管。一方面，非出纳员不得经管现金收付业务和现金保管业务；另一方面，出纳员不得兼管稽核、会计档案保管和收入、费用、债权、债务账目的登记工作。同样，会计人员也不得兼任出纳工作。每一笔现金收支业务都必须由两个或两个以上的人员分工负责，相互制约。

（2）严格现金收支手续。收支现金，必须有凭有据，收支双方必须当面点清，并经过必要的复核。

（3）及时清结现金。现金收支应做到日清月结，确保库存现金的账面余额与实际库存额相符，银行存款账面余额与银行对账单余额相符，现金、银行存款日记账数额分别与现金、银行存款总账数额相符。

（4）严格遵守现金管理规定。企业应按照国家《现金管理暂行条例》和《银行结算办法》的相关现金使用规定和结算纪律办理现金收支业务。

### 2. 编制和执行现金预算

现金预算反映企业不同时日所需现金数量和变动情况，确定需要融资的数额和合适的融资时间，合理安排现金收支，保证企业现金的正常流转。现金预算是企业财务管理人员最重要的现金调控工具之一，在现金管理中具有龙头作用，对企业总体财务管理也有根本性的意义。现金预算应逐月、逐周甚至逐日编制。

### 3. 进行现金日常收支的策略管理

现金日常收支的策略管理主要是对现金收支的时间加以控制，从而加快现金流、缩短现金周转期，以提高现金的使用效率。因此，现金日常收支管理的基本思想是力求加速收款、延缓支付。归根到底，现金的日常收支管理就是对现金收支流程所做的策略管理，具体包括以下内容。

（1）加速收款。加速收款指尽可能缩短从客户汇款或开出支票，到企业收到客户汇款或支票票款的过程。企业常用的方法有邮政信箱法和银行业务集中法。

① 邮政信箱法。邮政信箱法又称锁箱法。它是在各主要客户所在地承租专门的邮政信箱，并开立分行存款账户，授权当地银行每日开启信箱，在取得客户支票后立即予以结算，并通过电汇将货款拨给企业总部。采用邮政信箱法可以大大缩短企业办理收款的时间，因为这种方法不仅缩短了支票的邮寄时间，而且消除了处理时滞。但是，采用邮政信箱法需要支付额外的费用；这种费用支出与存入支票张数成一定比例。所以，如果平均汇款数额较小，采用这种方法不一定有利。

② 银行业务集中法。这是一种通过设立多个收款中心来代替在企业总部设立的单一收款中心，以加速账款回收的方法，其目的是缩短从客户寄出支票到现金进入企业账户之间的时间。具体做法如下：

a. 企业以服务地区和各销售地区的账单数量为依据，设立若干收款中心，并指定一个收款中心（总部所在的收款中心）的账户为集中银行。

b. 企业通知客户将货款送到最近的收款中心而不必送到企业总部。

c. 收款中心将当天收到的货款存入当地银行，当地银行在进行票据交换后，立即将款项转给集中银行。该方法缩短了现金从客户到企业的中间周转时间，但设立多个收款中心，增加了相应的费用支出。因此，企业应在权衡利弊得失的基础上，做出是否采用该方法的决策。

（2）控制支出。企业在收款时，应尽量加快收款的速度，而在控制现金支出时，应尽量延缓现金支出的时间。企业现金支出的控制主要包括金额上的控制和时间上的控制。控制现金支出的方法有以下几种。

① 采用零余额账户的方法控制现金的支出。这种账户系统由银行提供，在这一系统下，由一个主支付账户为其他所有的子账户服务。每日末，当所有支票都被结算完之后，特定的子账户就会出现负余额，此时，银行自动从主账户向该特定子账户划拨足够的资金，使得子账户负余额得到抵消，各子账户的余额均为零。采用零余额账户的优点是：

a. 加强了企业对现金支付的控制；

b. 减少了企业在地方银行账户上用于支付账款的超额现金；

c. 增加了现金的支付时滞。

② 合理使用现金“浮游量”。企业账簿上的现金数字往往并不能代表企业在银行中的可用现金，实际上，企业在银行里的可用资金，要大于企业账簿上的现金余额。企业的银行存款余额同它的账面现金余额之差，即是现金“浮游量”。使用现金“浮游量”也有一定的风险，一方面，可能会出现支付不及时的情况，破坏企业之间的信用关系；另一方面可能会出现银行存款的透支现象。所以在使用现金“浮游量”时，必须注意控制好使用的额度和使用的时间。

③ 采用承兑汇票延迟付款。与普通支票不同的是，承兑汇票不是“见票即付”的票据。当它被提交给开票方开户银行时，开户行还必须将它交给签发者以获承兑，然后，付款人将一笔相当于汇票金额的资金存入银行，这样就推迟了企业调入现金支付汇票实际所需要的时间。其缺点是，若对方用支票付款，同时银行也需要更多的手续处理汇票，会导致收取更高的手续费。

④ 尽量推迟支付应付账款的时间。企业可以在不影响信誉的情况下，尽量推迟应付账款的支付期。例如，如果付款条件为“2/10，*n*/45”，则企业若想得到现金折扣，就应在发票开出后的第 10 天付款，否则，就应该在 45 天付款。

（3）现金的综合管理。

① 力争现金流入与现金流出同步。如果企业能尽量使它的现金流入与现金流出的时间趋于一致，就可以使其所持有的交易性现金余额降到最低水平，也就是所谓的现金流量同步。这要求企业做好现金流量的预测工作，并在此基础上编制相应的现金预算。

② 采用零余额账户付款。零余额账户制度下，企业开设的账户应尽量集中在一家银行，对每类现金支付均开设一个零余额现金账户。发生开支时，先由银行进行支付，并以红字记入该账户；同时，再设置一个与零余额账户相连的主账户，集中存放企业所有的存款余额，并于每个营业日结束之时，将各开支的款项如数转入相应的账户，使各开支账户的余额冲平，仍保持零余额。由于各项不同的支出之间有一个时间差，因此，这样做可使企业的现金余额大为降低。

③ 适当进行证券投资。由于企业持有库存现金没有任何收益，银行存款的利率也比较低，因此，当企业持有较多暂时不用的现金时，可以将其投资于国库券、企业债券、普通股股票，这样既可以获得较多的投资收益，又可以在企业急需现金时转换成现金。

## 5.4 应收账款管理
### ——如何安排企业的信用政策

**cfo 要求你知道**

应收账款是一项收款权利，政策太紧影响销售，政策太松加大坏账。应收账款管理就是在这一松一紧之间寻找最佳信用政策。

**关键术语**

语

## 5.4.1 应收账款管理的目标

企业通过提供商业信用，给予客户信用政策，通过赊销、分期付款等方式，可以扩大销售，增强竞争力，但也会产生一定的成本。应收账款管理就是在增加的盈利和成本之间做出权衡，主要内容包括制定合理的信用政策和加强对应收账款的日常管理。

应收账款的存在一方面增加了企业利润，另一方面会使企业产生相应的成本、费用。应收账款管理的目标是在适当利用赊销增加企业产品市场占有率的条件下控制应收账款的赊销额，加快应收账款的周转。

## 5.4.2 应收账款的成本

应收账款作为企业为增加销售和盈利进行的投资，会产生一定的成本，主要包括机会成本、管理成本和坏账成本。

### 1. 应收账款的机会成本

企业因把资金投放于应收账款而放弃其他投资所带来的收益，就是应收账款的机会成本，其计算公式为：

应收账款的平均余额 = 日销售额 × 平均收现期

应收账款占用资金 = 应收账款平均余额 × 变动成本率

应收账款占用资金的机会成本（应计利息）= 应收账款占用资金 × 资本成本

= 应收账款平均余额 × 变动成本率 × 资本成本

= 日销售额 × 平均收现期 × 变动成本率 × 资本成本

### 2. 应收账款的管理成本

应收账款的管理成本主要指进行应收账款管理所增加的费用，主要包括调查客户信用状况的费用、收账费用、数据处理成本、相关人员成本。

### 3. 应收账款的坏账成本

在赊销业务中，债权人由于无法收回应收账款而发生的损失，就是坏账成本。企业发生坏账成本是不可避免的，此项成本会随着应收账款的账龄和数量的增加而增加。

应收账款的坏账成本 = 赊销金额 × 预计坏账损失率

## 5.4.3 应收账款的信用政策

为了实现应收账款管理的目标，企业应制定适当的信用政策。信用政策包括信用标准、信用条件和收账政策三方面。

### 1. 信用标准

信用标准是企业用来衡量客户是否有资格享受商业信用所具备的基本条件。客户达到信用标准，可以享受赊销；达不到信用标准，不能享受赊销。企业执行信用标准过于严格，可能降低赊销额，减少应收账款的机会成本和坏账损失，但不利于扩大销售量，甚至限制企业销售机会。如果企业执行较为宽松的信用标准，有利于扩大销售量，但增加了机会成本和坏账损失。对客户信用评价常用的方法有以下几种：

（1）“5C”信用评级法。财务管理中常用“5C”信用评级法对客户的信用品质进行定性分析。“5C”信用评级法指从品德、能力、资本、抵押品和条件五个方面评估客户的信用品质，是重点分析影响信用五方面的一种方法。

品德指客户愿意履行其付款义务的可能性，对客户此项内容的评价以过去的付款记录为依据。品德因素在信用评估中是最重要的因素。客户是否愿意尽自己最大的努力来归还货款，直接决定着账款的回收速度和数量。

能力指客户的偿债能力。企业可以根据客户的流动比率、速动比率、资产负债率、利息保障倍数等财务指标评估该客户的偿债能力。通过对这些指标的分析，可以发现客户应收账款是否正常、存货数量是否过多或过时等流动资产的质量，直接判断客户偿还款项的能力。

资本指客户的财务状况。这些内容要根据有关的财务比率进行分析和判断。尤其在企业决定与客户进行长期合作或全方位合作时，资本状况是极为重要的考核指标。

抵押品指客户能否为获得商业信用提供担保资产。若客户有足够的抵押品做抵押，则对回收货款比较有利。对初次进行交易不熟悉的客户或信用状况有争议的客户，抵押品显得更为重要。

条件指可能影响客户预付款能力的各种外在因素。例如，客户所处行业是否为朝阳产业、客户的经营状况、有无涉及法律诉讼问题，特别是全面了解客户过去的付款历史。

通过以上几方面的分析，就可以基本判断客户的信用状况，为决定是否为客户提供商业信用做准备。

（2）信用评分法。信用评分法是常用的统计方法，要根据评估需要增加或减少某些变量。该方法是通过考核有关财务指标，给有关变量确定相应的权数，计算客户信用质量的评估分数。信用评估分数的标准是：评估分数低于 40 分，表明信用风险大；40 ～ 50 分为平均分数；高于 50 分说明风险较小。其计算公式为：

信用评估分数 =3.5× 利息保障倍数 +10× 速动比率 −25× 总资产负债率 +1.3× 经营年限

（3）借助信用评级中介机构力量。客户信用等级也可以通过信用机构取得。信用机构关注的主要因素包括行业风险、商业风险和财务风险。行业风险是评级决策中最重要的指标。按照国际惯例，信用分为三级九等。即 A 级、B 级和 C 级三级，以及 AAA、AA、A、BBB、BB、B、CCC、CC、C 九等，分别对应不同的信用风险水平。

**2. 信用条件**

信用条件是销货企业要求赊购客户付款的条件，主要包括信用期间和折扣条件。

（1）信用期间。信用期间是企业允许客户从接受服务开始到支付款项的时间间隔。延长信用期限，可以在一定程度上增加营业收入，但无限制地延长信用期限，会给企业经营带来不良后果。如平均收账期延长、资金占用增加、坏账损失和收账费用增加。因此，企业制定的信用期限应有一定的时间范围。

【情景 5-4】华信食品股份有限公司目前采用 30 天按发票金额（即无现金折扣）付款的信用政策，拟将信用期间放宽至 60 天，仍按发票金额付款。假设风险投资的最低报酬率为 12%，其他有关数据如表 5-6 所示。

表 5-6 信用期决策数据

| 项目 | 信用期间（30 天） | 信用期间（60 天） |
| --- | --- | --- |
| 全年销售量（箱） | 50 000 | 60 000 |
| 全年销售额（单价 6 元） | 300 000 | 360 000 |
| 全年销售成本（元） | | |
| 变动成本（每件 4 元） | 200 000 | 240 000 |
| 固定成本 | 35 000 | 35 000 |
| 毛利（元） | 65 000 | 85 000 |
| 可能发生的收账费用（元） | 2 500 | 3 200 |
| 可能发生的坏账损失（元） | 3 000 | 5 400 |

在分析时，先计算放宽信用期得到的收益，然后计算增加的成本，最后根据两者比较的结果做出判断。

① 增加的收益。

增加的收益 =(60 000−50 000)×(6−4)=20 000（元）

② 增加的应收账款机会成本（计算结果保留整数）。

改变信用期间增加的机会成本 =60 天信用期应计利息 −30 天信用期应计利息

=360 000÷360×60×240 000÷360 000×12%−300 000÷360×30×200 000÷300 000×12%

=240 000÷360×60×12%−200 000÷360×30×12%

≈2 800（元）

③ 增加的收账费用和坏账损失。

增加的收账费用 =3 200−2500=700（元）

增加的坏账损失 =5 400−3 000=2 400（元）

④ 改变信用期增加的税前损益。

改变信用期增加的税前损益 = 增加的收益 − 增加的成本费用

=20 000−2 800−700−2 400

=14 100（元）

由于增加的收益大于增加的成本，故应采用 60 天信用期。

【情景 5-5】沿用【情景 5-4】中数据，假设上述 30 天信用期变为 60 天后，因销售量增加，年平均存货水平从 9 000 箱上升到 22 000 箱，每件存货按变动成本 4 元计算，其他情况不变。

由于新增的存货增加因素，主要在原来分析的基础上，考虑存货增加而占用资金所带来的影响，重新计算放宽信用期的税前损益。

存货增加占用资金的机会成本 =(22 000−9 000)×4×12%=6 240（元）

改变信用期间的税前损益 = 收益增加 − 成本费用增加

=20 000−2 800−700−2 400−6 240

=7 860（元）

因为仍然可以获得税前收益，所以尽管会增加平均存货，还是应该采用 60 天的信用期。

（2）折扣条件。折扣条件包括折扣期和现金折扣期两个方面。折扣期是客户可以享受现金折扣的付款期限。现金折扣是客户在折扣期内付款可以享受的价格上的扣减。例如，折扣条件“2/10，*n*/30”表示客户在10天内付款，优惠2%；如果放弃现金折扣，则全部价款应在30天内付清。

【情景5-6】沿用【情景5-4】中数据，假设该企业在放宽信用期的同时，为了吸引顾客尽早付款，提出“1/30，*n*/60”的现金折扣条件，估计会有一半顾客（按60天信用期所能实现的销售量计算）享受现金折扣优惠。

① 增加的收益。

增后加的收益 = 增加的销售量 × 单位边际贡献

=（60 000−50 000)×（6−4）

=20 000（元）

② 增加的应收账款占用资金的机会成本（计算结果保留整数）：

300 000÷360×30×200 000÷300 000×12%=2 000（元）

提供现金折扣的机会成本 =360 000×50%÷360×60×240 000×50%÷360 000×50%×12%）+（360 000×50%÷360×30×240 000×50%÷360 000×50%×12%）

=2 400+1 200=3 600（元）

增加的应收账款占用资金的机会成本 =3 600−2 000=1 600（元）

③ 增加的收账费用和坏账损失。

增加的收账费用 =3 200−2 500=700（元）

增加的坏账费用 =5 400−3 000=2400（元）

④ 估计现金折扣成本的变化。

增加的现金折扣成本 = 新的销售水平 × 新的现金折扣率 × 享受现金折扣的顾客比例 − 旧的销售水平 × 旧的现金折扣率 × 享受现金折扣的顾客比例

=360 000×1%×50%−300 000×0×0=1 800（元）

⑤ 提供现金折扣后增加的税前损益。

增加的收益 − 增加的成本费用 =20 000−(1 600+700+2 400+1 800)=13 500（元）

由于可获得税前收益，故应当放宽信用期，提供现金折扣。

3. 收账政策

收账政策指客户违反信用条件时，企业采取的收账策略。当出现应收账款时，企业采用积极的收账政策，可能会减少坏账损失，但会增加收账成本；如果企业采用消极的收账政策，可能会增加应收账款数额和坏账损失，但会降低收账成本。因此，企业在确定收账政策时，应参考信用标准、信用条件等方法制定信用政策。

影响企业信用标准、信用条件和收账政策的因素很多，如应收账款平均收账期、现金折扣和现金折扣期限、坏账损失、机会成本等都会影响到信用政策的制定。

## 5.4.4 应收账款的监控

实施信用政策时，企业应当监督和控制每一笔应收账款和应收账款总额。例如，可以运用应收账款周转天数衡量企业需要多长时间收回应收账款，可以通过账龄分析表追踪每一笔应收账款，可以采用 ABC 分析法来确定重点监控对象。

### 1. 应收账款周转天数

应收账款周转天数或平均收账期是衡量应收账款管理状况的一种方法。应收账款周转天数的计算方法为：

$$应收账款周转天数 = \frac{应收账款平均余额}{平均日销售额}$$

应收账款周转天数提供了一个简单的指标，将企业当前的应收账款周转天数与规定的信用期限、历史趋势以及行业正常水平进行比较可以反映企业整体的收款效率。然而，应收账款周转天数可能会被销售量的变动趋势和销售的剧烈波动以及季节性销售所破坏。

【情景 5-7】华信食品股份有限公司 2018 年第一季度应收账款平均余额为 250 000 元，信用条件为在 60 天内按全额付清款项，3 个月的赊销情况为：

1 月份：85 000 元

2 月份：98 000 元

3 月份：105 000 元

应收账款周转天数的计算如下：

平均日销售额 =(85 000+98 000+ 105 000)÷90=3 200（元）

应收账款周转天数（计算结果保留两位小数）≈ 250 000÷3 200=78.13（天）

平均逾期天数的计算如下：

平均逾期天数 = 应收账款周转天数 − 平均信用期天数 =78.13−60=18.13（天）

### 2. 账龄分析表

账龄分析表将应收账款划分为未到信用期的应收账款和以 30 天为间隔的逾期应收账款，这是衡量应收账款管理状况的另外一种方法。企业既可以按照应收账款总额进行账龄分析，也可以分顾客进行账龄分析。账龄分析法可以确定逾期应收账款，随着逾期时间的增加，应收账款收回的可能性变小。

【情景 5-8】华信食品股份有限公司应收账款的账龄情况如表 5-7 所示。从表中可以看出，该企业信用期内的应收账款仅占 52.27%，超过信用期的有 47.73%，其中超过信用期 100 天及以上的占 13.64%，说明该企业应收账款的质量欠佳，回收风险较大，总体管理存在问题。而从个体情况分析，丙与丁存在的拖欠情况极为严重，应作为重点对象严加监控，加速收款。

表 5-7　应收账款账龄分析表

单位：元

| 客户 | 应收账款余额 | 信用期内 | 超过信用期限 | | | |
|---|---|---|---|---|---|---|
| | | | 10 天内 | | 100 天内 | 100 天以上 |
| 甲 | 180 000 | 180 000 | | | | |
| 乙 | 120 000 | 50 000 | 70 000 | | | |
| 丙 | 80 000 | | 30 000 | 50 000 | | |

（续表）

| 客户 | 应收账款余额 | 信用期内 | 超过信用期限 | | | |
|---|---|---|---|---|---|---|
| | | | 10 天内 | | 100 天内 | 100 天以上 |
| 丁 | 60 000 | | | | 18 000 | 42 000 |
| 合计 | 440 000 | 230 000 | 100 000 | 50 000 | 18 000 | 42 000 |
| 比例 | 100% | 52.27% | 22.73% | 11.36% | 4.09% | 9.55% |

### 3. ABC 分析法

ABC 分析法是一种“抓重点、照顾一般”的管理方法，又称重点管理法。它将企业的所有欠款客户按其金额的多少进行分类排队，然后分别采用不同的收账策略。它一方面能加快应收账款收回，另一方面能将收账费用与预期收益联系起来。

【情景 5-9】华信食品股份有限公司应收账款逾期金额为 3 160 000 元，为了及时收回逾期货款，企业采用 ABC 分析法来加强应收账款回收的监控，具体数据如表 5-8 所示。

表 5-8　客户欠款金额

单位：元

| 顾客 | 逾期金额 |
|---|---|
| 长江公司 | 820 000 |
| 金甲公司 | 430 000 |
| 易得公司 | 250 000 |
| 中坚公司 | 300 000 |
| 可嘉公司 | 180 000 |
| 欧恩公司 | 600 000 |
| 佳偶公司 | 260 000 |
| 欧日公司 | 170 000 |
| 欧普公司 | 50 000 |
| 哌嗪公司 | 90 000 |
| … | … |

先按所有客户应收账款逾期金额的多少分类排队，并计算出逾期金额所占比重。从表中可以看出，应收账款逾期金额在 400 000 元以上的有 3 家，占客户总数的 6%，逾期总额为 1 850 000 元，占应收账款逾期金额的 58.54%，我们将其划入 A 类，这类客户是催款的重点对象。应收账款逾期金额在 150 000 ～ 400 000 元的客户有 5 家，占客户总数的 10%，其逾期金额占应收账款逾期金额总数的 36.71%，我们将其划入 B 类。欠款在 100 000 元以下的客户有 42 家，占客户总数 84%，但其逾期金额仅占应收账款逾期金额的 4.75%，将其划分为 C 类。表 5-9 为欠款客户 ABC 分类法（共 50 家客户），图 5-3 为 ABC 分类示意图。

表 5-9　欠款客户 ABC 分类法（共 50 家客户）

单位：元

| 顾客 | 逾期金额 | 逾期期限 | 逾期金额所占比重（%） | 类别 |
| --- | --- | --- | --- | --- |
| 长江公司 | 820 000 | 5 个月 | 25.95 | |
| 欧恩公司 | 600 000 | 6 个月 | 18.99 | A |
| 金甲公司 | 430 000 | 4 个月 | 13.61 | |
| 小计 | 1 850 000 | | 58.54 | |
| 中坚公司 | 300 000 | 3 个月 | 9.49 | |
| 佳偶公司 | 260 000 | 2 个月 | 8.23 | |
| 易得公司 | 250 000 | 3 个月 | 7.91 | B |
| 可嘉公司 | 180 000 | 63 天 | 5.70 | |
| 欧日公司 | 170 000 | 50 天 | 5.38 | |
| 小计 | 1 160 000 | | 36.71 | |
| 哌嗪公司 | 90 000 | 28 天 | 2.85 | |
| 欧普公司 | 50 000 | 25 天 | 1.58 | C |
| … | … | … | | |
| 小计 | 150 000 | | 4.75 | |
| 合计 | 3 160 000 | | 100.00 | |

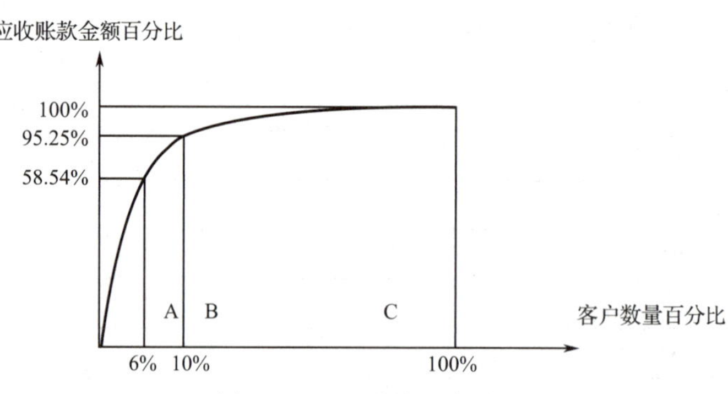


图 5-3　ABC 分类示意图

## 5.4.5　应收账款的保理

应收账款保理是企业将赊销形成的未到期应收账款在满足一定条件的情况下，转让给保理商（商业银行），以获得流动资金，加快资金周转。

保理可以分为有追索权保理（非买断型）和无追索权保理（买断型）、明保理和暗保理、折扣保理和到期保理。

应收账款保理对于企业而言，其财务管理作用主要体现在：

① 融资功能。应收账款保理的实质是将未到期应收账款这种流动资产作为抵押从而获得银行短期借款的一种融资方式。

② 减轻企业应收账款管理负担。企业把应收账款让与专门保理商进行管理，使企业减轻财务管理负担，提高财务管理效率。

③ 减少坏账损失、降低经营风险。采用应收账款保理后，一方面可以提供信用风险控制与坏账担保，另一方面可以借助专业保理商催收账款，有效控制坏账风险。

④ 改善企业财务结构。应收账款保理业务是将企业的应收账款与货币资金进行置换，增强企业资产的流动性，提高债务清偿能力和盈利能力。

## 5.5 存货管理
## ——如何安排存货的购买与储存量

**cfo 要求你知道**

在存货需求量一定的条件下，减少购买数量或增加购买次数，都会丧失价格优势；增加购买数量或减少购买次数，可以获得价格优势，但会增加了储存成本。

**关键术语**

存货（Stock）
订货成本（Ordering Cost）
购置成本（Acquisition Cost）
储存成本（Carrying Cost ）

### 5.5.1 存货管理的目标

存货指企业在生产经营过程中为销售或耗用而储备的物资，包括材料、燃料、低值易耗品、在产品、半成品、产成品、协作件、商品。存货管理水平的高低直接影响企业的生产经营能否顺利进行，并最终影响企业的收益、风险等状况。因此，存货管理是财务管理的一项重要内容。

企业持有存货的原因一方面是为了保证生产或销售的经营需要，另一方面是出自价格的考虑，零购物资的价格往往较高，而整批购买在价格上有优惠。但是，过多的存货要占用较多资金，并且会增加包括仓储费、保险费、维护费、管理人员工资在内的各项开支，因此，存货管理的目标，就是在保证生产或销售经营需要的前提下，最大限度地降低存货成本，具体包括以下几个内容。

1. 保证生产正常进行

生产过程中需要的原材料和在产品，是生产的物质保证。为保障生产的正常进行，必须储备一定量的原材料，否则可能会造成生产中断、停工待料现象。尽管当前部分企业的存货管理已经实现计算机自动化管理，但要实现存货为零的目标实属不易。

2. 有利于销售

一定数量的存货储备能够增加企业在生产、销售方面的机动性和适应市场变化的能力。当企业市场需求量增加时，若产品储备不足就有可能失去销售良机。同时，由于顾客为节约采购成本和其他费用，可能成批采购，企业为了达到运输中的最优批量也会组织成批发运。所以保持一定量的存货是有利于市场销售的。

3. 便于维持均衡生产，降低产品成本

有些产品属于季节性产品或需求波动较大的产品，此时若根据需求状况组织生产，则可能有时生产能力得不到充分利用，有时又超负荷生产，造成产品成本上升。为了降低生产成本，实现均衡生产，就要储备一定的产成品存货，并相应保持一定数量的原材料存货。

4. 降低存货取得成本

当企业进行采购时，进货总成本与采购物资的单价和采购次数有密切关系。许多供应商为鼓励客户多购买其产品，往往在客户采购量达到一定数量时，给予价格折扣，所以企业通过大批量集中进货，既可以享受价格折扣，降低购置成本，也因减少订货次数，降低了订货成本，使总的进货成本降低。

5. 防止意外事件的发生

企业在采购、运输、生产和销售过程中，都可能发生意料之外的事故，保持必要的存货保险储备，可以避免和减少意外事件的损失。

## 5.5.2 存货成本

存货的成本包括取得成本、储存成本和短缺成本，在存货管理中，假设短缺成本为0，即不会发生存货短缺的情形。

1. 取得成本

取得成本为取得某种存货而支付的成本，又分为订货成本和购置成本。

（1）订货成本。订货成本只取得订单的成本，如订货的差旅费、邮资。订货成本中一部分与订货次数无关，如常设采购机构的基本开支，称为固定的订货成本；另一部分与订货次数有关，如差旅费，称为订货的变动成本。订货成本的计算公式为：

$$订货成本=F_1+\frac{D}{Q}K$$

式中：$F_1$——固定的订货成本；

$D$——每期对存货的总需求；

$Q$——每次订货批量；

$K$——每次订货费用。

（2）购置成本。购置成本指为购买存货本身所支出的成本，即存货本身的价值，常用数量与单价的乘积来确定。

$$购置成本=DU$$

式中：$D$——存货年需要用量；

$U$——存货单价。

（3）取得成本。订货成本加上购置成本，就等于取得成本。其计算公式为：

$$\mathrm{TC}_a = F_1 + \frac{D}{Q}K + DU$$

### 2. 储存成本

储存成本指为保存存货而发生的成本，包括存货占用资金的利息、仓储费、保险费、存货变质或损失的费用。储存成本也分固定成本和变动成本，固定成本与存货数量无关，如仓库折旧，变动成本与存货数量有关，如存货占用资金利息、保险费。储存成本的计算公式为：

$$\mathrm{TC}_c = F_2 + K_c \frac{Q}{2}$$

式中：$F_2$——固定的储存成本；

$K_c$——每期单位变动储存成本。

### 3. 缺货成本

缺货成本是由于存货供应中断而造成的损失，包括停工损失、拖欠发货损失和丧失销售机会的损失。在存货管理中，不允许出现缺货情况，所以认为缺货损失为0。缺货成本用 $\mathrm{TC}_s$ 表示。

存货成本就是上述成本之和，其计算公式为：

$$\mathrm{TC} = \mathrm{TC}_a + \mathrm{TC}_c + \mathrm{TC}_s = F_1 + \frac{D}{Q}K + DU + F_2 + K_c \frac{Q}{2} + \mathrm{TC}_s$$

企业存货管理的目标，就是存货成本值最小。

## 5.5.3 存货经济订货批量

存货管理的关键，是通过合理的进货批量和进货时间，使存货的总成本最低。存货经济订货批量主要采用经济订货模型加以计算。

经济订货模型是建立在一系列严格假设基础上的，这些假设包括：

① 存货总需求量是已知常数；

② 订货提前期是常数；

③ 货物是一次性入库；

④ 单位货物成本为常数，无批量折扣；

⑤ 库存持有成本与库存水平呈线性关系；

⑥ 货物是一种独立需求的物品，不受其他货物影响。

在上述假设基础上，总成本的计算公式为：

$$\text{TC} = F_1 + \frac{D}{Q}K + DU + F_2 + K_c\frac{Q}{2}$$

当 $F_1$、$K$、$D$、$U$、$F_2$、$K_c$ 为常数时，TC 的大小取决于 $Q$。

我们的目的是要使企业 TC 最小化。我们可抽象出经济订货模型，存货的年相关总成本为：

$$\text{TC}(Q) = \frac{D}{Q}K + K_c\frac{Q}{2}$$

式中：TC（$Q$）——每期存货的相关总成本；

$D$——每期对存货的总需求；

$Q$——每次订货批量；

$K$——每次订货费用；

$K_c$——每期单位变动储存成本。

使 TC（$Q$）最小的批量 $Q$ 即为经济订货批量 $EOQ$。利用数学知识，可推导出公式：

$$\text{EOQ} = \sqrt{\frac{2KD}{K_c}}$$

$$\text{TC}(\text{EOQ}) = \sqrt{2KDK_c}$$

【情景 5-10】华信食品股份有限公司每年需耗用特质面粉 45 000 千克，平均每次订货成本为 1 200 元，单位储存成本为 500 元，计算经济进货批量、经济进货批次及最低年存货总成本（计算结果保留整数）。

$$\text{EOQ} = \sqrt{\frac{2KD}{K_c}} = \sqrt{\frac{2 \times 45\ 000 \times 1\ 200}{500}} \approx 465 \text{（千克）}$$

$$\frac{D}{Q} = \frac{45\ 000}{465} \approx 97 \text{（次）}$$

$$\text{TC} = \sqrt{2KDK_c} = \sqrt{2 \times 45\ 000 \times 1\ 200 \times 500} \approx 232\ 379 \text{（元）}$$

### 5.5.4 数量折扣条件下的经济批量模型

基本模型中有“单价不变，不存在数量折扣”的假设，事实上，为了鼓励客户购买更多的商品，销售公司会给予不同程度的价格优惠，即实行商业折扣，买得越多，价格优惠越大。这时，企业的进价成本与每次进货数量的大小有了关系，进价成本由无关成本变成了相关成本。因此，企业必须对基本模型进行修正，在确定经济批量的相关存货总成本时，不仅要考虑订货成本和储存成本，而且要考虑进价成本，即：

全年存货总成本 = 进价成本 + 订货成本 + 储存成本

$$TC = DU + \frac{D}{Q}K + \frac{Q}{2}K_c$$

式中，$U$ 为存货单价，即价格随进货量的不同而不同。

具体计算时，可采用以下步骤：首先，计算出不考虑数量折扣，按基本模型确定的经济批量，以此作为进货量的第一选择，按此进货数量计算出相关存货总成本（包括进价成本）。其次，以销售公司提供的享受价格折扣的下限作为进货量的第二、第三乃至更多的选择，按照这些不同的进货数量及相应的价格分别计算出相关的存货总成本（包括进价成本）。最后，比较不同进货数量下的存货总成本，确定出总成本最低的进货批量，该进货批量即为数量折扣条件下的经济进货批量。

【情景 5-11】华信食品股份有限公司白砂糖的全年需求量为 800 千克，单价为 8 元 / 千克，每次进货费用为 600 元，单位年储存成本 6 元。供应商规定，一次购货量在 500 千克以上的可享受 2% 的数量折扣，在 600 千克以上的可享受 3% 的数量折扣，求该企业的经济批量。

$$EOQ = \sqrt{\frac{2KD}{K_c}} = \sqrt{\frac{2 \times 800 \times 600}{6}} = 400 \text{（千克）}$$

$Q_1$=400（千克）

$TC_1$=800×8+800÷400×600+400÷ 2×6=8 800（元）

$Q_2$=500（千克）

$TC_2$=800×8×(1−2%)+800÷500×600+500÷2×6=8 732（元）

$Q_3$= 600（千克）

$TC_3$=800×8×(1−3%)+800÷600×600+ 600÷2×6=8 808（元）

因为 $TC_2$ 最小，所以每次应进货 500 千克。

### 5.5.5 允许缺货条件下的经济批量模型

基本模型中有“不允许缺货”的假设条件，实际上因供货方或运输部门的问题导致材料不能及时运到，造成缺货损失的现象是不可避免的，这时应将缺货成本作为决策的相关成本来考虑。因此，企业在确定经济批量的相关总成本时不仅要考虑进货费用和储存成本，而且要考虑缺货成本，缺货成本按经验加以估算。即：

存货总成本 = 订货成本 + 储存成本 + 缺货成本

设 $Q_1$ 为缺货量，$S$ 为单位缺货成本，则有：

$$\text{平均储存量} = \frac{(Q - Q_1)^2}{2Q}$$

$$\text{平均缺货量} = \frac{Q_1^2}{2Q}$$

则：

$$\text{TC}=\frac{D}{Q}K+\frac{(Q-Q_1)^2}{2Q}K_c+\frac{Q_1^2}{2Q}S$$

根据上式，分别对 $Q$ 及 $Q_1$ 求偏导数并令之为零，得：

$$\text{缺货条件下的经济批量}\,Q=\sqrt{\frac{2KD}{K_c}\times\frac{K_c+S}{S}}$$

$$\text{允许最大的缺货量}\,Q_1=\frac{QK_c}{K_c+S}$$

$$\text{最低存货总成本}=\sqrt{\frac{2KDK_cS}{K_c+S}}$$

【情景 5-12】华信食品股份有限公司鸡蛋全年需求量为 6 000 千克，一次进货费用为 1 500 元，单位储存成本为 300 元，单位缺货成本为 120 元，求该企业允许缺货条件下的经济批量及最低相关存货总成本（计算结果保留整数）。

$$Q=\sqrt{\left(\frac{2KD}{K_c}\right)\times\frac{K_c+S}{S}}=\sqrt{\left(2\times6\ 000\times\frac{1\ 500}{300}\right)\times\frac{300+120}{120}}\approx458\text{（千克）}$$

$$\text{TC}=\sqrt{\frac{2KDK_cS}{K_c+S}}=\sqrt{2\times6\ 000\times1\ 500\times300\times\frac{120}{120+300}}=39\ 279\text{（元）}$$

### 5.5.6 存货陆续供应和使用模型

经济订货基本模型是建立在存货一次全部入库的假设基础上的。其实，各批存货都是陆续入库，库存量陆续增加。特别是产成品入库和在产品转移，几乎总是陆续供应和耗用的。在这种情况下，需要对经济订货的基本模型做一些修正。

假设每批订货数为 $Q$，每日送货量为 $P$，则该批货全部送达所需天数即送货期，其公式为：

$$\text{送货期}=\frac{Q}{P}$$

假设每日耗用量为 $d$，则送货期内全部耗用量的公式为：

$$\text{送货期耗用量}=\frac{Q}{P}d$$

由于零件边送边用，所以每批送完时，送货期内平均库存量公式为：

$$\text{送货期内平均库存量}=\frac{1}{2}\times\left(Q-\frac{Q}{p}d\right)$$

假设存货年需用量为 $D$，每次订货费用为 $K$，单位存货储存费率为 $K_c$，则与批量有关的总成本公式为：

$$\mathrm{TC}(Q)=\frac{D}{Q}K+\frac{1}{2}\times\left(Q-\frac{Q}{P}d\right)\times K_c=\frac{D}{Q}K+\frac{Q}{2}\times\left(1-\frac{d}{p}\right)\times K_c$$

在订货变动成本与储存变动成本相等时，TC（$Q$）有最小值，故存货陆续供应和使用的经济订货量公式为：

$$\frac{D}{Q}K=\frac{Q}{2}\times\left(1-\frac{d}{p}\right)\times K_c$$

$$\mathrm{EOQ}=\sqrt{\frac{2KD}{K_c}\times\frac{p}{p-d}}$$

将这一公式代入上述 TC($Q$) 公式，可得出存货陆续供应和使用的经济订货量相关总成本公式为：

$$\mathrm{TC}(\mathrm{EOQ})=\sqrt{2KDK_c\times\left(1-\frac{d}{p}\right)}$$

【情景 5-13】华信食品股份有限公司植物油年需用量（$D$）为 8 000 千克，每日送货量（$P$）为 400 千克，每日耗用量（$d$）为 80 千克，单价（$U$）为 15 元，一次订货成本（生产准备成本）($K$) 为 3 800 元，单位储存变动成本（$K_c$）1 000 元。

要求计算该零件的经济订货量和相关总成本。

将例中数据代入相关公式（计算结果保留整数），有：

$$\mathrm{EOQ}=\sqrt{\frac{2KD}{K_c}\times\frac{p}{p-d}}=\sqrt{\frac{2\times3\ 800\times8\ 000}{1\ 000}\times\frac{400}{400-80}}=276\text{（千克）}$$

$$\mathrm{TC}(\mathrm{EOQ})=\sqrt{2KDK_c\times\left(1-\frac{d}{p}\right)}=\sqrt{2\times3\ 800\times8\ 000\times1\ 000\times\left(1-\frac{80}{400}\right)}=220\ 545\text{（元）}$$

## 5.5.7 再订货点和保险储备

### 1. 再订货点

再订货点就是订购下一批存货时本批存货的储存量。它的大小取决于订货提前期的长短和平均每天正常用量的多少，即：

再订货点 = 每天平均正常用量 × 订货提前期

其中，订货提前期指从发出订货单到存货运抵企业验收入库所用的时间。

【情景 5-14】华信食品股份有限公司植物油的日均正常用量为 320 千克，订货提前期为 14 天，则再订货点为多少？

再订货点 =320×14=4 480（千克）

### 2. 保险储备

企业按照某一订货批量（如经济订购批量）和再订货点发出订单后，如果存货用量突然增大或到货延迟，就会发生缺货或供应中断。为了防止由此造成的损失，就需要在正常存货储备的基础上，再多储备一些存货以备应急之用，即需要建立保险储备。

保险储备量 =（预计每天最大用量 − 平均每天正常用量）× 订货提前期

若有保险储备时，再订货点将提高为：

再订货点 = 平均每天正常用量 × 订货提前期 + 保险储备

【情景 5-15】华信食品股份有限公司计划年度耗用面粉 40 000 箱，材料单价 100 元，经济订货量 10 000 箱，全年订货 4 次（40 000/10 000，订货点为 3 200 箱）。单位材料年储存成本为材料单价的 25%，单位材料缺货损失 40 元。在交货期内，生产需要量及其缺货概率如表 5-10 所示。

表 5-10　生产需要量及其缺货概率

| 生产需要量（箱） | 缺货概率 |
|---|---|
| 3 000 | 0.1 |
| 3 100 | 0.2 |
| 3 200 | 0.4 |
| 3 300 | 0.2 |
| 3 400 | 0.1 |

该企业最佳保险储备的计算如表 5-11 所示。

表 5-11　保险储备分析

| 保险储备量（箱） | 缺货量（箱） | 缺货概率 | 缺货损失（元） | 保险储备的储存成本（元） | 总成本（元） |
|---|---|---|---|---|---|
| 0 | 0 | 0.1 | 0 | | |
| | 0 | 0.2 | 0 | | |
| | 0 | 0.4 | 0 | | |
| | 100 | 0.2 | 4×100×0.2×40=3 200 | | |
| | 200 | 0.1 | 4×200×0.1×40=3 200 | | |
| | | | 缺货损失期望值 =6 400 | 0 | 6 400 |
| 100 | 0 | 0.1 | 0 | | |
| | 0 | 0.2 | 0 | | |
| | 0 | 0.4 | 0 | | |
| | 0 | 0.2 | 0 | | |
| | 100 | 0.1 | 4×100×0.1×40=1 600 | | |
| | | | 缺货损失期望值 =1 600 | 100×100×0.25=2 500 | 4 100 |
| 200 | 0 | 0.1 | 0 | | |
| | 0 | 0.2 | 0 | | |
| | 0 | 0.4 | 0 | | |
| | 0 | 0.2 | 0 | | |
| | 0 | 0.1 | 0 | | |
| | | | 缺货损失期望值 =0 | 200×100×0.25=5 000 | 5 000 |

从表中可以看出，当保险储备为 100 箱时，缺货损失与储存成本之和最低。因此，该企业保险储备量为 100 箱比较合适。

必须指出的是，保险储备的存在虽然可以减少缺货成本，但增加了存货的平均库存量，增加了储存成本。企业在进行相应决策时，应该在缺货成本与储存成本之间进行权衡，选择使总成本最低的保险储备量和再订货点。

## 5.5.8 存货的控制系统

存货管理除通过各种模型确定适当的存货水平外，还需要建立相应的存货控制系统。传统的存货控制系统有定量控制系统和定时控制系统两种，许多大型的现代化企业已经采用了计算机存货控制系统。下面将对两个典型的库存控制系统进行介绍。

**1. ABC 控制系统**

ABC 控制系统是把企业种类繁多的存货，依据其重要程度、价值大小或资金占用标准分为三大类：A 类为高价值库存，品种数量约占整个库存的 10% ～ 15%，但价值约占全部库存的 50% ～ 70%；B 类为中等价值库存，品种数量约占全部库存的 20% ～ 25%，价值约占全部库存的 15% ～ 20%；C 类为低价值库存，品种数量多，约占整个库存的 60% ～ 70%，价值约占全部库存的 10% ～ 35%。针对不同类别的库存分别采用不同的管理方法，A 类库存应作为管理的重点，实行重点控制、严格管理；而对 B 类和 C 类库存的重视程度则可依次降低，采取一般管理。

**2. 适时制库存控制系统**

适时制库存控制系统，又称零库存管理、看板管理系统。它最早是由丰田公司提出并应用于实践，指制造企业事先与供应商、客户协调好，只有当制造企业在生产过程中需要原料或零件时，供应商才会将原料或零件送来，而每当产品生产出来就被客户拉走。这样，制造企业的库存持有水平就可以大大下降。显然，适时制库存控制系统需要的是稳定而标准的生产程序，以及与供应商的诚信，否则任何一环出现差错将导致整个生产线停产。目前，已有越来越多的公司利用适时制库存控制系统减少，甚至消除对库存的需求——实行零库存管理，比如沃尔玛、丰田、海尔。适时制库存控制系统进一步的发展被应用于企业整个生产管理过程中——集开发、生产、库存和分销于一体，大大提高了企业运营管理效率。

【情景 5-16】华信食品股份有限公司存货的有关资料如表 5-12 所示。

**表 5-12　华信食品股份有限公司存货相关资料**

| 序号 | 材料名称 | 金额（元） | 百分比（%） | 分类 |
|---|---|---|---|---|
| 1 | 略 | 3 200 000 | 24.35 | A |
| 2 | | 2 500 000 | 19.03 | |
| 3 | | 1 500 000 | 11.42 | |
| 4 | | 1 090 000 | 8.30 | |

（续表）

| 序号 | 材料名称 | 金额（元） | 百分比（%） | 分类 |
|---|---|---|---|---|
| 5 | 略 | 790 000 | 6.01 | B |
| 6 | | 750 000 | 5.71 | |
| 7 | | 650 000 | 4.95 | |
| 8 | | 540 000 | 4.11 | |
| 9 | | 450 000 | 3.42 | |
| 10 | | 420 000 | 3.20 | |
| 11 | | 350 000 | 2.66 | |
| 12 | | 300 000 | 2.28 | |
| 其余 38 种 | | 600 000 | 4.57 | C |
| 合计 | | 13 140 000 | 100 | |

制作 ABC 分类表及示意图如表 5-13 和图 5-4 所示。

表 5-13　ABC 分类表

| 因素类别 | 品种数量 | 品种构成（%） | 金额（元） | 金额构成（%） |
|---|---|---|---|---|
| A | 4 | 8 | 8 290 000 | 63.09 |
| B | 8 | 16 | 4 250 000 | 32.34 |
| C | 38 | 76 | 600 000 | 4.57 |
| 合计 | 50 | 100 | 13 140 000 | 100 |

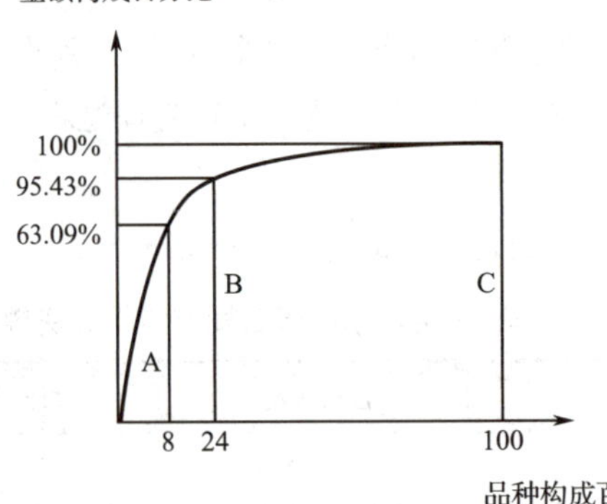


图 5-4　ABC 分类示意图

# 5.6 流动负债管理
## ——如何利用短期资金来源

**cfo 要求你知道**

流动负债主要有三种来源：短期借款、商业信用和应付账款（包括应付账款和预收账款），各种来源具有不同的获取速度、灵活性、成本和风险。

**关键术语**

短期借款（Short term Borrowing）
信贷额度（Line of Credit）
商业信用（Mercantile Credit）
应付账款（Accounts Payable）
应付票据（Bill Payable）

## 5.6.1 短期借款

企业的借款按其流动性或偿还时间长短，可划分为短期借款和长期借款。短期借款指企业同银行或其他金融机构借入的期限在 1 年 ( 含 1 年 ) 以下的各种借款。

目前我国短期借款按照目的和用途分为生产周转借款、临时借款、结算借款、票据贴现借款。按照国际惯例，短期借款往往按偿还方式不同，分为一次性偿还借款和分期偿还借款；按利息支付方式不同，可分为收款法借款、贴现法借款和加息法借款；按有无担保，可分为抵押借款和信用借款。

短期借款可以根据企业的需要灵活使用，但缺点是短期内要归还，且可能会附带很多附加条件。

### 1. 短期借款的信用条件

银行或其他金融机构对企业贷款时，会附带一定的信用条件。短期借款所附带的一些信用条件主要有以下几点。

（1）信贷额度。信贷额度即贷款限额，是借款企业与银行在协议中规定的借款最高限额，信贷额度的有效期限为 1 年。一般情况下，在信贷额度内，企业可以随时按需要支用借款，但是，银行并不承担必须贷款的义务。如果企业信誉恶化，即使在信贷限额内，企业也可能得不到借款。此时，银行不会承担法律责任。

（2）周转信贷协定。周转信贷协定是银行具有法律义务地承诺提供不超过某一最高限额的贷款协定。在协定的有效期内，只要企业借款总额未超过最高限额，银行必须满足企业任何时候提出的借款要求。企业要享用周转信贷协定，会对贷款限额未使用的部分付给银行一笔承诺费用。

【情景 5-17】华信食品股份有限公司与银行商定的周转信贷额度为 55 000 000 元，年度内实际使用了 30 000 000 元，承诺率为 0.6%，企业向银行支付的信贷承诺费为：

$$信贷承诺费=(55\ 000\ 000-30\ 000\ 000)\times 0.6\%=150\ 000（元）$$

周转信贷协定的有效期限会超过 1 年，但实际上贷款每几个月发放一次，所以这种信贷具有短期借款和长期借款的双重特点。

（3）补偿性余额。补偿性余额是银行要求借款企业在银行中保持按贷款限额或实际借款以一定比例计算的最低存款余额。对于银行来说，补偿性余额有助于降低贷款风险，补偿其可能遭受的风险。对借款企业来说，补偿性余额提高了借款的实际利率，加重了企业的负担。

【情景 5-18】华信食品股份有限公司向银行借款 6 000 000 元，利率为 8%，银行要求保留 10% 的补偿性余额，则企业实际可动用的贷款为 5 400 000 元 [6 000 000×(1−10%)]，该借款的实际利率为（计算结果保留两位小数）：

$$\begin{aligned}借款实际利率&=6\ 000\ 000\times 8\%\div 5\ 400\ 000=8\%\div(1-10\%)\\&\approx 8.89\%\end{aligned}$$

（4）借款抵押。银行向财务风险较大的企业或信誉不好的企业提供贷款时，有时需要有抵押担保，以减少银行贷款风险。短期借款的抵押品是借款企业的应收账款、存货及短期有价证券等。一般情况下，银行会根据抵押品面值的 30% ～ 90% 决定贷款金额。这一比例的高低，取决于抵押品的变现能力和银行的风险偏好。抵押借款的成本高于非抵押借款，另外企业提供贷款抵押品后，会限制企业财产的使用和将来的借款能力。

（5）偿还条件。贷款的偿还方式有到期一次偿还和在贷款期限内定期偿还两种。一般情况下，借款企业不希望采用后一种偿还方式，因为这会提高借款的实际利率，而银行不希望采用前一种偿还方式，因为这会加重企业财务负担，增加企业的拒付风险，同时会降低实际贷款利率。

（6）其他承诺。银行有时还会要求企业为取得贷款而做出其他承诺，如及时提供财务报表、保持适当的财务水平（如特定的流动比率）。企业违背所做出的承诺，银行可要求企业立即偿还全部贷款。

**2. 短期借款的成本**

短期借款的成本主要包括利息、手续费。短期借款成本的高低主要取决于贷款利率的高低和利息的支付方式。短期贷款利息的支付方式有收款法、贴现法和加息法三种。付息方式不同，短期借款成本计算也有所不同。

（1）收款法。收款法是在借款到期时向银行支付利息的方法。银行向企业贷款一般会采用这种方法收取利息。采用收款法时，短期贷款的实际利率就是名义利率。

（2）贴现法。贴现法又称折价法，指银行向企业发放贷款时，先从本金中扣除利息部分，到期时借款企业偿还全部贷款本金的一种利息支付方法。在这种利息支付方式下企业可以利用的贷款只是本金减去利息部分后的差额，因此，贷款的实际利率要高于名义利率。

【情景 5-19】华信食品股份有限公司从银行取得的借款 5 000 000 元，期限 1 年，利率 8%，利息 400 000 元。按贴现法付息，企业实际可动用的贷款为 4 600 000 元，该借款的实际利率为（计算结果保留两位小数）：

$$借款实际利率=5\ 000\ 000\times8\%\div4\ 600\ 000\approx8.70\%$$

或：

$$借款实际利率=8\%\div(1-8\%)\approx8.70\%$$

（3）加息法。加息法是银行发放分期等额偿还贷款时采用的利息收取方法。在分期等额偿还贷款情况下，银行将根据名义利率计算的利息加到贷款本金中，计算出贷款的本息和，要求企业在贷款期内分期偿还本息之和。由于贷款本金分期均衡偿还，借款企业实际上只平均使用了贷款本金的一半，却支付了全额利息。这样企业所负担的实际利率便要高于名义利率大约 1 倍。

【情景 5-20】华信食品股份有限公司借入（名义）年利率为 10% 的贷款 40 000 元，分 12 个月等额偿还本息。该项借款的实际年利率为：

$$实际年利率=40\ 000\times10\%\div(40\ 000\div2)=20\%$$

## 5.6.2 短期融资券

短期融资券是由企业依法发行的无担保短期本票。在我国，短期融资券指企业依照《银行间债券市场非金融企业债务融资工具管理办法》的条件和程序，在银行间债券市场发行，约定在一定期限内还本付息的有价证券，是企业筹措短期（1 年以内）资金的直接融资方式。

### 1. 发行短期融资券的相关规定

（1）发行人为非金融企业，发行企业均应有在中国境内进行工商注册且具备债券评级能力的评级机构的信用评级，并将评级结果向银行间债券市场公示。

（2）发行和交易的对象是银行间债券市场的机构投资者，不向社会公众发行和交易。

（3）融资券的发行由符合条件的金融机构承销，企业不得自行销售融资券，发行融资券募集的资金应用于本企业的生产经营。

（4）融资券采用实名记账方式在中央国债登记结算有限责任公司（简称“中央结算公司”）登记托管，中央结算公司负责提供有关服务。

（5）债务融资工具发行利率、发行价格和所涉费率以市场化方式确定，任何商业机构不得以欺诈、操纵市场等行为获取不正当利益。

### 2. 短期融资券的种类

（1）按发行人分类，短期融资券分为金融企业的融资券和非金融企业的融资券。在我国，目前发行和交易的是非金融企业的融资券。

（2）按发行方式分类，短期融资券分为经纪人承销的融资券和直接销售的融资券。非金融企业发行融资券一般采用间接承销方式进行，金融企业发行融资券一般采用直接发行方式进行。

**3. 短期融资券的筹资特点**

（1）短期融资券的筹资成本较低。相对于发行企业债券筹资而言，发行短期融资券的筹资成本较低。

（2）短期融资券筹资数额比较大。相对于银行借款筹资而言，短期融资券一次性的筹资数额比较大。

（3）发行短期融资券的条件比较严格。必须具备一定的信用等级的实力强的企业，才能发行短期融资券筹资。

## 5.6.3 商业信用

商业信用指企业在商品或劳务交易中，以延期付款或预收货款方式进行购销活动而形成的借贷关系，是企业之间的直接信用行为，也是企业短期资金的重要来源。商业信用产生于企业生产经营的商品、劳务交易之中，是一种“自动性筹资”。

**1. 商业信用的形式**

（1）应付账款。应付账款是供应商给企业提供的一个商业信用。由于购买者往往在到货一段时间后才付款，商业信用就成为企业短期资金来源。例如，企业规定对所有账单均在见票后若干日付款，商业信用就成为随生产周转而变化的一项内在的资金来源。当企业扩大生产规模时，其进货和应付账款相应增长，商业信用就提供了增产需要的部分资金。

商业信用条件常包括以下两种：

① 有信用期，但无现金折扣，如“*n*/30”表示 30 天内按发票金额全数支付。

② 有信用期和现金折扣，如“2/10，*n*/30”表示 10 天内付款享受现金折扣 2%，若买方放弃折扣，30 天内必须付清款项。

供应商在信用条件中规定有现金折扣，目的主要在于加速资金回收。企业在决定是否享受现金折扣时，应仔细考虑。一般情况下，企业放弃现金折扣的成本是高昂的。

① 放弃现金折扣的信用成本。若买方企业购买货物后在卖方规定的折扣期内付款，可以获得免费信用，这种情况下企业没有因为取得延期付款信用而付出代价。例如，某应付账款规定付款信用条件为“2/10，*n*/30”，指买方在 10 天内付款，可获得 2% 的付款折扣，若在 10 ～ 30 天内付款，则无折扣，允许买方付款期限最长为 30 天。

【情景 5-21】华信食品股份有限公司按“2/10，*n*/40”的付款条件购入货物 750 000 元。如果企业在 10 天以后付款，便放弃了现金折扣 15 000（750 000×2%）元，信用额度为 735 000 元。放弃现金折扣的信用成本率为（计算结果保留两位小数）：

$$\text{放弃现金折扣的信用成本率}=\frac{\text{折扣}}{1-\text{折扣}}\times\frac{360\text{天}}{\text{付款期}-\text{折扣期}}$$

$$=2\%\div(1-2\%)\times360\div(40-10)=24.49\%$$

上面公式表明，放弃现金折扣的信用成本率与折扣百分比大小、折扣期长短和付款期长短有关系，与货款额和折扣额没有关系。如果企业在放弃折扣的情况下，推迟付款的时间越长，其信用成本越小，但展期信用的结果是企业信誉恶化导致信用度的严重下降，日后可能招致更加苛刻的信用条件。

② 放弃现金折扣的信用决策。企业放弃应付账款现金折扣的原因，可能是企业资金暂时的缺乏，也可能是基于将应付的账款用于临时性短期投资，以获得更高的投资收益。如果企业将应付账款额用于短期投资，所获得的投资报酬率高于放弃折扣的信用成本率，则应当放弃现金折扣。

【情景 5-22】华信食品股份有限公司采购一批材料，供应商报价为 20 000 元，付款条件为：4/10、3/30、2/50，*n*/90。目前企业用于支付账款的资金需要在 90 天时才能周转回来，在 90 天内付款，只能通过银行借款解决。如果银行利率为 8%，确定企业材料采购款的付款时间和价格。

根据放弃折扣的信用成本率计算公式，10 天付款方案，放弃折扣的信用成本率为 18.75% 30 天付款方案，放弃折扣的信用成本率为 18.56%；50 天付款方案，放弃折扣的信用成本率为 18.37%。由于各种方案放弃折扣的信用成本率均高于借款利息率，因此初步结论是要取得现金折扣，借入银行存款以偿还货款。

10 天付款方案，得折扣 800 元，用资 19 200 元，借款 80 天，利息 341.33 元，净收益 458.67 元；

30 天付款方案，得折扣 600 元，用资 19 400 元，借款 60 天，利息 258.67 元，净收益 341.33 元；

50 天付款方案，得折扣 400 元，用资 19 600 元，借款 40 天，利息 174.22 元，净收益 225.78 元。

总结论：第 10 天付款是最佳方案，其净收益最大。

（2）应付票据。应付票据指企业在商品购销活动和对工程价款进行结算中，因采用商业汇票结算方式而产生的商业信用。商业汇票指由付款人或存款人（或承兑申请人）签发，由承兑人承兑，并于到期日向收款人或被背书人支付款项的一种票据，它包括商业承兑汇票和银行承兑汇票。应付票据按是否带息分为带息应付票据和不带息应付票据两种。

（3）预收货款。预收货款指销货单位按照合同和协议规定，在发出货物之前向购货单位预先收取部分或全部货款的信用行为。购买单位对于紧俏商品往往乐于采用这种方式购货。销货方对于生产周期长，造价较高的商品，往往采用预收货款方式销货，以缓和本企业资金占用过多的矛盾。

（4）应计未付款。应计未付款是企业在生产经营和利润分配过程中已经计提但尚未以货币支付的款项，主要包括应付职工薪酬、应交税费、应付利润或应付股利。以应付职工薪酬为例，企业以半月或月为单位支付职工薪酬，在应付职工薪酬已计但未付的这段时间，就会形成应计未付款。它相当于职工给企业的一个信用。应交税费、应付利润或应付股利也有类似的性质。应计未付款随着企业规模扩大而增加，企业使用这些自然形成的资金无须付出任何代价。企业不能一直控制这些款项，因为其支付是有一定时间的，企业不能总拖欠这些款项。企业尽管可以充分利用应计未付款项，但并不能控制这些账目的水平。

2. 商业信用筹资的优缺点

（1）商业信用筹资的优点。

① 商业信用容易获得。商业信用的载体是商品购销行为，企业有一批既有供需关系又有相互信用基础的客户，所以对大多数企业而言，应付账款和预收账款是自然的、持续的信贷形式。商业信用的提供方一般不会对企业的经营状况和风险做严格考量，企业无须办理像银行借款那样复杂的手续便可取得商业信用，有利于应对企业生产经营之急需。

② 企业有较大的机动权。企业能够根据需要，选择决定筹资的金额大小和期限长短，同样要比银行借款等其他方式灵活得多，甚至如果在期限内不能付款或交货时，还可以通过与客户的协商，请求延长时限。

③ 企业不用提供担保。商业信用筹资不需要第三方担保，也不会要求筹资企业用资产进行抵押。这样，在出现逾期付款或交货的情况时，可以避免像银行借款那样面临抵押资产被处置的风险，企业的生产经营能力在较长时间内不会受到限制。

（2）商业信用筹资的缺点。

① 商业信用筹资成本高。在附有现金折扣条件的应付账款融资方式下，其筹资成本与银行信用相比较高。

② 容易恶化企业的信用水平。商业信用的期限短，还款压力大，对企业现金流量管理的要求很高。如果长期或经常性地拖欠账款，会造成企业信誉的恶化。

③ 受外部环境影响较大。商业信用筹资受外部环境影响较大，稳定性较差即使不考虑机会成本，也是不能无限利用的。一是受商品市场的影响，如当求大于供时，卖方可能停止提供信用。二是受资金市场的影响，当市场资金供应紧张或有更好的投资方向时，商业信用筹资就可能遇到障碍。

## 5.6.4 流动负债的利弊

1. 流动负债的经营优势

理解流动负债（期限为 365 天甚至更少）和长期负债（期限在 1 年以上）的优势和劣势相当重要。除了成本和风险的不同外，为流动资产融资时使用短期负债和长期负债之间还存在不同的经营方式。

流动负债的主要经营优势包括：容易获得，灵活性，有效地为季节性信贷需要融资的能力。这创造了需要融资和获得融资之间的同步性。另外，短期借款比长期借款具有更少的约束性条款。如果仅在一个短期内需要资金，以短期为基础进行借款可以使企业维持未来借款决策的灵活性。如果一个企业签订了长期借款协议，该协议具有约束性条款、大量的预付成本和（或）信贷合约的初始费用，那么流动负债所具有的那种灵活性则并不适用。

流动负债的一个主要使用是为季节性行业的流动资产进行融资。为了满足增长的需要，一个季节性企业必须增加存货和（或）应收账款。流动负债是为流动资产中临时性的、季节性的增长进行融资的主要工具。

### 2. 流动负债的经营劣势

流动负债的经营劣势是需要持续地重新谈判或滚动安排负债。贷款人由于企业财务状况的变化，或者整体经济环境的变化，可能在到期日不愿滚动贷款，或者重新设定信贷额度。提供信贷额度的贷款人会要求：用于为短期营运资金缺口而筹集的贷款，必须每年支付至少 1 ～ 3 个月的全额款项，这 1 ～ 3 个月被称为结清期。贷款人这么做，是为了确认企业是否在长期负债是合适的融资来源时仍然使用流动负债。许多企业的实践证明，使用短期贷款来为永久性流动资产融资是一件危险的事情。

# 6 财务估值基础

## ——掌握财务管理的基本理念

CFO 导语

企业进行资本决策时必须考虑时间价值和风险因素，所以财务管理人员应掌握时间价值和风险的计算与应用。

### 本项目架构

- 资金时间价值
  - 利率的计算
    - 投资风险与收益

# 6.1 资金时间价值
## ——利息是如何计算的

**cfo 要求你知道**

由于投资的回收期较长，因此资金时间价值对投资决策影响大。用相对数表示的资金时间价值与利率相近，但二者不是同一概念。

**关键术语**

复利（Compound Interest）
年金（Annuity）
终值（Future Value）
现值（Present Value）

### 6.1.1 什么是资金时间价值

资金时间价值又称货币时间价值，指在不考虑风险和通货膨胀的情况下，把货币作为资金，投入生产经营后，经过一定时间所增加的价值，即资金经历一定时间的投资和再投资所增加的价值。

由于资金时间价值的存在，因此现在 1 元钱的价值大于将来 1 元钱的价值。这是因为，现在的 1 元钱可以投资获取利润或者存入银行获取利息。资金在周转中由于时间因素而形成的差额价值导致了一定量的资金在不同的时间点上有不同的价值，今天一定金额的资金不等于未来某一天相同金额的资金。

资金时间价值是一个动态概念 , 可以从两方面理解：一方面，资金投入经济领域，经过劳动者的生产活动，并伴随着时间的推移即可增值，表现为净收益，这就是资金的“时间价值”；另一方面，如果放弃了资金的使用权，相当于失去了收益的机会，也就相当于付出了一定的代价，在一定时间里的这种代价，也是资金的“时间价值”。

### 6.1.2 如何表示资金时间价值

资金时间价值有两种表现形式：绝对数和相对数。资金时间价值的绝对数即时间价值额，是指资金在生产经营过程中带来的真实增值额，即一定数额的资金与时间价值率的乘积。资金时间价值的相对数即时间价值率，指扣除风险报酬和通货膨胀率后的平均资金利润率或平均报酬率，以相对数表示资金的时间价值。

银行存款利率、贷款利率、各种债券利率、股票的股利率都可以看作是投资报酬率，它们与时间价值率是有区别的。

利率是资金使用权的价格，是资金的增值额同投入资金价值的比率，也是衡量资金增值程度的数量指标。利率的计算公式为：

$$利率=纯粹利率+通货膨胀附加率+风险附加率$$

纯粹利率是在无通货膨胀、无风险情况下的平均利率。

通货膨胀使纸币贬值，投资者将资金贷给供货人时，会在纯粹利率的水平上再加上通货膨胀附加率，以弥补通货膨胀造成的购买力损失。

风险附加率是投资者要求除纯粹利率和通货膨胀附加率之外的风险补偿。

在没有通货膨胀和风险的情况下，资金时间价值与上述各报酬率相等。

资金时间价值的计算，可以按单利计算，也可按复利计算。资金时间价值随时间的变化而变化，它有两种表示方法：现值和终值。

现值指货币资金现在的价值，即将来某一时点的一定资金折合成现在的价值。

终值指货币资金未来的价值，即一定量的资金在将来某一时点的价值，表现为本利和。常见的资金时间价值计算问题有单利、复利和年金的计算。

**1. 单利**

单利是一种只计算本金所应获得利息的方法。按照这种方法，只以本金作为计算利息的基数，本金所产生的利息不加入本金重复计算利息。目前我国的企业债券、国库券、银行存款利息的计算都是按单利方式计算的。单利计算包括单利终值和单利现值等的计算。

（1）单利终值。单利终值就是本利和，指若干年后包括本金和利息在内的未来价值。现在的1元钱，年利率为10%，从第1年到第5年，各年年末的终值为：

1元1年后的终值 $=1\times(1+10\%\times1)=1.10$（元）

1元2年后的终值 $=1\times(1+10\%\times2)=1.20$（元）

1元3年后的终值 $=1\times(1+10\%\times3)=1.30$（元）

1元4年后的终值 $=1\times(1+10\%\times4)=1.40$（元）

1元5年后的终值 $=1\times(1+10\%\times5)=1.50$（元）

因此，单利终值的计算公式为：

$$F=P\times(1+i\times n)$$

式中：$F$——终值；

$P$——现值；

$i$——利率（折现率）；

$n$——利息期数；

$1+i\times n$——单利终值系数。

【情景 6-1】华信食品股份有限公司有现金 20 000 元，准备购买为期 3 年的国债券，国债利息率为 4%。

要求按单利计算 3 年后华信食品股份有限公司能收到多少利息？其本利和为多少？

华信食品股份有限公司 3 年得到的利息 =20 000×4%×3=2 400（元）

本利和 =20 000+20 000×4%×3=22 400（元）

（2）单利现值。单利现值是以后年份收到或付出现在的价值，可用倒求本金的方法计算。由终值求现值，称为贴现。

若年利率为 10%，从第 1 年到第 5 年，各年年末的 1 元钱，其现值可计算为（计算结果保留两位小数）：

1 年后 1 元的现值 =1÷(1+10%×1)≈0.91（元）

2 年后 1 元的现值 =1÷(1+10%×2)≈0.83（元）

3 年后 1 元的现值 =1÷(1+10%×3)≈0.77（元）

4 年后 1 元的现值 =1÷(1+10%×4)≈0.71（元）

5 年后 1 元的现值 =1÷(1+10%×5)≈0.67（元）

【情景 6-2】如果华信食品股份有限公司第 5 年年末要支付 200 000 元捐赠款，假设当时银行利率为 6%，单利计息，华信食品股份有限公司现在需要存入银行多少钱？

华信食品股份有限公司现在需要存入银行的金额 =200 000÷(1+6%×5)≈153 846（元）

**理解**

单利计息的特点是只以初次投入的资金作为本金，其后随之增加的利息不能作为本金计息。

**提示**

由于资金存在时间价值，不同时间单位货币的价值不相等，不宜直接进行比较，需要把它们换算到相同的时间基础上，才能进行大小的比较和比率的计算。资金随时间的增长与复利的计算方法在数学上相似。因此，在换算时广泛使用各种复利的计算方法。

### 2. 复利

复利的计算指每经过一个计息期，就将该期所生的利息加入本金作为下期计算利息的基础，逐期滚算（俗称“利滚利”），不但本金要计息，利息也要生息的计息方式。资金的时间价值按复利计算，复利计算包括复利终值和复利现值。

（1）复利终值的计算。复利终值的计算公式如下：

第一期期末的复利终值：$F_1=P\times(1+i)$

第二期期末的复利终值：$F_2=P\times(1+i)\times(1+i)$

第三期期末的复利终值：$F_3=P\times(1+i)\times(1+i)^2$

……

第 $n$ 期期末的复利终值：$F_n=P\times(1+i)^n$

式中，$(1+i)^n$ ——复利终值系数。

复利终值系数用符号（$F/P$，$i$，$n$）表示。如（$F/P$，3%，5）表示利率为 3%，第 5 期的复利终值系数。复利终值的计算公式可以写成：

$$F=P\times(1+i)^n$$

或：

$$F=P\times(F/P, i, n)$$

【情景 6-3】华信食品股份有限公司的出纳孙女士将 5 000 元存入银行，复利计算利息，年利率为 6%，求 3 年后的终值（计算结果保留整数）。

$$F=P\times\left(1+i\right)^n=5\ 000\times\left(1+6\%\right)^3\approx 5\ 955\text{（元）}$$

（2）复利现值的计算。为分析和评价企业的投资效果，需要将若干年后的收入和支出折算成当前价值或期初投资时的价值，以便与投资额或其他价值进行比较，这就需要复利现值的计算。复利现值是复利终值的逆运算，其计算可由复利终值计算公式推导得出：

$$P=\frac{F}{\left(1+i\right)^n}$$

式中，$1/(1+i)^n$——复利现值系数，用符号 ($P/F$，$i$，$n$) 表示。如 ($P/F$，3%，5) 表示利率为 3%，第 5 期的复利现值系数。复利现值的计算公式可以写成：

$$P=F\times(P/F, i, n)$$

提示

为了便于计算，可查复利现值系数表（见本书附表）。该表的第一行是利率 $i$，第一列是计息期数 $n$，相应的值在其纵横相交处，交叉所列数字为 1 元的复利现值系数。通过该表可以查出（$P/F$,3%,5）=0.862 6。再根据该系数进行计算，就可以将终值换算成现值。

【情景 6-4】华信食品股份有限公司的会计王先生为了 3 年后能从银行取出 50 000 元，在年利率 4% 的情况下，当前应存入多少金额（计算结果保留整数）？

$$F=\frac{50\ 000}{(1+4\%)^3}\approx 44\ 450\text{（元）}$$

**3. 年金**

（1）年金的定义。年金指一定时期内每期等额收付的系列款项。年金的形式多种多样，如保险费、养老金、折旧、租金、等额分期收（付）款、零存整取或者整存零取储蓄。

（2）年金的种类。按年金的收款、付款方式不同可分为：每期期末等额收付款项的年金，称为后付年金，即普通年金；每期期初等额收付款项的年金，称为即付年金，又为预付年金；距期初若干期以后发生的每期期末等额收付款项的年金，称为递延年金；无期限连续等额收付款项的年金，称为永续年金。

① 普通年金：从第一期开始每期期末等额收付的年金，普通年金收付示意图如图 6-1 所示。

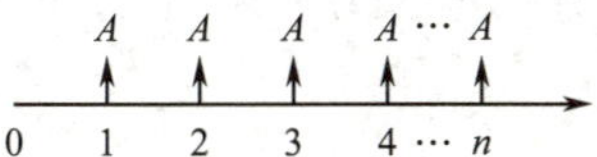


图 6-1　普通年金收付示意图

② 即付年金：从第一期开始每期期初等额收付的年金，即付年金收付示意图如图 6-2 所示。

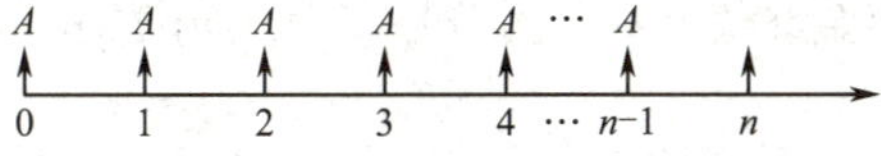


图 6-2　即付年金收付示意图

③ 递延年金：第一次支付发生在第二期期末或以后收付的年金，递延年金收付示意图如图 6-3 所示。

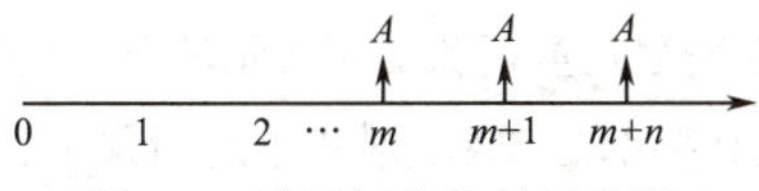


图 6-3　递延年金收付示意图

④ 永续年金：永续年金收付示意图如图 6-4 所示。

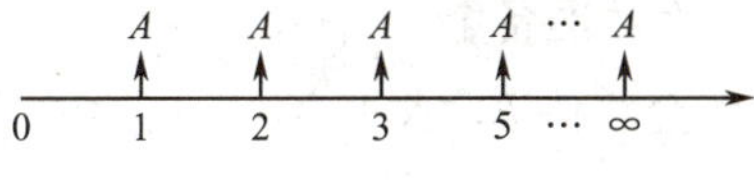


图 6-4　永续年金收付示意图

（3）普通年金的计算。

① 普通年金终值的计算。普通年金终值指每期收入或支出的相等款项，按复利计算，在最后一期所得的本利和。每期期末收入或支出的款项用 $A$ 表示，利率用 $i$ 表示，期数用 $n$ 表示，那么每期期末收入或支出的款项，折算到第 $n$ 年的终值如图 6-5 所示。

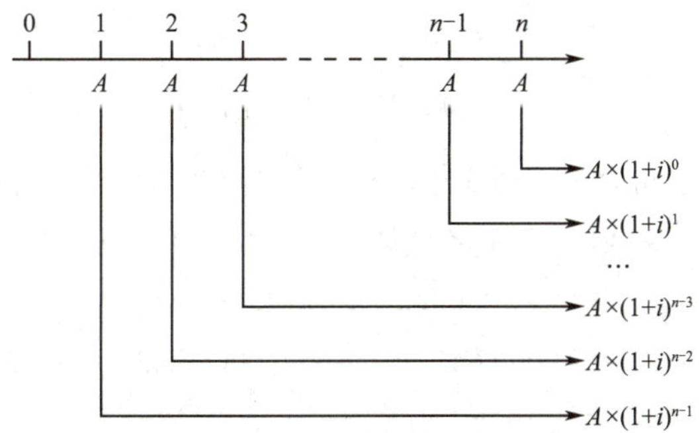


图 6-5　普通年金终值的计算示意图

从图 6-5 可以看出，通过复利终值计算年金终值比较复杂，但存在一定的规律性，由此可以推导出普通年金终值的计算公式。

根据复利终值的计算方法计算年金终值 $F$ 的公式为：

$$F_A=A+A\times(1+i)+A\times(1+i)^2+A\times(1+i)^3+\cdots+A\times(1+i)^{n-1}$$

等式两边同乘 $(1+i)$，则有：

$$F_A\times(1+i)=A\times(1+i)+A\times(1+i)^2+A\times(1+i)^3+A\times(1+i)^4\cdots+A\times(1+i)^n$$

两式相减，得：

$$F_A=A\times\frac{(1+i)^n-1}{i}=A\times(F/A,i,n)$$

式中，$\frac{(1+i)^n-1}{i}$ 称作年金终值系数，用符号 $(F/A,i,n)$ 表示。

年金终值系数可以通过年金终值系数表获得。该表的第一行是利率 $i$，第一列是计息期数 $n$，相应的年金终值系数在其纵横交叉点。例如，可以通过查表获得（$F/A$,5%,10）的年金终值系数为 12.578，即每年年末收付 1 元，按年利率为 5% 计算，到第 10 年年末，其年金终值为 12.578 元。

【情景 6-5】华信食品股份有限公司的财务主管李先生是位热心于公益事业的人，自 2011 年 12 月底开始，他每年都要向一位失学儿童捐款 2 000 元，帮助这位失学儿童从小学一年级读完九年义务教育。假定每年定期存款利率都是 5%，则 9 年的捐款在 2019 年年底相当于多少钱？

$F$=2 000×($F/A$,5%,9)=2 000×11.027=22 054（元）

② 年偿债基金的计算。年偿债基金指为了在约定的未来某一时点清偿某笔债务或积聚一定数额的资金而必须分次等额形成的存款准备金。

年偿债基金实际是已知普通年金终值 $F$，求年金 $A$。年偿债基金和普通年金终值互为逆运算。

年偿债基金的计算公式为：

$$A=F_A\times\frac{i}{(1+i)^n-1}$$

式中，$\frac{i}{(1+i)^n-1}$ 称为年偿债基金系数，用符号（$A/F$，$i$，$n$）表示。偿债基金系数和普通年金终值系数互为倒数。

$$A=F_A\div(F/A,i,n)$$

【情景 6-6】华信食品股份有限公司 5 年后需现金 80 000 元，若年利率为 6%，则从现在开始每年年末需等额存入银行多少钱，5 年后才能达到所需钱数（计算结果保留整数）。

80 000=$A$×($F/A$, 6%, 5)

则从现在开始每年需存入 =80 000/($F/A$, 6%, 5)=80 000÷5.6371≈14 192（元）

③ 普通年金现值的计算。

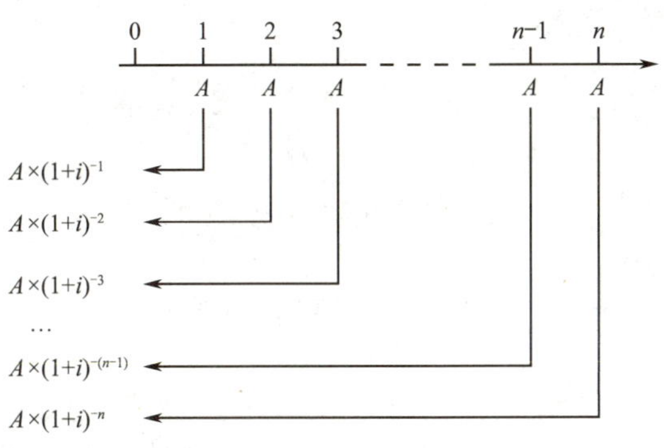


图 6-6 普通年金现值的计算示意图

要将每期期末的收支款项全部折算到时点 0，则：

第 1 年年末的年金 $A$ 折算到时点 0 的现值为 $A\times(1+i)^{-1}$；

第 2 年年末的年金 $A$ 折算到时点 0 的现值为 $A\times(1+i)^{-2}$；

第 3 年年末的年金 $A$ 折算到时点 0 的现值为 $A\times(1+i)^{-3}$；

……

第 $(n-1)$ 年年末的年金 $A$ 折算到时点 0 的现值为 $A\times(1+i)^{-(n-1)}$；

第 $n$ 年年末的年金 $A$ 折算到时点 0 的现值为 $A\times(1+i)^{-n}$。

那么，$n$ 年的年金现值之和的计算公式为：

$$P_A=A\times(1+i)^{-1}+A\times(1+i)^{-2}+\cdots+A\times(1+i)^{-n}$$

等式两边同乘 $(1+i)$，则计算公式为：

$$P_A\times(1+i)=A+A\times(1+i)^{-1}+\cdots+A\times(1+i)^{-(n-1)}$$

两者相减则计算公式为：

$$P_A=A\times\frac{1-(1+i)^{-n}}{i}=A\times(P/A,i,n)$$

式中，$\frac{1-(1+i)^{-n}}{i}$ 称为年金现值系数或 1 元年金现值系数，记作（$P/A, i, n$），表示年金 1 元，利率为 $i$，经过 $n$ 期的年金现值。

【情景 6-7】华信食品股份有限公司投资的项目于 2018 年年初动工，假设当年投产，从投产之日起，每年年末可得收益 35 000 元。按年利率 5% 计算，计算预期 6 年收益的现值。

$$P_A=35\ 000\times\frac{1-(1+5\%)^{-6}}{5\%}=35\ 000\times(P/A,5\%,6)$$

$$=35\ 000\times5.0757=177\ 649.5\text{（元）}$$

④ 年投资回收额的计算。年投资回收额指约定年限内等额回收初始投入资本或清偿所欠债务的金额。

年投资回收额实际是已知普通年金现值 $P$，求年金 $A$。年投资回收额和普通年金现值互为逆运算。

年投资回收额的计算公式为：

$$A=P_A\times\frac{i}{1-(1+i)^{-n}}$$
$$=P_A\times(A/P,i,n)$$

式中，$\frac{i}{1-(1+i)^{-n}}$ 称为“投资回收系数”，记作 $(A/P,i,n)$。投资回收系数和普通年金现值系数互为倒数。

【情景 6-8】如果华信食品股份有限公司现在从银行借款 200 000 元，年利率为 5%，则在未来连续 5 年内每年年末应等额偿还多少钱（计算结果保留整数）？

五年内每年年末应偿还 =200 000÷$(P/A,5\%,5)$=200 000÷4.3295≈46 195（元）

（4）即付年金的计算。

① 即付年金终值的计算。即付年金与普通年金的付款期数相同，但由于普通年金在每期的期末收付款项，预付年金在每期的期初收付款项，所以付款时间不同，即付年金终值比普通年金终值多计算一期利息。因此，可在普通年金终值的基础上乘以（$1+i$）就是即付年金的终值。

预付年金终值的计算公式为：

$$F_A=A\times(1+i)+A\times(1+i)^2+A\times(1+i)^3+\ldots+A\times(1+i)^n$$

整理得：

$$F_A=A\times\frac{(1+i)^n-1}{i}\times(1+i)$$
$$=A\times(F/A,i,n)\times(1+i)$$

或者：

$$F_A=A\times[(F/A,i,n+1)-1]$$

【情景 6-9】为给儿子上大学准备资金，华信食品股份有限公司的采购经理张先生连续 5 年于每年年初存入银行 6 000 元，若银行存款利率为 6%，则张先生在第 5 年年末能一次取出本利和多少钱？

$$F_A=A\times[(F/A,i,n+1)-1]$$
$$=6\ 000\times\left[\left(F/A,6\%\ 6\right)-1\right]$$
$$=6\ 000\times(6.9753-1)=35\ 851.8\text{（元）}$$

② 即付年金现值的计算。即付年金与普通年金的付款期数相同，但由于其付款时间不同，即付年金现值比普通年金现值少折算一期利息。因此，可在普通年金现值的基础上乘以（$1+i$）就是即付年金的现值。

即付年金现值计算公式为：

$$P_A = A + A\times(1+i)^{-1} + A\times(1+i)^{-2} + A\times(1+i)^{-3} + \ldots + A\times(1+i)^{-(n-1)}$$

整理得：

$$P_A=A\times\frac{1-(1+i)^{-n}}{i}\times(1+i)$$

$$=A\times(P/A, i, n)\times(1+i)$$

式中，即付年金现值系数是在普通年金现值系数的基础上，期数减 1，系数加 1 求得的，可表示为 $[(P/A, i, n-1)+1]$，可通过查年金现值系数表，得到 $(n-1)$ 期的值，然后加上 1 可得对应即付年金现值系数值，即：

$$P_A=A\times[(P/A, i, n-1)+1]$$

例如，$[(P/A, 5\%, 10-1)+1]$，查得 $(P/A, 5\%, 10-1)$ 的值为 7.1078，再加上 1，得出即付年金现值系数为 8.1078。

【情景 6-10】从现在开始连续 5 年，每年年初华信食品股份有限公司都需支付现金 80 000 元，若年利率为 5%，则华信食品股份有限公司现在手中至少有多少钱？

华信食品股份有限公司手中现在要有现金（即预付年金现值）

$$P_A=A\times[(P/A, i, n-1)+1]=80\,000\times(3.546+1)=80\,000\times4.546=363\,680\text{（元）}$$

（5）递延年金的计算。

① 递延年金终值的计算。递延年金终值的计算方法与普通年金终值的计算方法一样，其终值的大小与递延期限无关，计算公式如下：

$$F_A=A\times(F/A, i, n)$$

式中，$n$ 为 $A$ 的个数，与递延期无关。

② 递延年金现值的计算。递延年金现值指间隔一定时期后每期期末或期初收付的系列等额款项，按照复利计息方式折算的现时价值，即间隔一定时期后每期期末或期初等额收付资金的复利现值之和。递延年金的计算方法有三种：

方法一：先将递延年金视为 $n$ 期普通年金，求出在递延期期末的普通年金现值，然后再折算到现在，即第 0 期价值，其计算公式为：

$$P_A=A\times(P/A, i, n)\times(P/F, i, m)$$

式中，$m$——递延期；

$n$——连续收支期数，即年金期。

方法二：先计算 $m+n$ 期年金现值，再减去 $m$ 期年金现值，即计算公式为：

$$P_A=A\times[(P/A, i, m+n)-(P/A, i, m)]$$

方法三：先求递延年金终值再折现为现值，即计算公式为：

$$P_A = A\times(F/A,\ i,\ n)\times(P/F,\ i,\ m+n)$$

【情景 6-11】华信食品股份有限公司向银行借入一笔款项，银行贷款的年利率为 6%，每年复利一次。银行规定前 10 年不用还本付息，但从第 11 年至第 20 年每年年末偿还本息 3 500 元。要求：用两种方法计算这笔款项的现值（计算结果保留两位小数）。

方法一：

$$P_A=A\times(P/A, 6\%, 10)\times(P/F, 6\%, 10)$$
$$=3\,500\times7.360\,1\times0.558\,4\approx14\,384.58（元）$$

方法二：

$$P_A=A\times[(P/A, 6\%, 20)-(P/A, 6\%, 10)]$$
$$=3\,500\times(11.4699-7.3601)\approx14\,384.30（元）$$

（6）永续年金的计算。永续年金指无限期支付的年金，如优先股股利。由于永续年金持续期无限，没有终止时间，因此没有终值，只有现值。永续年金可视为普通年金的特殊形式，即期限趋于无穷的普通年金。其现值的计算公式可由普通年金现值公式推导得出。永续年金现值 $P$ 的计算公式为：

$$P_A = A\times\frac{1-(1+i)^{-n}}{i}$$

当 $n$ 趋向无穷大时，由于 $A$、$i$ 都是有界量，$(1+i)^{-n}$ 趋于无穷小，因此计算公式为：

$$P_A(n\to\infty) = A\times\frac{1-(1+i)^{-n}}{i}=\frac{A}{i}$$

【情景 6-12】归国华侨吴先生想支持家乡建设，特地在祖籍所在地设立奖学金，奖学金每年发放一次，奖励每年高考的文理科状元各 20 000 元。奖学金的基金保存在中国银行该县支行。银行一年的定期存款利率为 6%。问吴先生要投资多少钱作为奖励基金（计算结果保留整数）?

由于每年都要拿出 40 000 元，因此奖学金的性质是一项永续年金，其现值应为：

$$P_A=40\,000\div6\%\approx666\,667（元）$$

也就是说，吴先生要存入 666 667 元作为基金，才能保证这项奖学金的成功运行。

## 6.2 利率的计算
### ——利息计算的扩展

**cfo 要求你知道**

利率指一定时期内利息额与借贷资金额即本金的比率。利率是决定企业资金成本高低的主要因素，同时也是企业筹资、投资的决定性因素，对金融环境的研究必须注意利率现状及其变动趋势。

永续年金（Perpetual Annuity）

### 6.2.1 插值法

在此前计算终值和现值时，均假定利率为已知，但在财务活动过程中，经常会遇到已知终值、现值和计息期数求利率的问题。一般情况下，可以按照以下步骤计算其利率：

① 求出换算系数；

② 根据换算系数和有关系数求利率。

**1. 插值法的换算系数**

采用复利计息时，利率与现值（或终值）系数之间存在一定的数量关系，但这种根据关系计算出的数据往往不能直接通过查表求得利率数据。因此，已知现值（或终值）系数，就可以通过插值法计算对应的利率。计算公式如下：

$$i = i_1 + \frac{B - B_1}{B_2 - B_1} \times (i_2 - i_1)$$

式中：$i$——所求利率；

$B$——对应的现值或终值系数；

$B_1$、$B_2$——现值（或终值）系数表中与 $B$ 相邻的系数；

$i_1$、$i_2$——对应的利率。

**2. 插值的利率计算**

（1）若已知复利现值（或终值）系数 $B$ 及期数 $n$，即可用“复利现值（或终值）系数表”找出与已知复利现值（或终值）系数相邻的两个系数及其对应利率，按插值法计算利率。

【情景 6-13】华信食品股份有限公司的采购员张先生下岗时获得 40 000 元现金补助，他决定趁现在还有劳动能力，先找工作，并将这笔款项存起来。张先生预计，如果 20 年后这笔款项连本带利达到 240 000 元，那就可以解决自己的养老问题。问银行存款的年利率为多少时张先生的预算才能变成现实（最终计算结果保留两位小数）？

$$40\,000 \times (F/P, i, 20) = 240\,000 \text{（元）}$$

$(F/P, i, 20)=6$，即 $(1+i)^{20}=6$。

可采用逐次测试法（也称为试误法）计算（计算结果保留四位小数）：

当 $i=9\%$ 时，$(F/P, 9\%, 20)=5.604\,4$；

当 $i$=10% 时，$(F/P, 10\%, 20)$=6.727 5。

因此，$i$ 在 9% 至 10% 之间。

$$i = i_1 + \frac{B - B_1}{B_2 - B_1} \times (i_2 - i_1)$$

$$= 9\% + \frac{6 - 5.604\ 4}{6.727\ 5 - 5.604\ 4} \times (10\% - 9\%) \approx 9.35\%$$

如果银行存款年利率为 9.35%，则张先生的预算可以变成现实。

【情景 6-14】华信食品股份有限公司仓库保管员李先生要在一个街道十字路口开办一家餐馆，于是找到十字路口的一家小卖部，提出承租该小卖部 4 年。小卖部业主徐先生因小卖部受到附近超市的影响，生意惨淡，也愿意清盘让李先生开餐馆，但提出要一次支付 4 年的租金 40 000 元。李先生觉得现在一次性拿出 40 000 元比较困难，因此请求缓期支付。徐先生同意 4 年后支付，但金额为 56 000 元，若银行贷款利率为 5%，问李先生 4 年后付款是否合算？

先算出李先生 4 年后付款和现在付款金额之间的利息率，再同银行利率比较，若高于贷款利率，则应贷款然后现在支付；若低于贷款利率，则应 4 年后支付。

设所求利率为 $i$，则有：

$$40\ 000 \times (1+i)^4 = 56\ 000$$

$$(1+i)^4 = 1.4$$

设 $i$=8%（计算结果保留两位小数），则 $(1+i)^4 \approx 1.36$；

设 $i$=9%（计算结果保留两位小数），则 $(1+i)^4 \approx 1.41$。

因此 $i$ 在 8% 和 9% 之间，用插值法可求得 $i$=8.77%（计算结果保留两位小数）。

从以上计算可以看出，徐先生目前的使用费 40 000 元延期到 4 年后支付则需要 56 000 元，相当于年利率 8.77%，远比银行贷款利率高，因此李先生 4 年后支付这笔款项并不合算。

（2）若已知年金现值（或终值）系数 $B$ 及期数 $n$，即可用“年金现值（或终值）系数表”找出与已知年金现值（或终值）系数相邻的两个系数及其对应利率，按插值法计算利率。

【情景 6-15】沿用【情景 6-14】，徐先生要求李先生不是 4 年后一次支付，而是在每年年末支付 12 500 元，那么李先生是现在一次付清还是分 4 次付清更为合算？

要回答这个问题，关键是比较分次付款的隐含利率和银行贷款利率的大小。分次付款，对李先生来说就是一项年金，设其利率为 $i$，则有：

$$40\ 000 = 12\ 500 \times (P/A, i, 4)$$

$$(P/A, i, 4) = 3.2$$

当 $i$=10% 时（计算结果保留四位小数），$(P/A, 10\%, 4) \approx 3.169\ 9$；

当 $i$=9% 时（计算结果保留四位小数），$(P/A, 9\%, 3) \approx 3.239\ 7$。

因此可以估计利率为 9% ～ 10%（计算结果保留两位小数）：

$$i = 9\% + \frac{3.2 - 3.169\ 9}{3.2397 - 3.169\ 9} \times (10\% - 9\%) \approx 9.43\%$$

如果分 4 次付清，4 年支付款项的利率相当于 9.43%，因此更合算的方式是李先生按 8% 的利率贷款，现在一次付清。这个问题也可以从另一个角度去解释，也就是说，如果李先生用贷款来支付现在的 40 000 元，其未来支付的贷款本利的终值是否超过每年 12 500 元年金的终值。现在贷款 40 000 元，4 年后本利和为：

$$40\,000\times(1+8\%)^4=40\,000\times1.3605=54\,420\text{（元）}$$

每年支付 12 500 元，4 年后本利和为

$$12\,500\times(F/A,8\%,4)=12\,500\times4.5061=56\,326.25\text{（元）}$$

显然年金的终值大于一次支付的终值。从这点看，李先生应一次支付而不是分 4 次支付。

（3）永续年金的利率可以通过公式 $i=\dfrac{A}{P}$ 计算。

【情景 6-16】 沿用【情景 6-12】，吴先生存入 666 667 元，奖励每年高考的文理科状元各 20 000 元，奖学金每年发放一次。问银行存款年利率为多少时才可以设定成永久性奖励基金？

由于每年都要拿出 40 000 元，因此奖学金的性质是一项永续年金，其现值为 666 667 元，因此（计算结果保留整数）：

$$i=\frac{40\,000}{666\,667}\times100\%=6\%$$

所以，银行存款年利率为 6% 时才可以设定成永久性奖励基金。

## 6.2.2 名义利率与实际利率

### 1. 一年多次计息时的名义利率与实际利率

如果以“年”作为基本计息期单位，每年计算一次复利，这种情况下的实际利率等于名义利率。如果按照短于一年的计息期计算复利，这种情况下的实际利率高于名义利率。名义利率与实际利率的换算关系如下：

$$i=(1+r/m)^m-1$$

式中：$i$——实际利率；

$r$——名义利率；

$m$——每年复利计息次数。

【情景 6-17】假设年利率为 14%，按季复利计算，试求实际利率。

$$i=(1+r/m)^m-1=(1+14\%/4)^4-1=(1.1475-1)\times100\%=14.75\%$$

### 2. 通货膨胀情况下的名义利率与实际利率

名义利率是央行或其他提供资金借贷的机构所公布的未调整通货膨胀因素的利率，即利息（报酬）的货币额与本金的货币额的比率，其包括补偿通货膨胀（含通货紧缩）风险的利率。实际利率指剔除通货膨胀率后储户或投资者得到利息回报的真实利率。

名义利率与实际利率之间的关系为：

1+ 名义利率 =（1+ 实际利率）×（1+ 通货膨胀率）

所以，实际利率的计算公式为：

$$实际利率=\frac{1+名义利率}{1+通货膨胀率}-1$$

【情景 6-18】 2017 年我国商业银行一年期存款年利率为 6%，假设通货膨胀率为 5%，则实际利率为多少？

$$实际利率=\frac{1+6\%}{1+5\%}-1=0.95\%$$

如果上例中一年期存款年利率为 5%，通货膨胀率为 6%，则：

$$实际利率=\frac{1+5\%}{1+6\%}-1=-0.94\%$$

## 6.3 投资风险与收益
## ——风险衡量及收益的关系

**cfo 要求你知道**

资产的收益指资产的价值在一定时期内的增值，而风险指收益的不确定性。

**关键术语**

系统性风险（Systematic Risk）
经营风险（Business Risk）
财务风险（Financial Risk）
风险报酬（Risk Premium）

### 6.3.1 如何理解投资风险

生活中，人们对于风险的理解各不相同。有的人把风险视为机会，认为风险越大获得的回报可能越大，相应地遭受的损失也可能越大；有的人把风险视为危机，认为风险是消极的事件，风险的发生可能产生损失，这常常是大多数企业所理解的风险。

例如，某人期望得到9%的投资报酬率，但由于多种因素的影响，实际可能获得的报酬率为7%，也可能为11%，实际可能的结果与期望的报酬产生了偏离。这种偏离的程度越大，风险越高；偏离的程度越小，风险越小。

## 6.3.2 风险的分类

根据不同的分类标准，风险有不同的分类。

**1. 根据产生的根源分类**

根据产生的根源，风险分为系统性风险和非系统性风险。

（1）系统性风险。系统性风险也称市场风险、不可分散风险，指由影响所有企业的因素导致的风险，如通货膨胀风险、市场风险、政治风险、经济的周期性波动、战争。

由于这些因素将影响市场中所有的资产，投资组合也不能分散掉系统性风险，因此，系统性风险是不可分散的。

（2）非系统性风险。非系统性风险也称公司特有风险、可分散风险，指发生于某个行业或个别企业的特有事件造成的风险，如失去重要的销售合同、信用风险、财务风险、经营风险、罢工、诉讼、新产品开发失败。

非系统性风险是可以通过多样化投资来分散的，即发生于一家公司的不利事件可以被其他公司的有利事件所抵消。

当代证券组合理论认为，不同股票的投资组合可以降低公司的非系统性风险，如果是充分的有效投资组合，则可以分散掉全部非系统性风险。

将总风险分为系统性风险和非系统性风险，对研究风险的度量有着重要的意义。假设投资者都是理智的，他们会选择充分投资组合，非系统性风险将与资本市场无关，市场不会对非系统性风险给予任何价格补偿，但投资者必须承担系统性风险，进而获得相应的风险补偿。

**2. 按形成原因分类**

按形成的原因不同，风险可分为经营风险和财务风险。

（1）经营风险。经营风险指因生产经营方面的原因而导致利润和利润率变动的风险。企业的生产经营会受到来源于企业外部、内部诸多因素的影响，从而带来很大的不确定性。如原材料涨价、生产组织不合理、失去一部分销售市场、消费者爱好发生变化等带来的风险。

（2）财务风险。财务风险又称筹资风险，指由于举债而导致企业净资产的收益率或每股利润变动的风险。对财务风险的管理，关键是要保证有一个合理的资金结构，维持适当的负债水平，既要充分利用负债经营来获取财务杠杆收益，又要适度举债以避免陷入财务困境。

## 6.3.3 风险的衡量

**1. 风险的概念**

风险指在一定条件下和一定时期内可能发生的各种结果的变动程度，或指人们事先采取某种行为后所有可能出现的后果，以及每种后果出现可能性的状况。风险是现代企业财务管理环境的一个重要特征，在企业财务管理的每一个环节都不可避免地要面对风险。风险是客观存在的，如何防范和化解风险，达到风险与报酬的优化配置是非常重要的。

**2. 风险衡量**

（1）概率分布。在现实生活中，某事件在完全相同的条件下可能发生也可能不发生，我们称这类事件为随机事件。概率就是用百分数或小数来表示随机事件发生的可能性及出现某种结果的可能性大小的数值。用 $x$ 表示随机事件，$x_i$ 表示随机事件的第 $i$ 种结果，$p_i$ 为出现该种结果的相应概率。若 $x_i$ 出现，则 $p_i=1$；若 $x_i$ 不出现，则 $p_i=0$；同时，所有可能结果出现的概率之和必定为1。因此，概率必须符合下列两个要求：

① $0\leqslant p_i\leqslant 1$；

② $\sum_{i=1}^{n} p_i = 1$。

将随机事件各种可能的结果按一定的规则进行排列，同时列出各种结果出现的相应概率，这一完整的描述称为概率分布。

概率分布有两种类型，一种是离散型分布，又称不连续的概率分布，其特点是概率分布在各个特定的点（指 $x$ 值）上。如果事件的发生只在 $n$ 种有限的情况之中，并且每种情况发生的概率均可以确定，则这种概率分布被称为离散型概率分布。

但在经济活动中离散型概率事件极少，许多事件往往存在无数种结果。因此，当某一事件既有无数种可能存在的结果，又使每一种可能性有其对应的概率时，就可以在直角坐标图上用一条连续的曲线来反映概率的大小与可能结果之间的关系。这种概率分布被称为连续型概率分布。

（2）期望值。期望值是一个概率分布中的所有可能的结果，以各自相应的概率为权数计算的加权平均值，用符号 $\overline{E}$ 表示。期望收益反映预计收益的平均化，在各种不确定性因素的影响下，它代表着投资者的合理预期。期望值可以按预期收益率的计算方法求得，其常用计算公式如下：

$$\overline{E}=\sum_{i=1}^{n}\left(x_i p_i\right)$$

【情景 6-19】华信食品股份有限公司有 A、B 两个投资项目，两个投资项目的收益率及其概率分布情况如表 6-1 所示，计算两个项目的期望投资收益率。

**表 6-1　项目投资收益率的概率分布**

| 项目实施情况 | 该种情况出现的概率 | | 投资收益率 | |
|---|---|---|---|---|
| | A | B | A | B |
| 好 | 0.4 | 0.2 | 15% | 20% |
| 一般 | 0.35 | 0.4 | 20% | 15% |
| 差 | 0.3 | 0.3 | -10% | 0% |

A 和 B 的期望投资收益率分别为：

A 的期望投资收益率 =0.4×15%+0.35×20%+0.3×(−10%)=10.00%

B 的期望投资收益率 =0.2×20%+0.4×15%+0.3×0%=10.00%

（3）离散程度。风险程度是通过离散程度来加以衡量的。离散程度就是随机变量脱离其期望值变动的幅度。

如果一个投资项目，它的随机变量越是集中在期望值附近变动，即它的离散程度越低，这个项目的期望值实现的可能性也就越大，项目的风险程度也就越低。如果一个项目随机变量的变化范围脱离期望值越远，实现期望值的可能性也就越小，项目的风险程度也就越高。所以，离散程度越高，项目的风险程度也就越高。

离散程度可用方差、标准离差和标准离差率三项指标来表示。

① 方差。方差是用来表示随机变量与期望值之间的离散程度的一个数值，用 $\sigma^2$ 表示，计算公式为：

$$\sigma^2 = \sum_{i=1}^{n}\left[\left(x_i - \bar{E}\right)^2 \times p_i\right]$$

② 标准离差。标准离差也叫均方差，是方差的算术平方根，用 $\sigma$ 表示，计算公式为：

$$\sigma = \sqrt{\sum_{i=1}^{n}\left[\left(x_i - \bar{E}\right)^2 \times p_i\right]}$$

标准离差以绝对数衡量决策方案的风险，标准离差的大小受投资项目规模大小的影响。对于单项资产投资而言，标准离差越大，随机变量脱离其期望值变化的可能性也就越大，即离散程度越大，该项目的风险也就越大。当两个项目进行对比时，在期望值不等的情况下，不能以标准离差来衡量两个项目的风险程度，因为标准离差是绝对数，它受到两个项目投资规模的影响，所以标准离差没有可比性。在期望值相同的情况下，标准离差越大，风险越大；反之，标准离差越小，风险越小。

【情景 6-20】 沿用【情景 6-19】中的数据，分别计算 A、B 两个项目投资收益率的方差和标准离差。

A 的方差：

$$\begin{aligned}\sigma^2 &= \sum_{i=1}^{n}\left[\left(x_i - \bar{E}\right)^2 \times P_i\right] \\ &= 0.4\times(0.15-0.1)^2 + 0.35\times(0.2-0.1)^2 + 0.3\times(-0.1-0.1)^2 \\ &= 0.016\ 5\end{aligned}$$

A 的标准离差：

$$\sigma = \sqrt{\sum_{i=1}^{n}\left[(x_i - \bar{E})^2 \times P_i\right]}$$

$$= \sqrt{0.016\ 5} = 0.128\ 5$$

B 的方差：

$$\sigma^2=\sum_{i=1}^{n}\left[\left(x_i-\overline{E}\right)^2\times P_i\right]$$

$$=0.2\times(0.20-0.1)^2+0.4\times(0.15-0.1)^2+0.3\times(0-0.1)^2$$

$$=0.006$$

B 的标准离差：

$$\sigma=\sqrt{\sum_{i=1}^{n}\left[(x_i-\overline{E})^2\times P_i\right]}$$

$$=\sqrt{0.006}=0.077\ 5$$

③ 标准离差率。标准离差率是标准离差同期望值之比，用符号 $V$ 表示，计算公式为：

$$V=\frac{\sigma}{\overline{E}}\times100\%$$

标准离差率是一个相对指标，它以相对数反映决策方案的风险程度。方差和标准离差作为绝对数，只适用于期望值相同的决策方案风险程度的比较。标准离差率可以在期望值不同的两个项目之间进行风险大小的比较。在期望值不同的情况下，标准离差率越大，风险越大；反之，标准离差率越小，风险越小。就单项资产而言，标准离差越高，标准离差率越高，项目的风险程度就越大。对两个投资项目而言，如果两个投资项目的期望值相等，可以通过标准离差或标准离差率来衡量项目的风险程度；如果两个投资项目的期望值不等，则必须通过标准离差率来衡量项目的风险程度。

【情景 6-21】沿用【情景 6-20】中的数据，分别计算项目 A 和项目 B 的标准离差率是多少？（计算结果保留两位小数）

$$V=\frac{\sigma}{\overline{E}}\times100\%$$

$$=0.128\ 5\div10\%=128.50\%$$

$$V=\frac{\sigma}{\overline{E}}\times100\%$$

$$=0.077\ 5\div10\%=77.50\%$$

两个项目的期望收益率不同，所以要用标准离差率进行比较。

### 3. 风险对策

在企业经营过程中，选择适当的风险控制策略，可以有效地预防风险发生的可能性及其造成的损失。对风险控制可以采用以下几种方法。

（1）规避风险。在企业经营过程中，当资产风险所造成的损失不能由该资产可能获得的收益予以补偿时，就应放弃该资产以规避风险。具体做法是：

① 决策时，先预测风险发生的可能性及大小，尽可能选择风险较小或无风险的备选方案，

规避超过企业风险承受能力、难以掌握的财务活动，保证在事前减少风险。

② 实施决策方案时，一旦发现不利于企业财务活动的情况，应采取有力措施，及时终止或调整方案。

（2）预防风险。当出现客观存在、无法避免的风险时，为提高自身抵御风险的能力，企业必须从制度、决策、规划、控制等方面入手，预防可能发生的风险，控制风险因素，注意降低风险的损害程度。如应收账款数额较大的，应采取提取坏账准备、调查客户财务状况、对客户信用状况进行评级、确定信用额度、规定还款时间等措施，降低坏账发生率。

（3）分散风险。分散风险指企业通过多元化经营、多方投资与筹资、外汇资产多元化、吸引多方供应商和争取更多消费者等措施分散相应风险。在正常经营主业的前提条件下，企业可以根据自身经营状况，采用多元化的经营方式，使多种产品在时间、空间、利润、收入等因素中相互补充或抵消，以降低经营风险。

（4）转移风险。对可能给企业带来损失的资产，企业应以一定代价采取某种措施，如采用缴纳保险金、签订远期合同等方式转移风险。

企业必须建立风险管理机制，采取适当的控制风险的措施，以应对可能发生的财务风险，保证企业稳健地经营。

## 6.3.4 证券资产组合的风险与收益

投资者在进行投资时，并不把其所有资金都投资于一种证券，而是同时持有多种证券。这种同时投资多种证券的做法叫证券的投资组合，简称为证券组合或投资组合。银行、共同基金、保险公司和其他金融机构会持有多种有价证券，即使个人投资者也会持有证券组合，而不是投资于一家公司的股票或债券。所以，必须了解证券组合的风险与收益。

证券资产组合的收益率是组成证券资产组合的各种资产收益率的加权平均数，其计算公式为：

$$\overline{R}=\sum(W_iX_i)$$

式中：$\overline{R}$——证券资产组合的预期收益率；

$W_i$——第 $i$ 项资产在组合中所占的比重；

$X_i$——证券资产组合中第 $i$ 项资产的预期收益率。

【情景 6-22】华信食品股份有限公司的一项投资组合中包含 A、B、C 三种股票，权重分别为 30%、42%、34%，三种股票的预期收益率分别为 22%、17%、13%。

要求：计算该投资组合的预期收益率。

$$证券资产组合的预期收益率\ \overline{R}=30\%\times22\%+42\%\times17\%+34\%\times13\%$$
$$=18.16\%$$

证券组合的风险可以分为两种性质完全不同的风险，即可分散风险和不可分散风险。

可分散风险又叫非系统性风险或公司特别风险，指某些因素对单个证券造成经济损失的可能性，如个别公司工人的罢工，公司在市场竞争中的失败。这种风险，可通过持有多样化的证券来抵消，即多买几家公司的股票，其中某些公司的股票报酬上升，另一些股票的报酬下降，从而将风险抵消。因而，这种风险被称为可分散风险。

不可分散风险又称系统性风险或市场风险，指的是由于某些因素给市场中所有的证券企业带来经济损失的可能性，如宏观经济状况的变化、国家税法的变化、国家财政政策和货币政策变化、世界能源状况的改变都会使股票报酬发生变动。这些风险影响到所有的证券。因此，不能通过证券组合分散掉，即使投资者持有的是经过适当分散的证券组合，也将遭受这种风险。所以，对投资者来说，这种风险是无法消除的，故称不可分散风险。但这种风险对不同的企业也有不同影响。

不可分散风险的程度，用$\beta$系数来计量。$\beta$系数有多种计算方法，实际计算过程十分复杂，但幸运的是$\beta$系数不需要投资者自己计算，而由一些投资服务机构定期计算并公布。

作为整体的证券市场的$\beta$系数为1，如果某种股票的风险情况与整个证券市场的风险情况一致，则这种股票的$\beta$系数也等于1；如果某种股票的$\beta$系数大于1，说明其风险大于整个市场的风险；如果某种股票的$\beta$系数小于1，则说明其风险小于市场风险。

以上说明了单种股票$\beta$系数的有关情况。证券组合$\beta$系数怎样计算呢？证券组合的$\beta$系数是单个证券$\beta$系数的加权平均，权数为各种股票在证券组合中所占的比重，其计算公式是：

$$\beta_p = \sum(W_i \beta_i)$$

式中：$\beta_p$——证券资产组合的风险系数；

$W_i$——第$i$项资产在组合中所占的比重；

$\beta_i$——第$i$项资产的风险系数。

【情景 6-23】沿用【情景 6-22】中数据，A、B、C 三种股票的$\beta$系数分别为 1.2、1.8、2.2。要求：计算该证券资产组合的风险系数（计算结果保留两位小数）。

$$\beta_p=30\%\times1.2+42\%\times1.8+34\%\times2.2 \approx 1.86$$

### 6.3.5 资本资产定价模型

在西方金融学和财务管理学中，有许多模型论述风险和报酬率的关系，其中一个最重要的模型就是资本资产定价模型（Capital Asset Pricing Model，CAPM）。这一模型的公式为：

$$R_i = R_f + \beta_i \left(R_m - R_f\right)$$

式中：$R_i$——第$i$种股票或第$i$种证券组合的必要报酬率；

$R_f$——无风险报酬率；

$\beta_i$——第$i$种股票或第$i$种证券组合的风险系数；

$R_m$——所有股票的平均报酬率。

资本资产定价模型可用图形加以表示，称为证券市场线（SML）。它说明必要报酬率$R$与不可分散风险系数$\beta$之间的关系，如图 6-7 所示。

**提示**

企业承担的非系统风险不会获得市场回报，企业承担系统风险可以获得风险报酬。

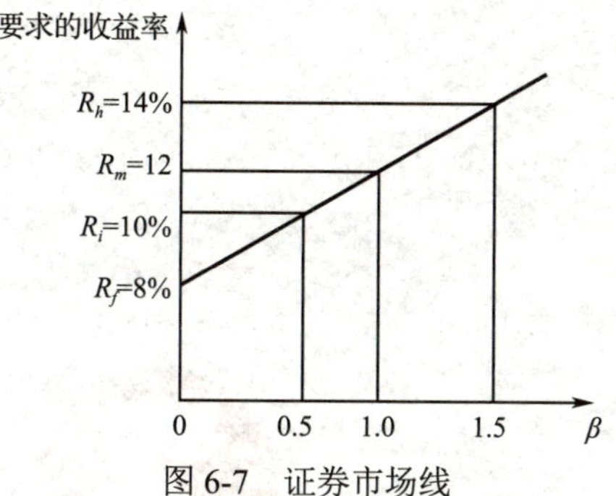


图 6-7　证券市场线

【情景 6-24】某年由 MULTEX 公布的美国通用汽车公司的 $\beta$ 系数是 1.6，短期国库券利率为 4%，标准普尔股票价格指数的收益率是 10%，那么，通用汽车该年股票的必要收益率应为：

$$
\begin{aligned}
R &= R_f + \beta_i \times \left(R_m - R_f\right) \\
&= 4\% + 1.6 \times (10\% - 4\%) \\
&= 13.6\%
\end{aligned}
$$

# 7 资本预算

## ——如何对长期资产进行投资

CFO 导语

理财的核心问题是投资，作为财务人员，必须掌握投资决策的评价方法及其在不同情形下的应用。

### 本项目架构

- 投资管理的主要内容
- 投资项目财务评价指标
- 证券投资管理

# 7.1 投资管理的主要内容
## ——了解投资决策的种类

**cfo 要求你知道**

投资金额大，影响时间长，对企业生存和发展的影响深远。投资管理就是寻找被市场低估的资产，然后买进，等待其升值。

**关键术语**

项目投资（Project Investment）
证券投资（Investment in Securities）

### 7.1.1 投资概述

投资是企业为获取未来长期收益而向特定对象投放资金的行为，如建造厂房、购买设备、购买股票、购买债券、投资子公司。投资是企业生存和发展的基本前提，是企业获得利润的必要手段，也是企业控制风险的必要手段。

将企业投资进行科学的分类，分清投资的性质，有利于按不同的特点和要求进行投资决策，加强投资管理。

### 7.1.2 投资的分类

**1. 按投资活动与企业生产经营活动关系分类**

按投资活动与企业生产经营活动的关系，企业投资可以划分为直接投资和间接投资。

（1）直接投资。直接投资是将资金直接投放于实体性资产，形成生产经营能力，直接谋取经营利润的企业投资。通过直接投资，购买并配置劳动力、劳动资料和劳动对象等具体生产要素，开展生产经营活动。

（2）间接投资。间接投资是企业将资金投放于股票、债券等权益性资产中，不直接介入具体生产经营过程，通过股票、债券中所约定的收益分配权利，获取股利或利息收入。股票、债券的发行方在筹集到资金后，再把这些资金投放于形成生产经营能力的实体性资产，获取经营利润。

**2. 按投资对象的存在形态和性质分类**

按投资对象的存在形态和性质，企业投资可以划分为项目投资和证券投资。

（1）项目投资。通过购买具有实质内涵的经营资产（包括有形资产和无形资产）形成具体的生产经营能力，开展实质性的生产经营活动，谋取经营利润，这类投资被称为项目投资。项目投资的目的在于改善生产条件、扩大生产能力，以获取更多的经营利润。项目投资属于直接投资。

（2）证券投资。企业通过购买具有权益性的证券资产，通过证券资产中所赋予的权利，间接控制被投资企业的生产经营活动，获取投资收益，这种投资被称为证券投资。证券投资属于间接投资。

**3. 按投资活动资金投出的方向分类**

按投资活动资金投出的方向，企业投资可以划分为对内投资和对外投资。

（1）对内投资。对内投资指在本企业范围内部的资金投放，用于购买和配置各种生产经营所需的经营性资产。

（2）对外投资。对外投资指向本企业范围以外的其他单位的资金投放。对外投资多以现金、有形资产、无形资产等形式，通过联合投资、合作经营、换取股权、购买证券资产等投资方式向企业外部其他单位投放资金。

对内投资都是直接投资；对外投资主要是间接投资，也可能是直接投资。

**4. 按投资项目之间的相互关联关系分类**

按投资项目之间的相互关联关系，企业投资可以划分为独立投资和互斥投资。

（1）独立投资。独立投资是相容性投资，各个投资项目之间互不关联、互不影响，可以同时并存。独立投资项目决策考虑的是方案本身是否满足某种决策标准。

（2）互斥投资。互斥投资是非相容性投资，各个投资项目之间相互关联、相互替代，不能同时并存。互斥投资项目决策考虑的是各方案之间的排斥性，互斥决策需要从所有可行方案中选择最优方案。

由于投资回收期比较长，未来情况具有很多不确定性，因此在投资管理中，需要考虑资金的时间价值和各类风险。

## 7.1.3 项目投资的程序

**1. 确定投资对象**

投资项目的提出需要考虑企业的长期发展战略、中期发展目标及是否具有良好的投资环境，正常情况下包括战略性的投资方案和战术性的投资方案两种。

**2. 评估投资项目**

投资项目的评估应注重以下几项工作：

（1）评估投资项目的技术可行性；

（2）评估投资项目的经济可行性，包括被评估项目的预计收入、预计成本和预计现金流量；

（3）确定投资项目中评估指标可行性的顺序；

（4）撰写评估报告，确定其财务可行性。

**3. 选择投资方案**

在评估财务可行性的基础上，对可供选择的多个投资方案进行比较和选择，最终确定投资方案。

**4. 执行投资方案**

确定对某方案进行投资后，要积极筹措资金，执行投资方案。方案执行过程中，要对工程进度、工程质量、工程成本等实施控制，保证达到投资预算指标。

**5. 投资方案的再评估**

在投资方案执行过程中，应注意方案的合理性，对方案执行过程中不适应当前实际的变化情况，应随时进行调整。

### 7.1.4 投资管理的原则

为了适应投资项目的特点和要求，实现投资管理的目标，做出合理的投资决策，需要制定投资管理的基本原则，据以保证投资活动的顺利进行。

**1. 可行性分析原则**

投资项目的金额大，资金占用时间长，一旦投资就具有不可逆转性，对企业的财务状况和经营前景影响重大。因此，在投资决策时，必须建立严密的投资决策程序，进行科学的可行性分析。

投资项目可行性分析是投资管理的重要组成部分，其主要任务是对投资项目实施的可行性进行科学论证，主要包括环境可行性、技术可行性、市场可行性、财务可行性等方面。项目可行性分析将对项目实施后未来的运行和发展前景进行预测，通过定性分析和定量分析，比较项目的优劣，为投资决策提供参考。

环境可行性，要求投资项目对环境的不利影响最小，并能带来有利影响，包括对自然环境、社会环境和生态环境的影响。技术可行性，要求投资项目形成的生产经营能力，具有技术上的适应性和先进性，包括工艺、装备、地址。市场可行性，要求投资项目形成的产品能够被市场所接受，能增加市场占有率，进而带来财务上的可行性。

财务可行性，要求投资项目在经济上具有效益性，这种效益性具有明显的、长期的特点。财务可行性是在相关的环境、技术、市场可行性完成的前提下，着重围绕技术可行性和市场可行性而开展的专门经济性评价。同时，也包含资金筹集的财务可行性分析，这是投资项目可行性分析的主要内容。因为投资项目的根本目的是经济效益，市场和技术上可行性的落脚点也是经济上的效益性，项目实施后的业绩绝大部分表现在价值化的财务指标上。

财务可行性分析的主要内容包括：收入、费用和利润等经营成果指标的分析；资产、负债、所有者权益等财务状况指标的分析；资金筹集和配置的分析；资金流转和回收等资金运行过程的分析；项目现金流量、净现值、内含报酬率等项目经济性效益指标的分析；项目收益与风险关系的分析。

2. 结构平衡原则

投资往往是一个综合性项目，不仅涉及固定资产等生产条件的构建，还涉及使生产能力和生产条件正常发挥作用所需要的流动资产的配置。同时，由于受资金来源的限制，投资也常常会遇到资金需求超过资金供应的矛盾。如何合理配置资源，使有限的资金发挥最大的效用，是投资管理中资金投放所面临的重要问题。

一个投资项目的管理就是综合管理。资金既要投放于主要生产设备，又要投放于辅助设备；既要满足长期资产的需要，又要满足流动资产的需要。投资项目在资金投放时，要遵循结构平衡的原则，合理分布资金，具体包括：固定资金与流动资金的配套关系、生产能力与经营规模的平衡关系、资金来源与资金运用的匹配关系、投资进度和资金供应的协调关系、流动资产内部的资产结构关系、发展性投资与维持性投资的配合关系、对内投资与对外投资的顺序关系、直接投资与间接投资的分布关系。

投资项目在实施后，资金就较长期地固化在具体项目中，退出和转向都不太容易。只有遵循结构平衡的原则，投资项目实施后才能正常顺利地运行，才能避免资源的闲置和浪费。

3. 动态监控原则

投资的动态监控，指对投资项目实施过程中的进程控制。特别是对于那些工程量大、工期长的建造项目，有一个具体的投资过程，需要按工程预算实施有效的动态投资控制。

投资项目的工程预算，是对总投资中各工程项目以及所包含的分步工程和单位工程造价规划的财务计划。建设性投资项目应当按工程进度，对分项工程、分步工程、单位工程的完成情况，逐步进行资金拨付和资金结算，控制工程的资金耗费，防止资金浪费。在项目建设完工后，通过工程决算，全面清点所建造的资产数额和种类，分析工程造价的合理性，合理确定工程资产的账面价值。

对于间接投资，特别是证券投资而言，投资前首先要认真分析投资对象的投资价值，根据风险与收益均衡的原则合理选择投资对象。在持有金融资产过程中，要广泛收集投资对象和资本市场的相关信息，全面了解被投资单位的财务状况和经营成果，保护自身的投资权益。有价证券类的金融资产投资，其投资价值不仅由被投资对象的经营业绩决定，还受资本市场的制约。这就需要分析资本市场中资本的供求关系状况，预计市场利率的波动和变化趋势，动态地估算投资价值，寻找转让证券资产和收回投资的最佳时机。

# 7.2 项目投资

## ——如何进行对内投资决策

**cfo 要求你知道**

项目投资决策分一个项目决定取舍和多个项目选优两类问题。一个项目决定取舍，就是只有一个投资方案，对其进行投资与否的决断；多个项目选优，就是有多个备选方案，对谁先谁后进行决断。

**关键术语**

现金净流量（Net Cash Flow）
净现值（Net Present Value）
内含报酬率（Internal Rate of Return）

### 7.2.1 项目投资的特点

项目投资是对企业内部各种生产经营性资产的长期投资。与企业对外投资相比，它具有以下特点。

**1. 投资规模大**

项目投资，一般都需要较多的资金，其投资额往往是企业或其投资者多年的资金积累，在企业总投资中占有相当大的比重。因此，科学的项目投资可行性研究是极其必要的。

**2. 影响时间长**

项目投资发挥作用的时间比较长，几年、十几年甚至几十年才能收回投资，对企业未来的生产经营活动和长期经济效益将产生重大影响。因此，其投资决策的成败对企业未来的命运将产生决定性作用。

**3. 变现能力差**

项目投资不仅不准备在一年或超过一年的一个营业周期内变现，而且在一年或超过一年的一个营业周期内变现的能力也很差。因此，一旦提出并执行项目投资，要想改变是相当困难的，不是无法实现，就是代价太大。

**4. 投资风险高**

项目投资的风险高。项目投资投入使用后的收益情况取决于企业内外各种因素的影响，而这些因素错综复杂。项目投资回收时间又长，导致收益的不确定性，加大了投资风险。

**5. 发生频率低**

受项目投资规模、资金的限制，与流动资产投资相比，企业不会经常发生项目投资，这为企业管理人员对项目投资的可行性研究提供了充裕的时间。

## 7.2.2 项目计算期

项目计算期指从投资建设开始到项目清理结束的整个过程，包括建设期和生产运营期。

**1. 建设期**

建设期指项目资金正式投入开始到项目建成投产为止所需要的时间，建设期的第一年年初称为建设起点，建设期的最后一年年末称为投产日。在实践中，应参照项目建设的合理工期或项目的建设进度计划合理确定建设期。

**2. 生产运营期**

从投产日到终结点的时间间隔称为运营期，其中又包括试产期和达产期（完全达到设计生产能力）两个阶段。试产期指项目投入生产，但生产能力尚未完全达到设计能力时的过渡阶段。达产期指生产运营达到设计预期水平后的时间。运营期应根据项目主要设备的经济使用寿命期确定。

项目计算期、建设期和生产运营期之间存在以下关系：

项目计算期 = 建设期 + 生产运营期

项目计算期、建设期和生产运营期之间的关系如图 7-1 所示。

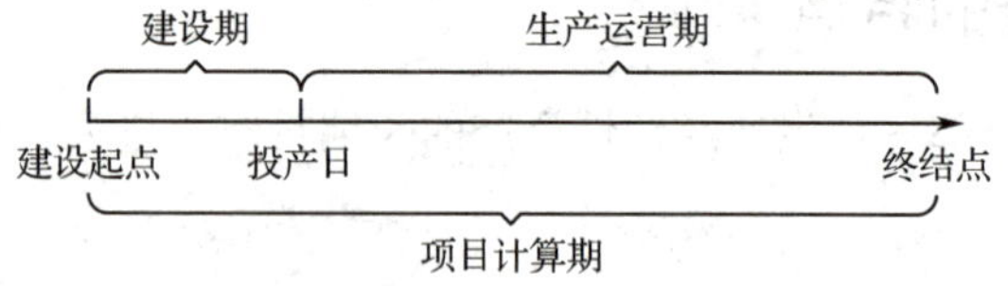


图 7-1　项目计算期、建设期和生产运营期之间的关系图

【情景 7-1】华信食品股份有限公司拟购买一项固定资产，预计使用寿命 6 年。如果建设期为 2 年，项目计算期为多久？如果在建设起点投资并投产，项目计算期是多久？

建设期为 2 年时：

项目计算期 =6+2=8（年）

建设起点投资并投产，即建设期为 0 时：

项目计算期 =6+0=6（年）

## 7.2.3 项目投资的投资额

**1. 原始投资额**

原始投资额又称为初始投资，是反映项目所需现实资金水平的价值指标。从项目投资的角度看，原始投资额是企业为使项目完成后达到设计生产能力、开展正常经营而投入的全部现实资金，包括建设投资和流动资金投资两项内容。

（1）建设投资。建设投资指在建设期内按一定生产经营规模和建设内容进行的投资，包括固定资产投资、无形资产投资、其他资产投资（生产准备 + 开办费）。

（2）流动资金投资。流动资金投资指项目投产前后分次或一次投放于流动资产项目的投资增加额，又称垫支流动资金或营运资金投资。

**2. 投资总额**

投资总额是反映项目投资总体规模的价值指标，它等于原始投资与建设期资本化利息之和。其中，建设期资本化利息指在建设期发生的与构建项目所需的固定资产、无形资产等长期资产有关的借款利息。项目投资构成如图 7-2 所示。

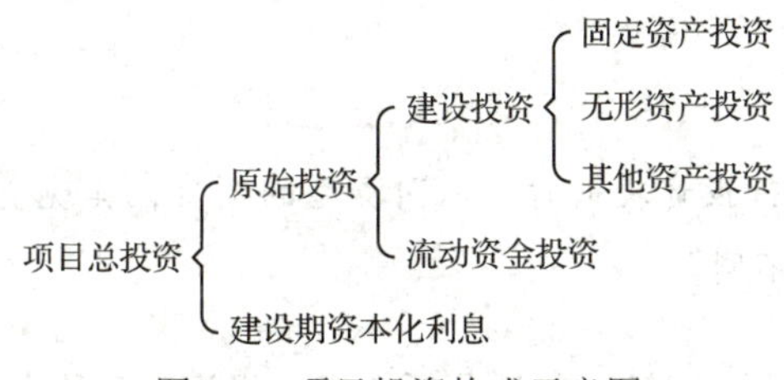


图 7-2 项目投资构成示意图

【情景 7-2】华信食品股份有限公司拟建一条生产线，需要在建设起点一次投入固定资产投资 1 800 000 元，无形资产投资 150 000 元。建设期为两年，建设期资本化利息为 120 000 元。投产第一年预计流动资产需用额为 350 000 元，流动负债可用额为 300 000 元，投产第二年预计流动资产需用额为 600 000 元，流动负债可用额为 320 000 元。

该项目有关指标分析计算如下：

固定资产投资 =1 800 000（元）

固定资产原值 =1 800 000+120 000=1 920 000（元）

无形资产投资 =150 000（元）

建设投资 =1 800 000+150 000=1 950 000（元）

流动资金投资如下：

投产第一年的流动资金需用额 =350 000−300 000=50 000（元）

首次流动资金投资额 =50 000（元）

投产第二年的流动资金需用额 =600 000−320 000=280 000（元）

投产第二年的流动资金投资额 =280 000−50 000=230 000（元）

流动资产投资合计 =50 000+230 000=280 000（元）

原始投资额 =1 950 000+280 000=2 230 000（元）

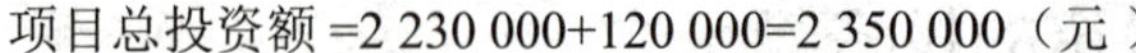
项目总投资额=2 230 000+120 000=2 350 000（元）

## 7.2.4 项目投资的现金流量

### 1. 现金流量的概念

现金流量指投资项目在其计算期内因资本循环而可能或应该发生的各项现金流入量与流出量的统称，它是计算投资决策评价指标的主要根据和重要信息之一。

> 提示
> 进行投资决策时分析的现金流量是计算期内现金流入和流出的可能性，而不是实际流量。

### 2. 确定现金流量的假设条件

在项目投资管理中，确定现金流量以下列基本假设为前提条件。

（1）投资项目类型假设：假设投资项目只包括单纯固定资产投资项目、完整工业投资项目和更新改造投资项目三种类型，这些项目又可细分为考虑所得税因素和不考虑所得税因素的项目。

> 提示
> 进行投资决策时，不同类型的项目，其现金流量发生的时点和金额不同。

（2）财务可行性分析假设：财务可行性分析假设指投资决策从企业投资者的立场出发，投资决策者确定现金流量就是为了进行项目的财务可行性研究，该项目已经具备国民经济可行性和技术可行性。

> 提示
> 进行投资决策时，假设项目符合国家产业政策，技术成熟，只分析财务上的可行性。

（3）全投资假设：在确定项目现金流量时，只考虑全部投资的运行情况，支付的利息不再作为现金流出。

> 提示

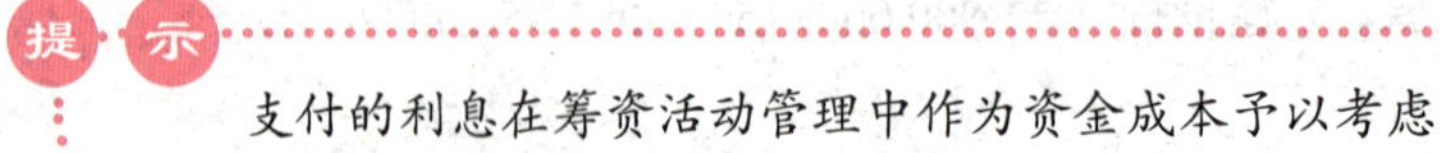
支付的利息在筹资活动管理中作为资金成本予以考虑。

（4）建设期投入全部投资假设：无论是一次投入还是分次投入，假设项目的原始投资都是在建设期内投入。

（5）经营期与折旧年限一致假设：假设项目的经营期与固定资产的折旧年限一致。

（6）时点指标假设：为了便于应用资金时间价值来评估投资项目，假设项目现金流量均发生在年初或年末。

假设建设投资发生在建设期的年初或年末；流动资金垫支发生在建设期的期末；经营期各年的收入、成本发生在该年的年末；固定资产残值的回收和垫支流动资金的回收发生在终结点。

实际项目中现金流量不一定总是发生在年末和年初。

（7）确定性假设：假设与项目投资现金流量有关的价格、成本、销量、所得税率等相关因素均为已知常数。

**3. 现金流量的内容**

项目投资中现金流量包括现金流出量、现金流入量和现金净流量。现金净流量指一定期间现金流入量与现金流出量的差额，即：

现金净流量 = 现金流入量 − 现金流出量

（1）现金流入量。现金流入量指由于项目投资引起的现金收入的增加额，主要包括以下内容。

① 营业收入。营业收入指项目投产后每年实现的全部收入或业务收入，而且实现的是现金收入。本期发生的赊销额则不计入本期现金流入，而收回以前的赊销额应计入本期现金流入。

② 回收流动资金。回收流动资金指投资项目在计算期终结点，收回原来垫付的全部流动资产。

③ 回收固定资产残值。固定资产残值指投资项目的固定资产在报废清理时的残值收入或中途转让时的变价收入，该现金流一般发生在项目计算期的终结点。

④ 其他现金流入量。其他现金流入量指除了上述三项之外的现金流入量，如退回多交的税金或是国家特殊项目的补贴。

（2）现金流出量。现金流出量指由于项目投资引起的企业现金收入的减少额，主要包括以下内容。

① 建设投资。建设投资指在项目建设期内用于固定资产、无形资产和其他资产的投资。例如，固定资产的购入和建造成本、运输成本和安装成本，购买专有技术、专利权的投入。固定资产投资加上建设期贷款利息为固定资产原值，但建设期的利息并不支付，所以不作为现金流出。建设投资是建设期发生的主要现金流出量。

包含在固定资产原值中资本化的利息费用不作为建设投资，而是在筹资管理中作为资金成本考虑。

② 流动资金投资。流动资金指投资项目建成后，为开展正常生产经营活动而用于购买流动资产方面的投资，如投资于材料、在产品、产成品等流动资产方面的投资。

③ 经营成本（付现成本）。与项目相关的某年经营成本等于当年的总成本费用（含期间费用）扣除该年折旧额、无形资产和开办费的摊销额及财务费用中的利息支出等项目后的差额，其计算公式为：

某年经营成本 = 该年总成本费用（含期间费用）- 该年折旧额 - 该年无形资产和开办费的摊销额 - 该年财务费用中的利息支出

④ 各项税款。在进行新建项目投资决策时，只估算所得税。

⑤ 其他现金流出量。其他现金流出指除上述之外的其他现金流出，如营业外净支出。

**4. 现金净流量的计算**

现金净流量又称净现金流量，指一定期间（一般按一个自然年计算）内现金流入与流出的差额。

如果现金流入量大于现金流出量，净现金流量大于零，用“+”表示净现金流量为流入量；如果现金流入量小于现金流出量，净现金流量小于零，用“-”表示净现金流量为流出量。其计算公式为：

某年净现金流量（NCF）= 该年现金流入量 - 该年现金流出量

从投资时间上看，项目投资期包括建设期、运营期和终结期三个过程。为简化计算过程，将项目投资中的现金流量分为建设期现金流量、生产经营期现金流量、终结点现金流量。

（1）建设期现金流量的计算公式。建设期现金流量均为现金流出量，现金净流量为负值，其计算公式为：

建设期某年净现金流量（NCF）=- 该年发生的投资额

（2）生产经营期现金流量的计算公式。生产经营期现金流量是项目投产后为进行生产经营而产生的现金流入和流出的数量，一般按照年度计算。经营期最主要的现金流入量是营业收入，流出量是经营成本、相关税金及附加、企业所得税，其计算公式为：

经营期年现金净流量（NCF）= 营业收入 - 经营成本 - 所得税
= 营业收入 -（营运总成本 - 年折旧额 - 年摊销额）- 所得税
= 营业利润 + 年折旧额 + 年摊销额 - 所得税
= 税后利润 + 年折旧额 + 年摊销额

假设非经营成本只考虑折旧，公式可进一步推导为：

年现金净流量（NCF）= 营业收入 ×（1- 所得税率）- 经营成本 ×（1- 所得税率）+ 年折旧额 × 所得税率
=（营业收入 - 经营成本）×（1- 所得税率）+ 年折旧额 × 所得税率

（3）终结点现金流量的计算公式。终结点现金流量是项目的最末一年发生的现金流量，基本上是现金流入量，包括固定资产的残值回收和垫支流动资金的回收，其计算公式为：

终结点现金净流量（NCF）= 最后一年净现金流量 + 固定资产残值回收 + 垫支流动资金回收

【情景 7-3】某投资项目需要 3 年建成，每年年初投入建设资金 500 000 元，共投入 1 500 000 元，建成投产时，需投入营运资金 800 000 元，以满足日常经营活动需要。项目投产后，估计每年可获税后营业利润 600 000 元。固定资产使用年限为 7 年，使用后第 5 年预计进行一次改良，估计改良支出 550 000 元，分两年平均摊销。资产使用期满后，估计有残值净收入 30 000 元，采用年限法折旧。项目期满时，垫支营运资金全额收回。

固定资产折旧 =（1 500 000-30 000）÷7=210 000（元）

根据以上资料，编制成“投资项目现金流量表”，如表 7-1 所示。

表 7-1 投资项目现金流量表

单位：元

| 项目 \ 年份 | 0 | 1 | 2 | 3 | 4 | 5 | 6 | 7 | 8 | 9 | 10 | 总计 |
|---|---|---|---|---|---|---|---|---|---|---|---|---|
| 固定资产价值 | -500 000 | -500 000 | -500 000 | | | | | | | | | -1 500 000 |
| 固定资产折旧 | | | | | 210 000 | 210 000 | 210 000 | 210 000 | 210 000 | 210 000 | 210 000 | 1 470 000 |
| 改良支出 | | | | | | | | | -550 000 | | | -550 000 |
| 改良支出摊销 | | | | | | | | | | 275 000 | 275 000 | 550 000 |
| 税后营业利润 | | | | | 600 000 | 600 000 | 600 000 | 600 000 | 600 000 | 600 000 | 600 000 | 4 200 000 |
| 残值净收入 | | | | | | | | | | | 30 000 | 30 000 |
| 营运资金 | | | | -800 000 | | | | | | | 800 000 | 0 |
| 总计 | -500 000 | -500 000 | -500 000 | -800 000 | 810 000 | 810 000 | 810 000 | 810 000 | 260 000 | 1 085 000 | 1 915 000 | 4 200 000 |

【情景 7-4】华信食品股份有限公司计划增添一条生产流水线，以扩充生产能力。现有甲、乙两个方案可供选择。甲方案需要投资 200 000 元，乙方案需要投资 250 000 元。两方案的预计使用寿命均为 5 年，折旧均采用直线法，甲方案预计净残值为 15 000 元，乙方案预计净残值为 20 000 元。甲方案预计年销售收入为 1 000 000 元，第一年付现成本为 500 000 元，以后在此基础上每年增加维修费 12 000 元。乙方案预计年销售收入为 1 600 000 元，年付现成本为 1 100 000 元。项目投入营运时，甲方案需垫支营运资金 240 000 元，乙方案需垫支营运资金 260 000 元，公司所得税税率为 25%。

根据上述资料，甲方案营业期现金流量计算表如表 7-2 所示，两方案的投资项目现金流量计算表如表 7-3 所示。表 7-2 列示了甲方案营业期间现金流量的具体测算过程，乙方案营业期间的现金流量比较规则，其现金流量的测算可以用公式直接计算。

表 7-2 甲方案营业期现金流量计算表

单位：元

| 项目 \ 年份 | 1 | 2 | 3 | 4 | 5 |
|---|---|---|---|---|---|
| 甲方案 | | | | | |
| 销售收入（1） | 1 000 000 | 1 000 000 | 1 000 000 | 1 000 000 | 1 000 000 |
| 付现成本（2） | 500 000 | 512 000 | 524 000 | 536 000 | 548 000 |
| 折旧（3） | 37 000 | 37 000 | 37 000 | 37 000 | 37 000 |
| 营业利润<br>（4）=（1）-（2）-（3） | 463 000 | 451 000 | 439 000 | 427 000 | 415 000 |
| 所得税<br>（5）=（4）×20% | 115 750 | 112 750 | 109 750 | 106 750 | 103 750 |
| 税后营业利润<br>（6）=（4）-（5） | 347 250 | 338 250 | 329 250 | 320 250 | 311 250 |
| 营业现金净流量<br>（7）=（3）+（6） | 384 250 | 375 250 | 366 250 | 357 250 | 348 250 |

表 7-3　投资项目现金流量计算表

单位：元

| 项目＼年份 | 0 | 1 | 2 | 3 | 4 | 5 |
|---|---|---|---|---|---|---|
| 甲方案 | | | | | | |
| 固定资产投资 | -200 000 | | | | | |
| 营运资金垫支 | -240 000 | | | | | |
| 营业现金净流量 | | 384 250 | 375 250 | 366 250 | 357 250 | 348 250 |
| 固定资产残值 | | | | | | 15 000 |
| 营运资金收回 | | | | | | 240 000 |
| 现金净流量合计 | -440 000 | 384 250 | 375 250 | 366 250 | 357 250 | 603 250 |
| 乙方案 | | | | | | |
| 固定资产投资 | -250 000 | | | | | |
| 营运资金垫支 | -260 000 | | | | | |
| 营业现金净流量 | | 386 500 | 386 500 | 386 500 | 386 500 | 386 500 |
| 固定资产残值 | | | | | | 20 000 |
| 营运资金收回 | | | | | | 260 000 |
| 现金净流量合计 | -510 000 | 386 500 | 386 500 | 386 500 | 386 500 | 666 500 |

乙方案营业现金净流量 = 税后营业利润 + 营业成本

=(1 600 000−1 100 000−46 000)×(1−25%)+46 000

=386 500（元）

或：

乙方案营业现金净流量 = 收入 ×(1− 所得税税率 )− 营业成本 ×(1− 所得税税率 )+ 非付现成本 × 所得税税率

=1 600 000×75%−1 100 000×75%+46 000×25%

=386 500（元）

## 7.2.5　项目投资决策中折现率的确定

由于项目投资的回收期长、风险高，在投资决策时要综合考虑资金时间价值和投资风险。所以合理选择现金流量的折现率，关系到项目投资决策的可靠性。

折现率与金融业务中处理未到期票据贴现中所使用的票据贴现率不是一个概念：在确定折现率时，往往需要考虑投资风险因素，而反映时间价值的利息率或贴现率则不考虑风险因素；折现率不应当也不可能根据单个投资项目的资本成本计算出来。

在实务中，折现率可以按以下方法确定：

第一，以拟投资项目所在行业（而不是单个投资项目）的权益资本必要收益率作为折现率，适用于资金来源单一的项目。

第二，以拟投资项目所在行业（而不是单个投资项目）的加权平均资金成本作为折现率，适用于相关数据齐备的行业。

第三，以社会的投资机会成本作为折现率，适用于已经持有投资所需资金的项目。

第四，以国家或行业主管部门定期发布的行业基准资金收益率作为折现率，适用于投资项目的财务可行性研究和建设项目评估中的净现值和净现值率指标的计算。

### 7.2.6 项目投资决策的贴现指标

贴现指标指考虑了资金时间价值的指标，主要包括净现值、净现值率、内含报酬率。

**1. 净现值**

（1）净现值的概念。净现值（NPV）指特定方案未来现金流入量现值与未来现金流出量现值之间的差额，也可以理解为各年净现金流量现值的代数和，其计算公式为：

$$净现值(NPV)=\sum(第\ t\ 年净现金流量\times 第\ t\ 年的复利现值系数)$$

（2）净现值的特点。净现值指标的优点是综合考虑了资金时间价值、项目计算期内全部净现金流量信息和投资风险；缺点在于无法从动态的角度直接反映投资项目的实际收益率水平，与静态投资回收期指标相比，其计算过程比较烦琐。

> **提示**
>
> 净现值是绝对指标。对独立投资方案进项评价时，只有净现值指标大于或等于零的投资项目才具有财务可行性。对互斥投资方案进行取舍时，净现值最大的方案应该是最优方案。

【情景 7-5】沿用【情景 7-4】中数据，假设折现率为 10%，则（计算结果保留两位小数）：

甲方案的净现值 =603 250×($P/F$,10%,5)+357 250×($P/F$,10%,4)+366 250×($P/F$,10%,3)+375 250×($P/F$,10%,2)+384 250×($P/F$,10%,1)−440 000

=603 250×0.620 9 + 357 250×0.683 + 366 250×0.7513 +375 250×0.826 4+384 250×0.909 1−440 000

≈1 113 151.58（元）

乙方案的净现值 =666 500×($P/F$,10%,5)+ 386 500×($P/A$,10%,4)−510 000

=666 500×0.620 9+ 386 500×3.169 9−510 000

=1 128 996.20（元）

**2. 净现值率**

（1）净现值率的概念。净现值率（NPVR），指投资项目未来现金流入现值与现金流出现值的比率，其计算公式为：

净现值率（NPVR）= 项目的净现值 ÷ 原始投资的现值合计

（2）净现值率的特点。净现值率的优点是可以从动态角度反映项目投资的资金投入与净产出之间的关系，计算过程比较简单；缺点是无法直接反映投资项目的实际收益率。

提示

净现值率是相对指标；对独立投资方案进行评价时，只有该指标大于或等于1的投资项目才具有财务可行性；对互斥投资方案进行取舍时，净现值率高的方案才是最优方案。

【情景 7-6】沿用【情景 7-5】中的数据，计算各方案的净现值率。

甲方案的净现值率 =1 113 151.58÷440 000=2.53

乙方案的净现值率 =1 128 996.2÷510 000=2.21

3. 内含报酬率

内含报酬率（IRR）也称内部收益率，指对投资方案未来的每年净流量进行贴现，使所得的现值恰好与原始投资额现值相等，从而使净现值等于零时的贴现率。

内含报酬率法的基本原理是：在计算方案的净现值时，以必要投资报酬率作为贴现率计算，净现值的结果往往是大于零或小于零的数值，这就说明方案实际可能达到的投资报酬率大于或小于必要投资报酬率；而当净现值为零时，说明两种报酬率相等。根据这个原理，内含报酬率法就是要计算出使净现值等于零时的贴现率，这个贴现率就是投资方案实际可能达到的投资报酬率。

（1）未来每年现金净流量相等。每年现金净流量相等是一种年金形式，通过查年金现值系数表，可计算出未来现金净流量现值，并令其净现值为零，即：

未来每年现金净流量 × 年金现值系数 − 原始投资额现值 =0

计算出净现值为零时的年金现值系数后，通过查年金现值系数表，即可找出相应的贴现率 $i$，该贴现率就是方案的内含报酬率。

【情景 7-7】华信食品股份有限公司拟购入一台新型设备，价格为 1 600 000 元，使用年限 6 年，无残值。该方案的最低投资报酬率要求为 20%（以此作为贴现率）。使用新设备后，估计每年产生现金净流量 500 000 元。

要求：用内含报酬率指标评价该方案是否可行。

令：500 000× 年金现值系数 −1 600 000=0，可得

年金现值系数 =3.2

现已知方案的使用年限为 6 年，查年金现值系数表可得：期数 6、系数 3.2 所对应的贴现率为 20% ～ 24%。采用插值法求得，该方案的内含报酬率为 22.35%，高于最低投资报酬率 20%，故方案可行。

（2）未来每年现金净流量不相等。如果投资方案的未来每年现金净流量不相等，各年现金净流量的分布就不是年金形式，不能采用直接查年金现值系数表的方法来计算内含报酬率，而应采用逐次测试法。

逐次测试法的具体做法是：根据已知的有关资料，先估计一次贴现率，试算未来现金净流量的现值，并将这个现值与原始投资额现值相比较，如净现值大于零，为正数，表示估计的贴现率低于方案实际可能达到的投资报酬率，需要重估一个较高的贴现率进行试算；如果净现值小于零，为负数，表示估计的贴现率高于方案实际可能达到的投资报酬率，需要重估一个较低的贴现率进

行试算。如此反复试算，直到净现值等于零或基本接近于零，这时所估计的贴现率就是希望求得的内含报酬率。

【情景 7-8】华信食品股份有限公司有一投资方案，需一次性投资 120 000 元，使用年限为 4 年，每年现金净流量分别为 32 000 元、42 000 元、52 000 元、37 000 元。

要求：计算该投资方案的内含报酬率，并据以评价该方案是否可行。

由于该方案每年的现金净流量不相同，需逐次测试计算方案的内含报酬率，测算过程如表 7-4 所示。

**表 7-4 净现值的逐次测试**

| 年份 | 每年现金净流量 | 第一次测算 | 10% | 第二次测算 | 14% | 第三次测算 | 12% |
|---|---|---|---|---|---|---|---|
| 1 | 32 000 | 0.9091 | 29 091 | 0.8772 | 28 070 | 0.8929 | 28 573 |
| 2 | 42 000 | 0.8264 | 34 709 | 0.7695 | 32 319 | 0.7972 | 33 482 |
| 3 | 52 000 | 0.7513 | 39 068 | 0.675 | 35 100 | 0.7118 | 37 014 |
| 4 | 37 000 | 0.683 | 25 271 | 0.5921 | 21 908 | 0.6355 | 23 514 |
| 未来现金净流量现值合计 | | | 128 139 | | 117 397 | | 122 582 |
| 减：原始投资额现值 | | | 120 000 | | 120 000 | | 120 000 |
| 净现值 | | | 8 139 | | −2 603 | | 2 582 |

第一次测算，折现率为 10%，净现值为正数，说明方案的内含报酬率高于 10%；第二次测算，折现率为 14%，净现值为负数，说明方案的内含报酬率低于 14%；第三次测算，折现率为 12%，净现值仍为正数，但已较接近于零。因而可以估算，方案的内含报酬率为 12% ～ 14%，进一步运用插值法，得出方案的内含报酬率为 13%。

$$\frac{12\% - \text{IRR}}{-2\ 582 - 0} = \frac{14\% - 12\%}{-2\ 603 - 2\ 582}$$

$$\text{IRR}=13\%$$

（3）对内含报酬率法的评价。

内含报酬率法的主要优点在于：

第一，内含报酬率反映了投资项目可能达到的报酬率，易于被高层决策人员所理解。

第二，对于独立投资方案的比较决策，如果各方案原始投资额现值不同，可以通过计算各方案的内含报酬率，反映各独立投资方案的获利水平。

内含报酬率法的主要缺点在于：

第一，计算复杂，不易直接考虑投资风险大小。

第二，在使用互斥投资方案进行决策时，如果各方案的原始投资额现值不相等，有时无法做出正确的决策。某一方案原始投资额低、净现值小，但内含报酬率可能较高；而另一方案原始投资额高、净现值大，但内含报酬率可能较低。

## 7.2.7 项目投资决策的非贴现指标

非贴现指标不考虑资金时间价值，认为不同时间的现金流量是等效的。这些只在评价和选择投资方案时起到辅助作用。非贴现指标主要有投资回收期法和投资报酬率法两种评价项目投资决策的方法。

**1. 投资回收期法**

（1）投资回收期法的概念。投资回收期指收回初始投资额所需要的时间。投资回收期法是一种传统的、广泛应用于评价项目投资方案可行性的方法。它是通过计算投资的回收期，比较各项目投资方法收回投资成本的时间来判断方案的优劣，以确定最优投资项目的一种方法。

投资回收期的计算因每年的营业净现金流量是否相等而不同。

（2）静态回收期。

① 如果每年的营业净现金流量相等，则投资回收期的计算公式如下：

静态回收期 = 原始投资额 ÷ 每年现金净流量

【情景 7-9】华信食品股份有限公司准备从甲、乙两种机床中选购一种。甲机床购价为 40 000 元，投入使用后，每年现金流量为 8 000 元；乙机床购价为 41 000 元，投入使用后，每年现金流量为 8 500 元。

要求：用回收期指标决策该厂应选购哪种机床？

甲机床回收期 =40 000÷8 000=5（年）

乙机床回收期 =41 000÷8 500=4.82（年）

计算结果表明，乙机床的回收期比甲机床短，故应选择乙机床。

② 如果每年的净现金流量不相等，计算回收期时要根据每年年末回收的投资额计算确定。计算方法是：逐年累计每年的现金净流量，直到累计的现金净流量达到全部原始投资额的那一年为止，不足一年的按比例计算。

【情景 7-10】华信食品股份有限公司有一投资项目，需投资 120 000 元，使用年限为 5 年，每年的现金流量不相等，资本成本率为 5%，有关资料如表 7-5 所示。

要求：计算该投资项目的回收期。

**表 7-5 项目现金流量表**

单位：元

| 年　份 | 现金净流量 | 累计现金净流量 | 净流量现值 | 累计净流量现值 |
|---|---|---|---|---|
| 1 | 28 000 | 28 000 | 26 667 | 26 667 |
| 2 | 32 000 | 60 000 | 29 024 | 55 691 |
| 3 | 45 000 | 105 000 | 38 871 | 94 562 |
| 4 | 50 000 | 155 000 | 41 135 | 135 697 |
| 5 | 40 000 | 195 000 | 31 340 | 167 037 |

从表中的累计现金净流量栏中可见，该投资项目的回收期在第 3 年与第 4 年之间。为了计算较为准确的回收期，可采用以下方法计算：

$$项目回收期=3+\frac{(120\ 000-105\ 000)}{50\ 000}=3.3\ （年）$$

（3）动态回收期。动态回收期需要将投资引起的未来现金净流量进行贴现，以未来现金净流量的现值等于原始投资额现值时所经历的时间为动态回收期。

① 未来每年现金净流量相等时：

在这种年金形势下，假定动态回收期为 $n$ 年，则：

$$（P/A,\ i,\ n）=原始投资额现值 \div 每年现金净流量$$

计算出年金现值系数后，通过查年金现值系数，利用插值法，即可推算出动态回收期 $n$。

【情景 7-11】沿用【情景 7-9】，假定资本成本率为 8%，计算动态投资回收期为多少？

$$甲机床:（P/A,\ 8\%,\ n）=5$$

$$乙机床:（P/A,\ 8\%,\ n）=4.82$$

查表得知当 $i$=8% 时，第 6 年年末年金现值系数为 4.485 9，第 7 年年末年金现值系数为 5.033。这样由于甲机床的年金现值系数为 5，乙机床的年金现值系数为 4.82，相应的回收期运用插值法计算得：

$$甲机床=6+\frac{5-4.485\ 9}{5.033-4.485\ 9}\times(7-6)=6.94\ （年）$$

$$乙机床=6+\frac{4.82-4.485\ 9}{5.033-4.485\ 9}\times(7-6)=6.61\ （年）$$

所以，甲机床的动态回收期 $n$=6.94 年，乙机床的动态回收期 $n$=6.61 年。

② 未来每年现金净流量不相等时：

在这种情况下，应该把每年的现金净流量逐一贴现并加总，根据累计现金流量现值来确定回收期。

【情景 7-12】沿用【情景 7-10】，华信食品股份有限公司的动态回收期为：

$$项目回收期=3+\frac{120\ 000-94\ 562}{41\ 135}=3.62\ （年）$$

回收期法的优点是计算简便，易于理解。这种方法以回收期的长短来衡量方案的优劣，收回投资所需的时间越短，所冒的风险越小。可见，回收期法是一种较为保守的方法。回收期法中静态回收期的不足之处是没有考虑货币的时间价值。

采用投资回收期法计算出的投资回收期越短，投资风险越小，投资效果越好。

运用投资回收期法进行分析时，回收期短，则方案可行；若大于期望回收期，则放弃该方案；若同时有几个可供选择的方案，应选择回收期最短的方案。

（4）投资回收期法评价。项目投资回收期法简单明了，易于理解和掌握。它的主要缺点是没有考虑“资金的时间价值”，把若干年后的 1 元钱与当前的 1 元钱画上等号。同时，在进行具体计算时，只考虑了营业净现金流量中小于和等于原投资额的部分，而忽略了营业净现金流量中大于原投资额部分的价值。因此，难以准确地说明问题，有较大的局限性。

### 2. 投资报酬率法

投资报酬率是投资项目寿命周期内平均的年投资报酬率。投资报酬率法是用项目投资方案的息税前利润或平均息税前利润与项目总投资的比值评价方案优劣的方法，该比值越大，说明项目投资方案越好。最常见的投资报酬率的计算公式如下：

$$投资报酬率 = \frac{年息税前利润或年平均息税前利润}{项目总投资} \times 100\%$$

【情景 7-13】华信食品股份有限公司有甲、乙两个投资方案，投资总额均为 120 000 元，两方案各年的息税前利润资料如表 7-6 所示。

表 7-6 项目各年息税前利润表

| 项目计算期 | 甲方案息税前利润（元） | 乙方案息税前利润（元） |
|---|---|---|
| 0 | | |
| 1 | 25 000 | 20 000 |
| 2 | 25 000 | 24 000 |
| 3 | 25 000 | 26 000 |
| 4 | 25 000 | 28 000 |
| 5 | 25 000 | 30 000 |
| 合计 | 125 000 | 128 000 |

甲投资报酬率 =25 000÷120 000×100%=20.83%

乙投资报酬率 =128 000÷5÷120 000×100%=21.33%

## 7.2.8 评价方案财务可行性的要点

### 1. 判断方案是否完全具备财务可行性的条件

如果某一投资方案的所有评价指标均处于可行区间，即同时满足以下条件时，则可以断定该投资方案无论从哪个方面看都具备财务可行性，或完全具备可行性。这些条件是：

（1）净现值 NPV ≥ 0；

（2）净现值率 NPVR ≥ 0；

（3）内部收益率 IRR ≥基准折现率 ic；

（4）包括建设期的静态投资回收期 PP ≤ $n/2$（项目计算期的一半）；

（5）不包括建设期的静态投资回收期 PP′≤ $p/2$（运营期的一半）；

（6）投资报酬率 ROI ≥基准投资报酬率 $i$（事先给定）。

### 2. 判断方案是否完全不具备财务可行性的条件

如果某一投资项目的评价指标均处于不可行区间，同时满足以下条件时，则可以断定该投资项目不具备财务可行性，或完全不具备可行性，应当彻底放弃该投资方案。这些条件是：

（1）NPV<0；

（2）NPVR<0；

（3）IRR<ic；

（4）PP>*n*/2；

（5）PP′>*p*/2；

（6）ROI<*i*。

**3. 判断方案是否基本具备财务可行性的条件**

如果在评价过程中发现某项目的主要指标处于可行区间（如 NPV≥0、NPVR≥0、IRR≥ic），但次要或辅助指标处于不可行区间（如 PP>*n*/2、PP′>*p*/2 或 ROI<*i*），则可以断定该项目基本上具有财务可行性。

**4. 判断方案是否基本不具备财务可行性的条件**

如果在评价过程中发现某项目出现 NPV<0、NPVR<0、IRR<ic 的情况，即使有 PP≤*n*/2、PP′≤*p*/2 或 ROI≥*i* 发生，也可断定该项目基本上不具备财务可行性。

**5. 其他应当注意的问题**

对独立方案进行财务可行性评价时，除了要熟练掌握和运用上述判定条件，还必须明确以下两点。

（1）主要评价指标在评价财务可行性的过程中起主导作用。在对独立项目进行财务可行性评价和投资决策的过程中，当静态投资回收期（次要指标）或投资收益率（辅助指标）的评价结论与净现值等主要指标的评价结论发生矛盾时，应当以主要指标的结论为准。

（2）利用动态指标对同一个投资项目进行评价和决策，会得出完全相同的结论。在对同一个投资项目进行财务可行性评价时，净现值、净现值率、获利指数和内部收益率指标的评价结论应是一致的。

## 7.2.9 项目投资的具体应用

项目投资，指将资金直接投放于生产经营实体性资产，以形成生产能力，如购置设备、建造工厂、修建设施。项目投资是企业的对内投资，也包括以实物性资产投资于其他企业的对外投资。

**1. 独立投资方案的决策**

独立投资方案，指两个或两个以上项目互不依赖，可以同时并存，各方案的决策也是独立的。独立投资方案的决策属于筛分决策，评价各方案本身是否可行，即方案本身是否达到某种要求的可行性标准。独立投资方案之间进行比较时，决策要解决的问题是如何确定各种可行方案的投资顺序，即各独立方案之间的优先次序。排序分析时，以各独立方案的获利程度作为评价标准，一般采用内含报酬率法进行比较决策。

【情景 7-14】华信食品股份有限公司通过融资取得资金 7 000 000 元，为扩大生产，经最后论证制定出以下方案，有关资料如表 7-7 所示。问：公司应如何安排投资顺序？

表 7-7　独立投资方案的可行性指标

单位：元

| 项目 | 投资金额 | 净现值 | 净现值率 |
| --- | --- | --- | --- |
| A 方案 | 2 500 000 | 800 000 | 32% |
| B 方案 | 2 600 000 | 1 000 000 | 38% |
| C 方案 | 5 000 000 | 950 000 | 19% |
| D 方案 | 7 000 000 | 1 200 000 | 17% |
| E 方案 | 4 400 000 | 520 000 | 12% |
| F 方案 | 600 000 | -150 000 | -25% |

根据上述资料可以看出 F 方案的净现值率是负数，企业应当放弃 F 方案。其余五个方案均为正数，说明企业在资金充裕的情况下，这几个方案都可以进行投资。

（1）将可投资方案净现值率（收益率）进行排序，可知 B>A>C>D>E。因此，企业在只选用一种投资方案的情况下应优先选择 B 方案进行投资。

（2）按照组合方案进行投资，组合方案比较指标如表 7-8 所示。

表 7-8　组合投资方案的可行性指标

单位：元

| 项目 | 投资金额 | 净现值 |
| --- | --- | --- |
| B 方案 +E 方案 | 7 000 000 | 1 520 000 |
| A 方案 +D 方案 | 9 500 000 | 2 000 000 |
| D 方案 | 7 000 000 | 1 200 000 |

根据表中数据比较净现值可以得出，A 方案 +D 方案 >B 方案 +E 方案 >D 方案。因此，企业在选择多种方案进行投资的情况下应当选择 A 方案 +D 方案。

### 2. 互斥投资方案的决策

互斥投资方案，方案之间互相排斥，不能并存，因此决策的实质在于选择最优方案，属于选择决策。选择决策要解决的问题是应该淘汰哪个方案，即选择最优方案。从选定经济效益最大的要求出发，互斥决策以方案的获利数额作为评价标准。因此，企业一般采用净现值法和净现值率法、内含报酬率进行选优决策。但由于净现值指标受投资项目寿命期的影响，因而净现值率法和内含报酬率是互斥方案最恰当的决策方法。

（1）项目的寿命期相等时。

① 寿命期相等，投资额相同。

【情景 7-15】华信食品股份有限公司现有 A、B 两个投资项目可供选择。其中，A 项目原始投资额为 300 000 元，期限 4 年；B 项目原始投资额为 300 000 元，期限 4 年；投资报酬率为 10%。A 项目的现金流量为 100 000 元，B 项目的现金流量为 110 000 元。请问该企业应如何安排投资？

A 项目净现值 =-300 000+100 000×(P/A,10%,4)=16 990( 元）

B 项目净现值 =-300 000+110 000×(P/A,10%,4)=48 689（元）

由于两个项目的寿命期及投资额都相同，而 A 项目的净现值小于 B 项目的净现值（见表 7-9），所以该企业应选择 B 项目进行投资。

表 7-9 投资方案的可行性指标

单位：元

| 项目 | A 项目 | B 项目 |
|---|---|---|
| 原始投资额 | 300 000 | 300 000 |
| 期限 | 4 | 4 |
| 每年 NCF | 100 000 | 110 000 |
| 净现值 | 16 990 | 48 689 |

② 寿命期相等，投资额不相同。

【情景 7-16】华信食品股份有限公司现有 C、D 两个投资项目可供选择。其中，C 项目原始投资额为 180 000 元，期限 5 年；D 项目原始投资额为 250 000 元，期限 5 年；投资报酬率为 10%。A 项目的现金流量为 58 000 元，B 项目的现金流量为 72 000 元。请问该企业应如何安排投资？

C 项目净现值 =−180 000+58 000×($P/A$,10%,5)=39 866（元）

D 项目净现值 =−250 000+72 000×($P/A$,10%,5)=22 938（元）

C 项目净现值率 =39 866÷180 000=0.221 48

D 项目净现值率 =22 938÷250 000=0.091 750 4

C 项目内含报酬率 =58 000×($P/A$,IRR,5)−180 000=0

（$P/A$,IRR,5）=3.1，IRR=18.40%

D 项目内含报酬率 =72 000×($P/A$,IRR,5)−250 000=0

（$P/A$,IRR,5）=3.47，IRR=13.57%

由于两个项目的使用寿命相同，投资额不同，运用净现值法是绝对数指标，不能判断两方案的优劣，要使用净现值率或内含报酬率等相对数指标来进行判断。

由表 7-10 中的数据可知，C 项目的净现值率和内含报酬率都大于 D 项目，所以该企业应投资 C 项目。

表 7-10 投资方案的可行性指标

单位：元

| 项目 | C 项目 | D 项目 |
|---|---|---|
| 原始投资额 | 180 000 | 250 000 |
| 期限 | 5 | 5 |
| 每年 NCF | 58 000 | 72 000 |
| 净现值 | 39 866 | 22 938 |
| 净现值率 | 0.22 | 0.09 |
| 内含报酬率 | 18.40% | 13.57% |

（2）项目的寿命期不相等时。比较两个寿命期不等的互斥投资项目时，需要将两项目转化成同样的投资期限，才具有可比性。因为按照持续经营假设，寿命期短的项目，收回的投资将重新进行再投资。针对各项目寿命期不等的情况，可以找出各项目寿命期的最小公倍期数，作为共同

的有效寿命期。

【情景 7-17】现有甲、乙两个机床购置方案，所要求的最低投资报酬率为 8%，甲机床投资额为 30 000 元，可用 3 年，无残值，每年产生 13 000 元现金净流量。乙机床投资额为 36 000 元，可用 2 年，无残值，每年产生 22 000 元现金净流量。问：两方案哪个为优？

将两方案的期限调整为最小公倍年数 6 年，即甲机床 6 年内周转 2 次，乙机床 6 年内周转 3 次。

调整前的净现值：

$$甲方案 =-30\ 000+13\ 000\times(P/A,8\%,3) =3\ 502.30（元）$$

$$乙方案 =-36\ 000+ 22\ 000\times(P/A,8\%,2) =3\ 232.60（元）$$

调整之前甲方案的净现值低于乙方案，按最小公倍数测算，甲方案经历了 2 次投资循环，乙方案经历了 3 次投资循环。调整后的净现值如图 7-3 和图 7-4 所示。

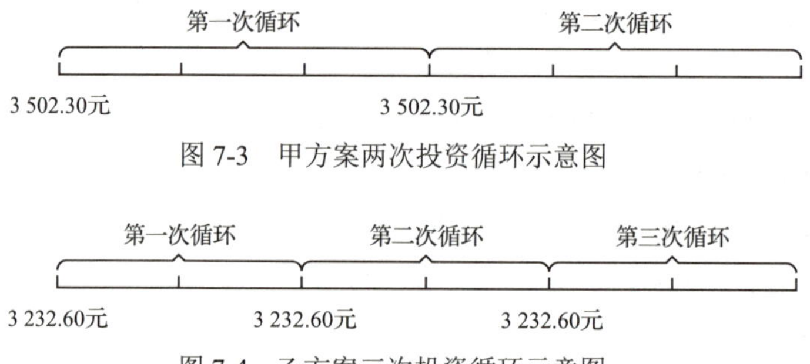


图 7-3　甲方案两次投资循环示意图



图 7-4　乙方案三次投资循环示意图

可以计算出调整后的净现值：

$$甲方案调整后的净现值 =3\ 502.3+3\ 502.3\times(P/F,8\%,3) =6\ 282.43（元）$$

$$乙方案调整后的净现值 =3\ 232.60+3\ 232.60\times(P/F,8\%,2)+ 3\ 232.60\times(P/F,8\%,4) =8\ 379.87（元）$$

由于甲方案调整后的净现值小于乙方案调整后的净现值，所以乙方案更优。

**3. 固定资产更新决策**

固定资产反映了企业的生产经营能力，固定资产更新决策是项目投资决策的重要组成部分。从决策性质上看，固定资产更新决策属于互斥投资方案的决策类型。因此，固定资产更新决策所采用的决策方法是净现值法和年金净流量法，一般不采用内含报酬率法。

（1）寿命期相同的设备重置决策。一般来说，用新设备来替换旧设备，如果不改变企业的生产能力，就不会增加企业的营业收入，即使有少量的残值变价收入，也不是实质性的收入增加。因此，大部分以旧换新进行的设备重置都属于替换重置。在替换重置方案中，所发生的现金流量主要是现金流出量。如果购入的新设备性能提高，扩大了企业的生产能力，这种设备重置就属于扩建重置。

【情景 7-18】华信食品股份有限公司现有一台 3 年前购进的旧机床，目前准备用一新机床替换。该公司所得税税率为 25%，资本成本率为 10%，其余资料如表 7-11 所示。

表 7-11　新旧设备资料

单位：元

| 项目 | 旧设备 | 新设备 |
|---|---|---|
| 原价 | 55 000 | 34 500 |
| 税法残值 | 5 000 | 4 500 |
| 税法使用年限（年） | 8 | 6 |
| 已使用年限（年） | 2 | 0 |
| 尚可使用年限（年） | 6 | 6 |
| 垫支营运资金 | 10 000 | 15 000 |
| 大修理支出 | 10 000（第 2 年年末） | 8 500（第 4 年年末） |
| 每年折旧费（直线法） | 6 250 | 5 000 |
| 每年营运成本 | 12 000 | 9 000 |
| 目前变现价值 | 25 000 | 34 500 |
| 最终报废残值 | 6 000 | 7 500 |

本例中，两机床的尚可使用年限均为 6 年，可采用净现值法决策。将两个方案的有关现金流量资料进行整理后，列出分析表如表 7-12 和表 7-13 所示。

表 7-12 和表 7-13 说明：在两方案营业收入一致的情况下，新设备现金流出总现值为 −65 517.87 元，旧设备现金流出总现值为 −69 942.81 元。因此，继续使用旧设备比较经济，本例中有几个特殊问题应注意：

① 两台机床使用年限相等，均为 6 年。如果年限不等，则不能用净现值法决策。另外，新机床购入后，并未扩大企业营业收入。

表 7-12　保留旧机床方案

单位：元

| 项目 | 现金流量 | 年份 | 现值系数 | 现值 |
|---|---|---|---|---|
| 1. 每年营运成本 | −9 000 | 1—6 | 4.355 | −39 195 |
| 2. 每年折旧抵税 | 1 562.5 | 1—5 | 3.791 | 5 923 .44 |
| 3. 大修理费 | −7 500 | 2 | 0.826 | −6 195 |
| 4. 残值变价收入 | 6 000 | 6 | 0.565 | 3 390 |
| 5. 残值净收益纳税 | −250 | 6 | 0.565 | −141.25 |
| 6. 营运资金收回 | 10 000 | 6 | 0.565 | 5 650 |
| 7. 目前变价收入 | −25 000 | 0 | 1 | −25 000 |
| 8. 变现净损失减税 | −4 375 | 0 | 1 | −4 375 |
| 9. 垫支营运资金 | −10 000 | | | −10 000 |
| 净现值 | — | — | — | −69 942.81 |

表中各项数据计算如下：

a. 每年营运成本：12 000×(1−25%)=9 000（元）

b. 每年折旧抵税：6 250×25%=1 562.5（元）(四舍五入)

c. 大修理费：10 000×(1-25%)=7 500（元）

d. 残值净收益纳税：(6 000-5 000)×25%=250（元）

e. 变现净损失减税：[25 000-(55 000-6 250×2)]×25%≈-4 375（元）(四舍五入)

表 7-13　购买新机床方案

单位：元

| 项目 | 现金流量 | 年份 | 现值系数 | 现值 |
|---|---|---|---|---|
| 1. 设备投资 | -34 500 | 0 | 1 | -34 500 |
| 2. 垫支营运资金 | -15 000 | 0 | 1 | -15 000 |
| 3. 每年营运成本 | -6 750 | 1—6 | 4.355 | -29 396.25 |
| 4. 每年折旧抵税 | 1 250 | 1—6 | 4.355 | 5 443.75 |
| 5. 大修理费 | -6 375 | 4 | 0.683 | -4 354.12 |
| 6. 残值变价收入 | 7 500 | 6 | 0.565 | 4 237.5 |
| 7. 残值净收益纳税 | -750 | 6 | 0.565 | -423.75 |
| 8. 营运资金收回 | 15 000 | 6 | 0.565 | 8 475 |
| 净现值 | — | — | — | -65 517.87 |

表中各项数据计算如下：

a. 每年营运成本：9 000×(1-25%)=6 750（元）

b. 每年折旧抵税：5 000×25%=1 250（元）

c. 大修理费：8 500×(1-25%)=6 375（元）

d. 残值净收益纳税：(7 500-4 500)×25%=750（元）

② 垫支营运资金时，尽管是现金流出，但不是本期成本费用，不存在纳税调整问题。营运资金收回时，按存货等资产账面价值出售，无出售净收益，也不存在纳税调整问题。如果营运资金收回时，存货等资产变价收入与账面价值不一致，需要进行纳税调整。

（2）寿命期不同的设备重置决策。寿命期不同的设备重置方案，用净现值指标可能无法得出正确决策结果，应当采用年金净流量法决策。寿命期不同的设备重置方案，在决策时有如下特点：

第一，扩建重置的设备更新后会引起营业现金流入与流出的变动，应考虑年金净流量最大的方案。设备更新一般不改变生产能力，营业现金流入不会增加，只需比较各方案的年金流出量即可，年金流出量最小的方案最优。

第二，如果不考虑各方案的营业现金流入量变动，只比较各方案的现金流出量，我们把按年金净流量原理计算的等额年金流出量称为年金成本。替换重置方案的决策标准，是要求年金成本最低。扩建重置方案所增加或减少的营业现金流入也可以作为现金流出量的抵减，并据此比较各方案的年金成本。

第三，设备重置方案运用年金成本方式决策时，应考虑的现金流量，主要有以下几点：

① 新旧设备目前的市场价值。对于新设备而言，目前市场价格就是新设备的购价，即原始投资额；对于旧设备而言，目前市场价值就是旧设备的重置成本或变现价值。

② 新旧价值残值变价收入。残值变价收入应作为现金流出的抵减。残值变价收入现值与原始投资额的差额，称为投资净额。

③ 新旧设备的年营运成本，即年付现成本。如果考虑每年的营业现金流入，应作为每年营运成本的抵减。

第四，年金成本可在特定条件下(无所得税因素、每年营运成本相等)，按如下公式计算：

$$年金成本=\frac{\sum（各项目现金净流出现值）}{年金现值系数}$$

$$=\frac{原始投资额-残值收入\times一般现金系数+\sum（年营运成本现值）}{年金现值系数}$$

$$=\frac{原始投资额-残值收入}{年金现值系数}+残值收入\times贴现率+\frac{\sum（年营运成本现值）}{年金现值系数}$$

【情景 7-19】华信食品股份有限公司现有一台旧设备，由于节能减排的需要，准备予以更新。当期贴现率为 15%，假设不考虑所得税因素的影响，其他有关资料如表 7-14 所示。假定企业所得税税率为 25%，则应考虑所得税对现金流量的影响。

**表 7-14　华信食品股份有限公司新旧设备资料**

单位：元

| | 旧设备 | 新设备 |
|---|---|---|
| 原价 | 28 000 | 32 000 |
| 预计使用年限 | 10 年 | 10 年 |
| 已经使用年限 | 4 年 | 0 年 |
| 税法残值 | 6 000 | 5 000 |
| 最终报废残值 | 3 500 | 4 200 |
| 目前变现价值 | 10 000 | 32 000 |
| 每年折旧费（直线法） | 2 200 | 2 700 |
| 每年营运成本 | 10 000 | 7 500 |

① 新设备。每年折旧费为 2 700 元，每年营运成本为 7 500 元，因此：

每年折旧抵税 =2 700×25%=675（元）

每年税后营运成本 =7 500×(1−25%)=5 625（元）

新设备的购价为 32 000 元，报废时残值收入为 4 200 元，报废时账面残值 5 000 元，因此：

税后残值收入 =4 200−(4 200−5 000)×25%=4 400（元）

每年税后投资净额 =(32 000−4 400)÷(*P*/*A*,15%,10)+ 4 400×15%=6 159（元）

综上，可得：

新设备年金成本 =6 159+5 625−675=11 109（元）

② 旧设备。每年折旧费为 2 200 元，每年营运成本为 10 000 元，因此：

每年折旧抵税 =2 200×25%=550（元）

每年税后营运资本 =10 000×(1−25%)=7 500（元）

旧设备目前变现价值为10 000元，目前账面净值为19 200元（28 000−2 200×4），资产报废损失为9 200元，可抵税2 300元（9 200×25%）。同样，旧设备最终报废时残值收入为3 500元，账面残值6 000元，报废损失2 500元，可抵税625元（2 500×25%）。因此：

旧设备投资额=10 000+(19 200−10 000)×25%=12 300（元）

旧设备税后残值收入=3 500+(6 000−3 500)×25%=4 125（元）

每年税后投资净额=(12 300−4 125)÷(*P*/*A*,15%,6)+4 125×15%=2 779（元）

综上，得：

旧设备年金成本=2 779+7 500−550=9 729（元）

以上计算结果表明，继续使用旧设备的年金成本为9 729元，低于购买新设备的年金成本11 109元，应采用继续使用旧设备方案。

## 7.3 证券投资管理
### ——如何进行对外投资决策

**cfo 要求你知道**

证券投资不同于项目投资，项目投资的对象是实体性经营资产，经营资产是直接为企业生产经营服务的资产。

**关键术语**

股票价格（Stock Price）
股票收益率（Stock Yield）

## 7.3.1 证券投资概述

### 1. 证券资产的概念

证券投资指企业将资金用于购买股票、债券等金融资产，从而获取红利、利息及资本利得收益的投资行为和投资过程，是间接投资的重要形式。

证券投资主要包括股票投资、债券投资和基金投资等。与项目投资相比，证券投资的投资者通过购买金融资产，将资金投入到直接从事生产经营的企业，再由此企业运用这部分资金从事生产经营活动。所以，证券投资的资本运用比较灵活，可以随时调用、转卖，或者更换其他资产，以谋求更大的收益，也可以减少因政治经济形势变化而带来的投资损失的风险。证券投资的对象是金融资产，投资活动属于间接投资。科学地进行证券投资，可以充分地利用企业的闲置资金，有利于实现企业的财务目标。

### 2. 证券资产的特点

（1）价值虚拟性。证券资产不能脱离实体资产而完全独立存在，但证券资产的价值不是完全由实体资本的现实生产经营活动决定的，而是取决于契约性权利所能带来的未来现金流量，是一种未来现金流量折现的资本化价值。如债券投资代表的是未来按合同规定收取债息和收回本金的权利，股票投资代表的是对发行股票企业的经营控制权、财务控制权、收益分配权、剩余财产追索权等股东权利。证券资产的服务能力在于它能带来未来的现金流量，按未来现金流量折现即资本化价值，是证券资产价值的统一表达。

（2）可分割性。实体项目投资的经营资产具有整体性要求，如购买建设新的生产能力，往往与厂房、设备等配套流动资产相结合。证券资产可以分割为一个最小的投资单位，如一股股票、一份债券，这就决定了证券资产投资的现金流量比较单一，往往由原始投资、未来收益或资本利得、本金回收所构成。

（3）持有目的多元性。实体项目投资的经营资产往往是为消耗而持有，为流动资产的加工提供生产条件。证券资产的持有目的是多元的，既可能是为未来积累现金即为未来变现而持有，也可能是为谋取资本利得即为销售而持有，还有可能是为取得对其他企业的控制权而持有。

（4）强流动性。证券资产具有很强的流动性，其流动性表现在：

① 变现能力强。证券资产往往都是上市证券，一般都有活跃的交易市场可供及时转让。

② 持有目的可以相互转换。当企业急需现金时，可以立即将为其他目的而持有的证券资产变现。证券资产本身的变现能力虽然较强，但其实际周转速度取决于企业对证券资产的持有目的。作为长期投资的形式，企业持有的证券资产周转一次一般都会经历一个会计年度以上。

（5）高风险性。证券资产是一种虚拟资产，决定了金融投资受公司风险和市场风险的双重影响，不仅发行证券资产的公司业绩影响着证券资产投资的报酬率，资本市场的市场平均报酬率变化也会给金融投资带来直接的市场风险。

### 3. 证券投资的目的

（1）利用闲置资金，增加企业收益。企业在生产经营过程中有时会出现资金闲置、现金结余较多的情况。企业可以利用闲置的资金投资于流通性和变现能力较强的有价证券，以获取一定的收益。当现金不足时可以随时出售证券，以及时补充现金缺口。这样，既能避免持有现金的机会成本，又能在一定程度上增加企业的收益。

（2）经营多元化，降低投资风险。企业经营领域单一，经营风险较大，市场行情一旦变化，会给企业带来重大的经济损失。若将企业资金分为内部经营投资和对外证券投资两部分，有利于实现企业经营、投资多元化。同时，由于对外证券投资不受地域和经营范围限制，投资选择面广，资金退出和收回也比较容易，所以其成为多元化投资的主要方式。

（3）保障未来现金的支付。假设企业在不久的将来有一笔资金需求，如购建厂房或是偿还到期债务，则可以将现有资金投资于有价证券，以便到时出售，满足现金支付需要。

（4）取得相关企业的控制权，保障生产经营。在企业生产经营环节中，供应和销售是企业与市场相联系的重要通道。为保持与供销客户良好而稳定的业务关系，可以对业务关系链的上下游企业进行投资，以债券或股权对关联企业的生产经营施加影响，从而保障本企业生产经营的顺利进行。

**4. 证券投资的风险**

由于证券资产的市价波动频繁，证券投资的风险往往较大。获取投资收益是证券投资的主要目的，证券投资的风险会使投资者无法获得预期投资的收益。按风险性质划分，证券投资的风险分为系统性风险和非系统性风险两大类。

（1）系统性风险。系统性风险，指由于外部经济环境因素变化（如宏观经济形势的变动、国家经济政策的变化、世界能源状况）引起整个资本市场不确定性增强，从而对所有证券都产生影响的共同性风险。该风险无法通过投资多元化的组合而加以避免，也称为市场风险或不可分散风险。证券投资的系统性风险主要包括以下几种。

① 政策风险。政策风险指因国家财政、货币、产业等方面的政策变更而对国民经济整体、区域经济圈、相关产业和行业造成的负面影响。例如，紧缩的货币政策，具体表现为信贷投放的减少，造成下游企业需求减少，会减少对中游企业的订单；中游企业没了订单，又要归还贷款，新增的融资需求得不到满足，只能减少生产，被迫裁员，乃至停产；上游原材料企业生产出来的产品滞销，被动采取降低销售价格，减少产量，造成生产不能满负荷运行，生产设备处于半闲置状态。最终的结果是造成企业盈利能力下降，就业率降低，那么对应的证券市场就会下跌，投资证券市场的基金就会亏损。

② 利率风险。利率风险指由于市场利率的变动引起证券资产价格波动，从而使投资人遭受损失的风险。银行利率变化会影响证券市场资金的供求关系。因此，证券的价格会随利率的变动而变动。两者呈反向变化，市场利率上升，证券资产价格下跌；市场利率下降，证券资产价格上升。证券的到期时间越长，利率风险越大。

③ 购买力风险。购买力风险也称通货膨胀风险，指由于通货膨胀因素的影响而使投资证券收回时的货币资金的购买力降低的风险。在通货膨胀时期，债券投资的预期报酬率比较固定，所遭受的购买力风险较大，此时，变动收益的证券比固定收益的证券更好。因此，房地产投资和股票投资被认为比公司债券和其他固定收益的证券能更好地避免购买力风险。

④ 再投资风险。再投资风险也称期限性风险，指由于市场利率下降而造成的无法通过再投

资而实现预期收益的风险。根据流动性偏好理论，长期投资的收益率应当高于短期投资的收益率。为了避免市场利率变动的风险，投资者可能会投资于短期证券，但短期证券到期时又会面临市场利率下降而无法按预定收益率进行再投资的风险。

（2）非系统性风险。非系统性风险，指由于特定经营环境或特定事件变化引起的不确定性，从而对个别证券产生影响的特有性风险。非系统性风险源于每个企业自身特有的经营活动和财务活动，同整个证券资产市场无关。这种风险可以通过证券投资的多元化来抵消，也称为公司特有风险或可分散风险。非系统性风险主要包括：

① 违约风险。违约风险指证券发行人无法按期兑付证券资产利息或偿还本金而使投资者遭受损失的风险。通常，政府发行的证券违约风险小，金融机构发行的证券次之，企业发行的证券风险较大。违约风险的大小与证券发行者的经营环境、经营能力、理财能力、管理水平密切相关，因此，要降低违约风险，需要从企业的信誉、财务状况和盈利能力等方面进行详细分析。

② 流动性风险。流动性风险指投资者无法在短期内按合理价格出售证券换取现金的风险。如果某种证券能在短期内按市价大量出售，则说明其变现能力较强，投资于这种证券所承担的变现风险较小。反之，则说明其变现能力较差，投资者可能因此而遭受损失。通常，政府证券的流动性风险最小，金融证券次之，公司证券的流动性风险则取决于公司的经营状况、经营环境和未来的发展趋势变化。规模大、实力雄厚、信誉好的公司，其证券的流动性风险较小；反之，证券的流动性风险较大。

③ 破产风险。破产风险是在证券发行者破产清算时，投资者无法收回应得权益的风险。当证券发行者由于经营管理不善而持续亏损、现金周转不畅而无力清偿到期债务或由于其他原因导致难以持续经营时，可能会申请破产保护。破产保护会导致债务清偿的豁免，使得投资者无法取得应得的投资收益，甚至无法收回投资的本金。

## 7.3.2 股票投资

### 1. 股票的概念

股票是股份公司在筹集资本时向社会发行的、表明持有人享有一定权益的凭证，它代表持股人对该公司的所有权。股票的持有人是该公司的股东，股东凭借所持股票取得股利，拥有对该公司财产的要求权。

### 2. 股票的价格

股票仅是一种凭证，其本身没有价值。股票之所以有价格，可以买卖，是因为它能给股票持有者定期带来收入。股票一经上市，股票价格即与股票面值相分离。股票价格由股利的资本化价值（即预期股利和当时市场利率）所决定。同时，股票价格还受整个经济的变化、投资者心理复杂因素的影响。股票价格分为开盘价、收盘价、最高价、最低价、买入价、卖出价、现价等，开盘价即为前日的收盘价。

### 3. 股票的价值

股票的价值指其预期的未来现金流入的现值，也称为股票的“内在价值”或“理论价值”。投资者进行股票投资，支付的购买价格就是投资现金流出；投资持有期间每期的股利和出售时得到的价格收入构成了投资现金流入。未来现金流入包括每期预期的股利和出售时得到的资本利得。

（1）股票的基本模型。该模型是根据投资者所获得的未来现金流入现值之和来计算股票价值的。这些股利的现值就是股票价值。

从理论上说，如果股东不中途转让股票，股票投资没有到期日，投资于股票所得到的未来现金流量是各期的股利。假定某股票未来各期股利为 $D_n$，$R_s$ 为估价所采用的贴现率即所期望的最低收益率，$t$ 为期数，则股票价值的估价模型为：

$$V_s=\frac{D_1}{(1+R_s)^1}+\frac{D_2}{(1+R_s)^2}+\cdots+\frac{D_n}{(1+R_s)^n}+\cdots$$

$$=\sum_{t=1}^{\infty}\frac{D_1}{(1+R_s)^t}$$

提示

该模型假设投资者永远持有某股票，其获得的是一个永续的股利现金流入。

优先股是特殊时期的股票，优先股股东每期在固定时点上收到相等的股利，优先股没有到期日，未来现金流量是一种永续年金，其价值为：

$$V_s=\frac{D}{R_s}$$

（2）常用的股票估价模式。与债券不同的是，持有期限、股利、贴现率是影响股票价值的重要因素。如果投资者准备永久持有股票，未来的贴现率也是固定不变的，那么未来各期不断变化的股利就成为评价股票价值的难题。为此，我们不得不假定未来的股利按一定的规律变化，从而形成几种常用的股票估价模式。

① 固定增长模式。一般情况下，公司并没有把每年的盈余全部作为股利分配出去，留存的收益扩大了公司的资本额，不断增长的资本会创造更多的盈余，进一步又引起下期股利的增长。如果公司本期的股利为 $D_0$，未来各期的股利按上期股利的速度 $g$ 呈几何级数增长，根据股票价值基本模型，股票价值 $V_s$ 为：

$$V_s=\sum_{t=1}^{\infty}\frac{D_0\times(1+g)^t}{(1+R_s)^t}$$

因为 $g$ 是一个固定常数，当 $R_s$ 大于 $g$ 时，上式可以化简为：

$$V_s=\frac{D_1}{R_s-g}$$

该模型假设投资者长期持有股票，且股利以固定增长率逐年增长。

【情景 7-20】假定某投资者准备购买华信食品股份有限公司的股票，并且准备长期持有，要求收益率达到 11%，该公司今年每股股利为 0.9 元，预计未来股利会以 6% 的速度增长，则股票的价值为：

$$V_s=0.9\times(1+6\%)\div(11\%-6\%)=19.08\text{（元）}$$

如果股票目前的购买价格低于 19.08 元，则该公司的股票是值得购买的。

② 零增长模型。如果公司未来各期发放的股利都相等，并且投资者永久持有，那么这种股票与优先股是相类似的。或者说，当固定增长模式中 $g$=0 时，有：

$$V_s=\frac{D}{R_s}$$

【情景 7-21】沿用【情景 7-20】，如果 $g$=0，则股票的价值为：

$$V_s=0.9\div 11\%=8.18\text{（元）}$$

### 4. 股票投资的收益来源

（1）股票收益的来源。股票投资的收益由股利收益、股利再投资收益、转让价差收益三部分构成。并且，只要按货币时间价值的原理计算股票投资收益，就无须单独考虑再投资收益的因素。

（2）股票的内部收益率。股票的内部收益率，是使得股票未来现金流量贴现值等于目前购买价格时的贴现率，也就是股票投资项目的内含报酬率。只有当股票的内含报酬率高于投资者所要求的最低报酬率时，投资者才愿意购买该股票。在固定增长股票的股票价格模型中，用股票的购买价格 $P_0$ 代替内在价值 $V_s$，有：

$$R=\frac{D_1}{P_0}+g$$

从上式可以看出，股票投资内部收益率由两部分组成：一部分是预期股利收益率 $D_1/P_0$；另一部分是股利增长率 $g$。

如果投资者不打算长期持有股票，而将股票转让出去，则股票投资的收益由股票收益和资本利得（转让差价收益）构成。这时，股票内部收益率 $R$ 是使股票投资净现值为零时的贴现率，计算公式为：

$$\text{NPV}=\sum_{t=1}^{n}\frac{D_t}{(1+R)^t}+\frac{P_t}{(1+R)^n}-P_0=0$$

【情景 7-22】某投资者 2016 年 5 月购入华信食品股份有限公司股票 1 000 股，每股购价 3.2 元。华信食品股份有限公司 2017 年、2018 年、2019 年分别派分现金股利 0.3 元 / 股、0.35 元 / 股、0.46 元 / 股。该投资者 2018 年 5 月以每股 3.8 元的价格售出该股票，则该公司股票内部收益率为：

$$\mathrm{NPV}=\frac{0.3}{1+R}+\frac{0.35}{(1+R)^2}+\frac{0.46}{(1+R)^3}+\frac{3.8}{(1+R)^3}-3.2=0$$

当 $R$=16% 时，NPV=0.047 9；当 $R$=18% 时，NPV=−0.101 6。

用插值法计算：

$$R=16\%+2\%\times(0.0479\div(0.0479-(-0.1016)))=16.64\%$$

5. 股票投资的特点

与债券投资相比，股票投资具有以下特点：

（1）股票投资是股权性投资。股票是代表所有权的凭证，购买了股票就成了股票发行公司的股东，可以参与公司的经营决策，有选举权和表决权；而债券投资属于债权性投资，债券是债权债务凭证，购买了债券就成为发行公司的债权人，可以定期获得利息，但无参与公司经营决策的权利。

（2）股票投资的风险大。与债券投资相比，股票投资的风险较大。投资者购买股票之后，不能要求股票发行公司偿还本金，只能在证券市场上转让。股票投资的收益主要取决于股票发行公司的经营状况和股票市场的行情。如果公司经营状况较好，盈利能力强，则股票价格上涨，投资者就会取得收益；如果公司的经营状况不佳，或整个经济形势不景气，则股票价格下跌，投资者就会遭受损失。如果公司破产，股东的求偿权位于债权人之后，因此，股东可能部分甚至全部不能收回投资。债券是要定期还本付息的，所以其风险要比股票投资小。即便公司破产，因其求偿权位于股东之前，也能收回部分投资，不至于血本无还。

（3）股票投资的收益不稳定。股票投资的收益主要是公司发放的股利和股票转让的价差收益，其稳定性较差。股票股利直接与公司的经营状况相关，公司盈利多，就可能多发放股利，公司的盈利少，就可能少发或不发股利；股票转让的价差收益主要取决于股票市场的行情，股市行情好，出售股票就可以得到较大的价差收益，股市低迷时，出售股票不仅得不到价差收益，反而会遭受损失。而债券投资的收益就比较稳定，可以定期得到利息收入。但是，股票投资的收益一般要比债券投资的收益大。

（4）股票价格的波动性大。进行股票投资一定要了解股票价格的波动性是很大的。股市价格受多种因素影响，波动性极大，自从有股市以来，股票价格暴涨暴跌的例子屡见不鲜。这一特点决定了股票市场具有极大的投机性，投资者既可以在这个市场中赚取高额利润，也可能会损失惨重，甚至血本无还。而债券的市场价格尽管也有一定的波动性，但债券的价格毕竟不会偏离其价值太多，因此，其波动性相对较小。这一特点决定了不宜冒险的资金最好不要用于股票投资，而应选择风险较小的债券进行投资。

# 7.4 债券投资
## ——企业的对外投资

**cfo 要求你知道**

债券投资是通过比较债券价值（值多少钱）与债券价格（市场中卖多少钱），或比较债券收益率与资本成本，来决定投资与否的。

债券的还本付息方式不同，债券价值和债券收益率的计算公式不同，但原理是一样的。

**关键术语**

债券面值（Par Value of Bond）
债券价格（Bond Price）
债券收益率（Bond Yield）

### 1. 债券的要素

债券是依照法定程序发行的约定在一定期限内还本付息的有价证券。债券应具备以下基本要素。

（1）债券面值。债券面值指设定的票面金额，它代表发行人借入并且承诺于未来某一特定日期偿付给债券持有人的金额。债券的票面金额是债券到期时偿还债务的金额，是固定不变的，到期必须足额偿还。

（2）债券价格。债券价格指债券发行时的价格。由于发行者的种种考虑或资金市场中供求关系和利息率的变化，债券的市场价格时常脱离它的面值。发行者计息还本，是以债券的面值为依据，而不是以其价格为依据的。

（3）债券票面利率。指债券发行者预计一年内向投资者支付的利息占票面金额的比率。票面利率不同于实际利率。实际利率指按复利计算的一年期的利率，实际利率往往不等于票面利率。

（4）还本期限与方式。债券还本期限指从债券发行到归还本金之间的时间。债券还本期限长短不一，应在债券票面上注明。债券发行者必须在债券到期日偿还本金。债券还本期限的长短，主要取决于发行者对资金需求的时限、未来市场利率的变化趋势和证券交易市场的发达程度等因素。

债券还本方式指一次还本还是分期还本，债券票面上应注明还本方式。

2. 债券投资的风险

债券投资指投资者买卖债券以获取收益的投资行为，是企业重要的投资项目。尽管债券的票面利率是固定的，但债券投资仍然和其他投资一样具有风险。债券投资的风险包括违约风险、利率风险、购买力风险、流动性风险。

（1）违约风险。违约风险指债券的发行人无法按时支付债券利息和偿还本金的风险。不同种类的债券违约风险是不同的。如国家财政部发行的国库券，由于有国家财力作为担保，基本没有违约风险。此外，由于金融机构的规模较大并且信誉较好，其发行的债券的风险较政府债券高但又低于企业债券。企业债券的风险主要取决于企业的信用状况，因而其发行的债券风险较大。企业违约风险的大小是通过信用评估机构对债券的信用评级表现出来的。

（2）利率风险。债券的利率风险指由于市场利率上升而引起债券价格下跌而使投资者遭受损失的风险。由于债券价格会随利率变动，即使没有违约风险的国库券，也会有利率风险。债券价格与市场利率成反比。债券利率风险与债券持有期限的长短成正比。债券的持有期限越长，则利率风险越大，但长期债券的利率一般比短期债券利率高。减少利率风险的方法是分散债券的持有期限。

（3）购买力风险。购买力风险指由于通货膨胀使债券到期或出售时所获得的现金购买力下降的风险。在通货膨胀期间，购买力风险对投资者相当重要，货币贬值会导致持有债券产生的利息和卖出债券的收入的购买力下降。一般情况下，预期报酬率会上升的资产，其购买力风险会低于报酬率固定的资产。减少购买力风险的方法是投资于浮动收益债券。

（4）流动性风险。流动性风险指债券无法在短期内以合理的市场价格出售而形成的风险，又称变现力风险。一般流动性风险与债券出售难易程度成正比。也就是说，如果债券能在短期内按市价大量出售，则这种债券的流动性较强，流动风险小；反之，则说明其流动性较差。降低流动性风险的方法是购买知名大公司的债券。

3. 债券投资的价值

一般情况下，只有当债券价值高于或等于债券购买价格时，才值得投资。因此，要准确对债券的价值进行估算，即债券的估价。

（1）债券价值的概念。债券价值指债券未来现金流入按投资者要求的必要投资收益率进行贴现的现值。它表达了投资者为取得未来的现金流入而在目前所愿投入的资金。

债券价值不同于债券市场价格，债券市场价格是债券市场中形成的债券交易价格。在债券投资中，现金流出是购买债券价格，现金流入是按期收到的利息和到期收回的本金或转让出售时收到的现金。如果债券价值大于或等于债券市场价格，表明投资该债券是可行的，达到了投资者所要求的投资收益率，否则是不可行的。债券价值的计算公式因债券的计息方法不同而不同。

（2）债券价值的计算。要确定债券的投资价值，首先要计算出债券未来现金流入量的现值，只有当债券未来现金流入量的现值等于债券投资的现金流出量的现值，并达到预期的报酬率时，这种债券才值得投资。债券未来现金流入量的现值称作债券价值或债券投资价值。

债券的付息方式不同，债券价值的计算方法也不同。

① 分期付息的债券估价模型。一般情况下的债券估价模型指按复利方式计算的，按年付息的债券价格的估价计算公式为：

$$V_b=\sum_{t=1}^{n}\frac{I_t}{(1+R)^t}+\frac{M}{(1+R)^n}$$

式中，$V_b$ 表示债券价值，$I_t$ 表示债券各期的利息，$M$ 表示债券的面值，$R$ 表示债券价值评估时所采用的贴现率，即所期望的最低投资报酬率。

【情景 7-23】某债券面值 2 000 元，期限 3 年，每年支付一次利息，到期归还本金，以市场利率作为评估债券价值的贴现率，目前的市场利率为 10%，如果票面利率分别为 8%、10% 和 12%，则：

$$\begin{aligned}V_b&=160\times(P/A,10\%,3)+2\,000\times(P/F,10\%,3)\\&=160\times2.486\,9+2\,000\times0.751\,3\\&\approx1\,900.5\end{aligned}$$

$$\begin{aligned}V_b&=200\times(P/A,10\%,3)+2\,000\times(P/F,10\%,3)\\&=200\times2.486\,9+2\,000\times0.751\,3\\&\approx2\,000\end{aligned}$$

$$\begin{aligned}V_b&=240\times(P/A,10\%,3)+2\,000\times(P/F,10\%,3)\\&=240\times2.486\,9+2\,000\times0.751\,3\\&\approx2\,099.46\end{aligned}$$

② 一次还本付息且不计复利的债券估价模式。一次还本付息且不计复利的债券，其估价公式为：

$$V_b=\frac{F\times(1+i\times n)}{(1+K)^n}=F\times(1+i\times n)\times(P/F,K,n)$$

【情景 7-24】华信食品股份有限公司拟于 2019 年 6 月 1 日发行面值为 2 000 元，票面利率为 8%，5 年期的债券，到期一次还本付息，同等风险投资的报酬率为 8%，债券利息按单利计算，则债券价值是多少？

$$\begin{aligned}V_b&=(2\,000+2\,000\times8\%\times5)\times(P/F,8\%,5)\\&=2\,800\times0.6806\\&\approx1905.68\text{（元）}\end{aligned}$$

**4. 债券收益率**

（1）债券收益和收益率。债券的投资收益包括债券的利息收入和资本利得。

一般情况下，债券的利息收入在债券发行时就已确定，不会改变，投资者在购买债券时就可得知。资本利得指债券买入价与卖出价或偿还额之间的差额，由于债券买卖价格受市场利率和供

# 利润分配

## ——财务成果如何处理

利润分配关系各方利益，财务管理人员应清楚利润分配的程序、熟知利润分配的理论和掌握利润分配的方法。

### 本项目架构

- 利润分配的程序
  - 股利分配政策
    - 股利分配的形式

# 8.1 利润分配的程序

## ——股利分配方案的主要内容之一

**cfo 要求你知道**

公司分配股利时，由董事会提出分配预案，提交股东大会决议通过后，向股东宣布股利分配方案，并确定股权登记日、除息日和股利发放日。

**关键术语**

留存收益（Eearnings Retained）

除息日（Ex-Dividend Date）

企业开展经营活动取得收入后，要按照补偿成本，缴纳所得税、提取公积金，并向投资者分配利润，然后进行收益分配。

收益的分配管理是财务管理的重要内容之一，对于维护企业与各相关利益主体之间的财务管理、提升企业价值具有重要意义。

（1）收益分配集中体现了企业所有者、债权人与职工之间的利益关系。企业所有者是企业权益资金的提供者，其应得的投资收益须通过企业的收益分配来实现，而获得投资收益的多少取决于企业的盈利状况及利润分配政策。通过收益分配，投资者实现预期的收益，可以提高企业的信誉程度，有利于增强企业未来融通资金的能力。

企业债权人在向企业投入资金的同时也承担一定的风险，企业的收益分配应体现对债权人利益的保护。在进行收益分配时，除了按时支付到期本金、利息外，企业也要考虑债权人未获偿付本金的保障程度，否则将在一定程度上削弱企业的偿债能力，从而降低企业的财务弹性。

职工是价值的创造者，是企业收入和利润的源泉。通过支付薪资及提供各种福利，可以提高职工的工作热情，为企业创造更多价值。

为了正确、合理地处理好企业各方利益相关者的需求，就必须对企业所实现的收益进行合理分配。

（2）收益分配是企业再生产的条件及资本结构优化的重要措施。企业在生产经营过程中所投入的资金，不断地发生消耗和转移，形成成本费用，最终构成商品价值的一部分。企业取得销售收入，为成本费用的补偿提供了前提，为企业再生产的正常进行创造了条件。通过收益分配，企业形成一部分自有资金，有利于进行扩大再生产。

（3）收益分配是企业优化资本结构的重要措施。留存收益是企业重要的权益资金来源，收益分配政策，影响企业积累，从而影响权益与负债的比例，即资本结构。企业价值最大化的目标要求企业的资本结构最优，因而收益分配成为了优化资本结构、降低资本成本的重要措施。

收益分配应当遵循以下原则：

① 依法分配原则。为了规范企业的收益分配行为，维护各利益相关者的合法权益，《中华人民共和国公司法》等相关法律、法规规定了企业收益分配的基本要求、一般程序和重要比例，企业应当认真执行，不得违反。

② 分配与积累并重原则。企业获得收益后，既要保证简单再生产的持续进行，又要不断积累扩大再生产所需的财力。恰当处理分配与积累之间的关系，积累合理的留存收益，使企业在增强抵抗风险能力的同时，可以筹集扩大再生产所需的资金。

③ 兼顾各方利益原则。企业是经济社会的基本单元，收益分配涉及国家、投资人、债权人、职工等多方面的利益。企业在进行收益分配时，应当统筹兼顾，维护各利益相关者的合法权益。

④ 投资与收益对等原则。企业在向投资者分配收益时，应按照法律、合同协议规定，本着平等一致的原则进行分配，不允许任何一方随意多分多占，为从根本上实现收益分配中的公开、公平和公正原则，保护投资者的利益。

根据相关法律规定，公司分配股利时，由董事会提出分配预案，提交股东大会决议通过后，向股东宣布股利分配方案，并确定股权登记日、除息日，和股利发放日。

a. 股利宣告日，即股东大会决议通过并由董事会将股利支付情况予以公告的日期。公告中将宣布每股应支付的股利、股权登记日、除息日，以及股利支付日。

b. 股权登记日，即有权领取本期股利的股东资格登记截止日期。凡是在此指定日期收盘之前取得公司股票，成为公司在册股东的投资者都可以享受公司分派的股利。

c. 除息日，即领取股利的权利与股票分离的日期。在除息日之前购买的股票才能领取本次股利，而在除息日当天或以后购买的股票，则不能领取本次股利。由于失去了“付息”的权利，除息日的股票价格会下跌。

d. 股利发放日，即公司按照公布的分红方案向股权登记日在册的股东实际支付股利的日期。

股利支付程序如图 8-1 所示。

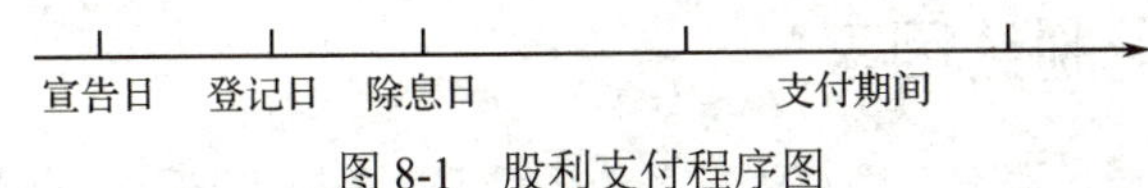

图 8-1 股利支付程序图

【情景 8-1】华信食品股份有限公司于 2019 年 4 月 12 日公布 2018 年度的最后分红方案，其公告如下:“2019 年 4 月 9 日在北京召开股东大会，通过了董事会关于每股分派 0.25 元的 2018 年股息分配方案。股权登记日为 4 月 25 日，除息日为 4 月 26 日，股东可在 5 月 12 日至 28 日之间通过深圳交易所按交易方式领取股息，特此公告。”那么，该公司的股利支付程序如图 8-2 所示。

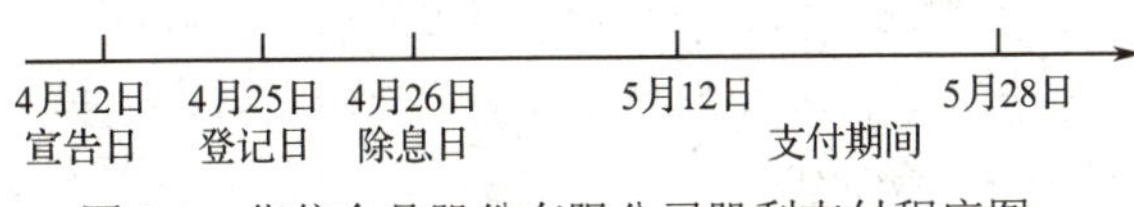

图 8-2 华信食品股份有限公司股利支付程序图

## 8.2 利润分配政策
### ——股利支付的理论和方法

**cfo 要求你知道**

作为财务管理人员应清楚利润分配的制约因素，适时采用相应的股利政策。

关键术语

利润分配（Allocation of Profits）

### 8.2.1 利润分配制约因素

利润分配牵涉到公司、股东、债权人等各方的切身利益，在确定分配政策时，应当考虑各种相关因素的影响，主要包括法律因素、公司因素、股东因素等方面。

**1. 法律因素**

为了保护债权人和股东的利益，相关法律对公司的利润分配做出如下规定：

① 资本保全。法律规定公司不能用资本（包括实收资本、股本和资本公积）发放股利。

② 资本积累。法律规定公司必须按照净利润的一定比例提取法定盈余公积金。

③ 无利不分。股利只能从企业的可供分配的利润中支付。此处可供分配利润包含公司当期的净利润和以前累积的未分配利润。当企业出现年度亏损时，一般不在进行利润分配。

④ 超额累积利润。由于资本利得与股利收入的税率不一致，如果公司为了避税而使得盈余的保留大大超过了公司目前及未来的投资需要，这时公司将被加征额外的税款。我国法律目前对公司累计积累利润尚未做出限制。

**2. 公司因素**

公司基于短期经营和长期发展的考虑，在确定利润分配政策时，需要考虑以下因素：

① 现金流量。公司盈余与现金流量并非完全同步，净收益的增加不一定意味着现金流量的增加。公司在进行利润分配时，要确保正常的经营活动对现金的需求，以维持资金的正常周转，使生产经营得以有序进行。

② 盈余的稳定性。一般情况下，公司的盈余越稳定，其股利支付水平也就越高。

③ 投资机会与资本成本。与发行新股相比，保留盈余不需要花费筹资费用，是一种比较经济的筹资渠道。如果公司的投资机会多，对资金的需求量大，那么公司就很可能会考虑采用低股利支付水平的分配政策；相反，如果公司的投资机会少，对资金的需求量小，那么公司就很可能倾向于采用较高的股利支付水平。

④ 筹资能力。如果公司具有较强的筹资能力，随时能筹集到所需资金，那么公司会具有较强的股利支付能力。另外，留存收益是企业内部筹资的一种重要方式，公司同发行新股或举债相比，不需花费筹资费用，同时增加了公司权益资本的比重，降低了财务风险，便于低成本取得债务资本。

⑤ 其他因素。由于股利的信号传递作用，公司不宜经常改变其利润分配政策，而应保持一定的连续性和稳定性。利润分配政策会受到其他公司的影响，比如不同发展阶段、不同行业的公司股利支付比例会有差异，这就要求公司在进行政策选择时要考虑发展阶段及所处行业的状况。当公司将留存收益用于再投资所得报酬低于股东个人单独将股利收入投资于其他投资机会所得的报酬时，公司就不应多留存收益，而应多发股利，这样有利于股东价值的最大化。

**3. 股东因素**

股利分配方案的最终决定权在股东，股东在控制权、稳定收入等方面的考虑对公司的利润分配政策产生重要影响。

（1）控制权。现有股东往往将股利政策作为维持其控制地位的工具。企业支付较高的股利导致留存收益的减少，当企业为有利可图的投资机会筹集资金时，发行新股的可能性增大，新股东的加入必然稀释公司的控制权。所以，股东会倾向于较低的股利支付水平，以便从内部的留存收益中取得所需资金。

（2）稳定的收入。如果股东以现金股利维持生活，他们往往会要求企业能够支付稳定的股利，而反对过多的留存资金。

## 8.2.2 股利分配与企业价值的关系

股利分配作为财务管理的一部分，同样要考虑其对企业价值的影响。在这一问题上，主要有以下两种观点。

### 1. 股利无关论

持股利无关论观点者认为，在一定的假设条件限制下，股利政策不会对公司的价值或股票的价格产生任何影响，公司市场价值的高低与公司的利润分配政策无关。投资者不关心公司股利的分配。

该理论是建立在完全资本市场理论之上的，假定条件包括：第一，市场具有强式效率；第二，不存在任何公司或个人所得税；第三，不存在任何筹资费用；第四，公司的投资决策与股利决策彼此独立。

### 2. 股利相关理论

与股利无关理论相反，持股利相关理论观点者认为，企业的股利政策会影响股票价格和公司价值，主要有以下几点。

①“手中鸟”理论。该理论认为公司的股利政策与公司的股票价格是密切相关的，即当公司支付较高的股利时，公司的股票价格会随之上升，公司价值将得到提高。

② 信号传递理论。该理论认为，在信息不对称的情况下，公司可以通过股利政策向市场传递有关公司未来获利能力的信息，从而会影响公司的股票价格。一般情况下，预期未来获利能力强的公司，往往愿意通过支付相对较高的股利吸引更多的投资者。如果公司连续保持较为稳定的股利支付水平，那么投资者会对公司未来的盈利能力与现金流量会有较高的预期。如果公司的股利支付水平突然发生变动，那么股票市价也会对这种变动做出相应反应。

③ 所得税差异理论。一般情况下，由于普遍存在的税率和纳税时间的差异，对资本利得收入征收的税率低于对股利收入征收的税率。即使两者没有税率上的差异，由于投资者对资本利得收入的纳税时间选择更具有弹性，投资者仍可以享受延迟纳税带来的收益差异。该理论认为，资本利得收入比股利收入更有助于实现收益最大化目标，公司应当采用低股利政策。

④ 代理理论。该理论认为，股利政策是一种协调股东与管理者之间代理关系的约束机制。首先，股利的支付减少了管理者对自由现金流量的支配权，这在一定程度上可以抑制公司管理者的过度投资或在职消费行为，从而保护外部投资者的利益。其次，较多的现金股利发放，减少了内部融资，导致公司进入资本市场寻求外部融资，从而公司将接受资本市场中更多的、更严格的监督，这样通过资本市场的监督减少了代理成本。因此，高水平的股利政策降低了企业的代理成本，但同时增加了外部融资成本，理想的股利政策应当使两种成本之和最小。

### 8.2.3 股利政策

在不违反国家有关法律法规的前提下，企业根据具体情况制定自己的股利政策。在实际工作中，一般会有以下几种股利政策可供选择。

**1. 剩余股利政策**

剩余股利政策指公司在拥有良好的投资机会时，根据目标资本结构，测算出投资所需的权益资本额，先从盈余中留用，然后将剩余的盈余作为股利来分配，即净利润首先满足公司的资金需求，如果还有剩余，就派发股利；如果没有，则不派发股利。

剩余股利政策的理论依据是股利无关理论。采用剩余股利政策时，公司要遵循以下四个步骤。

① 设定目标资本结构，在此资本结构下，公司的加权平均资本将达到最低水平。

② 确定公司的最佳资本预算，并根据公司的目标资本结构预计资金需求中需要增加的权益资本数额。

③ 最大限度地使用留存收益来满足资金需求中所需增加的权益资本数额。

④ 留存收益在满足公司权益资本增加需求后，若还有剩余再用来发放股利。

【情景 8-2】华信食品股份有限公司 2018 年税后净利润为 8 000 000 元，2019 年投资计划需要资金 10 000 000 元，公司的目标资本结构为权益资本占 65%、债务资本占 35%。按照目标资本结构的要求，公司投资方案所需的权益资本数额为：

$$10\ 000\ 000\times 65\%=6\ 500\ 000\text{（元）}$$

公司当年全部可用于分派的盈利为 8 000 000 元，除了满足上述投资方案所需的权益资本数额外，还有剩余可用于发放的股利。2019 年，公司可以发放的股利数额为：

$$8\ 000\ 000-6\ 500\ 000=1\ 500\ 000\text{（元）}$$

假设该公司当年流通在外的普通股为 10 000 000 股，那么，每股股利为：

$$1\ 500\ 000\div 10\ 000\ 000=0.15\text{（元 / 股）}$$

剩余股利政策的缺陷是：若完全遵照并执行剩余股利政策，股利发放额就会每年随着投资机会和盈利水平的波动而波动。在盈利水平不变的前提下，股利发放额与投资机会的多少呈反方向变动；而在投资机会维持不变的情况下，股利发放额将与公司盈利呈同方向波动。剩余股利政策不利于投资者安排收入与支出，也不利于公司树立良好的形象，一般只适用于公司初创阶段。

**2. 固定或稳定增长的股利政策**

固定或稳定增长的股利政策指公司将每年派发的股利额固定在某一特定水平或在此基础上维持某一固定比率逐年稳定增长。公司只有在确信未来不会发生逆转时才会宣布实施固定或稳定增长的股利政策。在这一政策下，应首先确定股利分配额，而且该分配额一般不会随资金需求的波动而波动。

固定或稳定增长股利政策的优点如下。

① 由于股利政策本身的信息含量，稳定的股利向市场传递公司正常发展的信息，有利于树立公司的良好形象，增强投资者对公司的信心，稳定股票价格。

② 稳定的股利额有助于投资者安排股利收入和支出，有利于吸引那些打算进行长期投资并

对股利有很高依赖性的股东。

③ 稳定的股利政策可能会不符合剩余股利理论，但考虑到股票市场会受多种因素影响（包括股东的心理状态和其他要求），为了将股利维持在稳定的水平上，即使推迟某些投资方案或暂时偏离目标资本结构，也可能比降低股利或降低股利增长率更为有利。

固定或稳定增长股利政策的缺点：股利的支付与企业的盈利相脱节，即不论公司盈利多少，均要支付固定的或按固定比率增长的股利，这可能会导致企业资金紧缺，财务状况恶化。此外，在企业无利可分的情况下，若依然实施固定或稳定增长的股利政策，也是违反《中华人民共和国公司法》的行为。

**提示**

采用固定或稳定增长的股利政策，要求公司对未来的盈利和支付能力做出准确的判断。一般情况下，公司确定的固定股利额不宜太高，以免陷入无力支付的被动局面。固定或稳定增长的股利政策适用于经营比较稳定或正处于成长期的企业，但很难被长期采用。

### 3. 固定股利支付率政策

固定股利支付率政策指公司将每年净利润的某一固定百分比作为股利分派给股东。这一百分比被称为股利支付率，股利支付率一经确定，一般不得随意变更。在这一股利政策下，只要公司的税后利润经过计算确定，则所派发的股利也就相应确定了。固定股利支付率越高，公司留存的净利润越少。

【情景 8-3】华信食品股份有限公司长期以来用固定股利支付率政策进行股利分配，确定的股利支付率为 28%，2018 年税后净利润为 12 000 000 元，如果仍然继续执行固定股利支付率政策，公司 2018 年度将要支付的股利为：

$$12\ 000\ 000\times 28\%=3\ 360\ 000\text{（元）}$$

但公司 2019 年度有较大的投资需求，因此，准备 2018 年度采用剩余股利政策。如果公司 2019 年度的投资预算为 18 000 000 元，目标资本结构为权益资本占 60%，按照目标资本结构的要求，公司投资方案所需的权益资本额为：

$$18\ 000\ 000\times 60\%=10\ 800\ 000\text{（元）}$$

公司 2018 年度可以发放的股利为：

$$12\ 000\ 000-10\ 800\ 000=1\ 200\ 000\text{（元）}$$

固定股利支付率的优点如下。

① 采用固定股利支付率政策，股利与公司盈余紧密配合，体现了“多盈多分、少盈少分、无盈不分”的股利分配原则。

② 由于公司的获利能力在年度间是经常变动的，因此，每年的股利也应当随着公司收益的变动而变动。采用固定股利支付率政策，公司每年按固定的比例从税后利润中支付现金股利，从企业的支付能力角度看，这是一种稳定的股利政策。

固定股利支付率的缺点如下。

① 大多数公司每年的收益很难保持稳定，导致年度间的股利额波动较大，由于股利的信号传递作用，波动的股利很容易给投资者带来经营状况不稳定、投资风险较大的不良印象，可能会成为公司的不利因素。

② 容易使公司面临较大的财务压力。这是因为公司实现的盈利多，并不能代表公司有足够的现金流用来支付较多的股利额。

③ 确定合适的固定股利支付率的难度比较大。

提示

固定股利支付率政策比较适用于那些处于稳定发展且财务状况较稳定的公司。

4. 低正常股利加额外股利政策

低正常股利加额外股利政策指公司事先设定一个较低的正常股利额，每年除了按正常股利额向股东发放股利外，还在公司盈余较多、资金较为充裕的年份向股东额外发放股利。但是，额外股利不固定化，并不意味着公司永久地提高了股利支付率。低正常股利加额外股利，可以用以下公式表示：

$$y=a+bx$$

式中：$y$——低正常股利加额外股利；

$x$——每股收益；

$a$——低正常股利；

$b$——股利支付比率。

低正常股利加额外股利政策的优点如下。

① 赋予公司较大的灵活性，使公司在股利发放上留有余地，并具有较大的财务弹性。公司可根据每年的具体情况，选择不同的股利发放水平，以稳定和提高股票价格，进而实现公司价值的最大化。

② 它使那些依靠股利度日的股东每年至少可以得到比较稳定的股利收入，从而吸引这部分股东。

低正常股利加额外股利政策的缺点如下。

① 由于年份之间公司盈利的波动使得额外股利不断变化，造成分派的股利不同，容易给投资者造成收益不稳定的感觉。

② 当公司在较长时间持续发放额外股利后，会被股东误认为“正常股利”，一旦取消，传递出的信息会使股东认为这是公司财务状况恶化的表现，进而导致股票价格下跌。

提示

相对来说，对那些盈利随着经济周期波动较大的公司，或者公司盈利与现金流量很不稳定时，低正常股利加额外股利政策是一种不错的选择。

# 8.3 股利分配的形式
## ——股利支付的方式

**cfo 要求你知道**

股利支付主要有现金股利、财产股利、负债股利和股票股利四种形式。

**关键术语**

现金股利（Cash Dividend）
财产股利（Property Dividend）
股票权利（Stock Dividend）
股票分割（Split）
股票回购（Stock Repurchase）

## 8.3.1 股利支付形式

股利支付主要有现金股利、财产股利、负债股利和股票股利四种形式。

**1. 现金股利**

现金股利是以现金支付的股利，它是股利支付最常见的方式。公司选择发放现金股利除了要有足够的留存收益外，还要有足够的现金。

**提示** 现金充足与否往往会成为公司发放现金股利的主要制约因素。

**2. 财产股利**

财产股利是以现金以外的其他资产支付的股利，主要是以公司所拥有的其他公司的有价证券，如债券、股票，作为股利支付给股东。

### 3. 负债股利

负债股利是以负债方式支付的股利，以公司的应付票据支付给股东，有时也以发放公司债券的方式支付股利。财产股利和负债股利在我国公司实务使用较少。

### 4. 股票权利

股票权利是公司以增发股票的方式所支付的股利，实务中也称其为“红股”。股票股利对公司来说，并没有现金流出企业，也不会导致公司的财产减少，而只是将公司的留存收益转化为股本。但股票权利会增加流通在外的股票数量，同时降低股票的每股价值。它不改变公司股东权益总额，但会改变股东权益的构成。

【情景 8-4】华信食品股份有限公司在 2018 年发放现金股利前，其资产负债表上的股东权益账户情况如表 8-1 所示。

**表 8-1　股东权益账户情况表**

单位：元

| | |
|---|---|
| 股本（面值 1 元，发行在外 20 000 000 股） | 20 000 000 |
| 资本公积 | 32 000 000 |
| 盈余公积 | 23 000 000 |
| 未分配利润 | 25 000 000 |
| 股东权益合计 | 100 000 000 |

假设该公司宣布发放 10% 的股票股利，现有股东每持有 10 股即可获赠 1 股普通股。若该股票当时价格为 4 元，那么随着股票股利的发放，需从“未分配利润”项目划转出的资金为：

$$20\ 000\ 000\times10\%\times4=8\ 000\ 000\text{（元）}$$

由于股票面值（1 元）不变，发放 2 000 000 股，“股本”项目应增加 2 000 000 元，其余的 6 000 000 =（8 000 000−2 000 000）元应作为股票溢价转至“资本公积”项目，而公司的股东权益总额并未发生改变，仍是 100 000 000 元，股票股利发放后资产负债表上的股东权益部分如表 8-2 所示。

**表 8-2　股东权益账户情况表**

单位：元

| | |
|---|---|
| 股本（面值 1 元，发行在外 22 000 000 股） | 22 000 000 |
| 资本公积 | 38 000 000 |
| 盈余公积 | 23 000 000 |
| 未分配利润 | 17 000 000 |
| 股东权益合计 | 100 000 000 |

假设一位股东派发股票股利之前持有公司普通股 120 000 股，那么，他所拥有的股权比例为：

$$120\ 000\div 20\ 000\ 000\times100\%=0.6\%$$

派发股利后，他所拥有的股票数量和股份比例为：

$$120\ 000\times(1+10\%)=132\ 000\text{（股）}$$

$$132\ 000\div 22\ 000\ 000\times 100\%=0.6\%$$

发放股票股利虽不直接增加股东的财富，也不增加公司的价值，但对股东和公司都有特殊意义。对于股东股票股利的优点主要有：

① 派发股票股利后，理论上每股市价会成比例下降，但实务中这并非必然结果。因为市场和投资者普遍认为，发放股票股利往往预示着公司会有较大的发展和成长，这样的信息传递会稳定股票价格或使股票价格下降比例减少（甚至不降反升），股东便可以获得股票价值相对上升的好处。

② 由于股利收入和资本利得税率的差异，如果股东把股票股利出售，还会给他带来资本利得纳税上的好处。

对公司来讲，股票股利的优点主要有：

① 发放股票股利不需要向股东支付现金，在再投资机会较多的情况下，公司就可以为再投资提供成本较低的资金，从而有助于公司的发展。

② 发放股票股利可以降低公司股票的市场价格，既有利于促进股票的交易和流通，又有利于吸引更多的投资者成为公司股东，进而使股权更为分散，有效地防止公司被恶意控制。

③ 股票股利的发放可以传递公司未来发展前景良好的信息，从而增强投资者的信心，在一定程度上稳定股票价格。

## 8.3.2 股票分割与股票回购

### 1．股票分割

（1）股票分割的含义。

股票分割又称拆股，即将一股股票拆分成多股股票的行为。股票分割一般只会增加发行在外的股票总数，不会对公司的资本结构产生任何影响。股票分割与股票股利非常相似，都是在不增加股东权益的情况下增加了股份的数量，所不同的是，股票股利虽不会引起股东权益总额的改变，但股东权益的内部结构会发生变化，而股票分割之后，股东权益总额及其内部结构都不会发生任何变化，变化的只是股票面值。

（2）股票分割的作用。

① 降低股票价格。股票分割会使股票的每股市价降低，买卖该股票所需资金量减少，从而可以促进股票的流通和交易。流通性的提高和股东数量的增加，会在一定程度上加大了对公司股票恶意收购的难度。此外，降低股票价格还可以为公司发行新股做准备，因为股票价格太高会使许多潜在投资者力不从心，而不敢轻易对公司股票进行投资。

② 向市场和投资者传递“公司发展前景良好”的信号，有助于提高投资者对公司股票的信心。

③ 反分割。与股票分割相反，如果公司认为其股票价格过低，不利于其在市场中的声誉和未来的再筹资。为提高股票的价格，会采取反分割措施。反分割又称为股票合并或逆向分割，是指将多股股票合并为一股股票的行为。反分割会降低股票的流通性，提高公司股票投资的门槛，它向市场传递的信息是不利的。

【情景 8-5】华信食品股份有限公司 2018 年年末资产负债表上的股东权益账户情况如表 8-3 所示。

表 8-3 股东权益账户情况表

单位：元

| 股本（面值 10 元，发行在外 1 000 000 股） | 100 000 000 |
|---|---|
| 资本公积 | 100 000 000 |
| 盈余公积 | 82 000 000 |
| 未分配利润 | 118 000 000 |
| 股东权益合计 | 400 000 000 |

问题：

（1）假设股票市价为 22 元，该公司宣布发放 10% 的股票股利，即现有股东每持有 10 股即可获赠 1 股普通股。发放股票股利后，股东权益有何变化？每股净资产是多少？

（2）假设该公司按照 1∶2 的比例进行股票分割。股票分割后，股东权益有何变化？每股净资产是多少？

分析：

（1）发放股票股利后股东权益情况如表 8-4 所示。

表 8-4 发放股票股利后股东权益情况表

单位：元

| 股本（面值 10 元，发行在外 11 000 000 股） | 110 000 000 |
|---|---|
| 资本公积 | 110 000 000 |
| 盈余公积 | 82 000 000 |
| 未分配利润 | 98 000 000 |
| 股东权益合计 | 400 000 000 |

每股净资产为：

400 000 000÷(10 000 000+1 000 000)≈36.36（元 / 股）

（2）股票分割后股东权益情况如表 8-5 所示。

表 8-5 股票分割后股东权益情况表

单位：元

| 普通股（面值 5 元，发行在外 20 000 000 股） | 100 000 000 |
|---|---|
| 资本公积 | 100 000 000 |
| 盈余公积 | 82 000 000 |
| 未分配利润 | 118 000 000 |
| 股东权益合计 | 400 000 000 |

每股净资产为：

400 000 000÷(10 000 000×2)=20（元 / 股）

**2. 股票回购**

（1）股票回购的含义。

股票回购指上市公司出资将其发行在外的普通股以一定价格购买回来予以注销或作为库存股

的一种资本运作方式。公司不得随意收购本公司的股份。只有在满足相关法律规定的情况下才允许股票回购。

（2）股票回购的方式。

股票回购的方式主要包括公开市场回购、要约回购和协议回购三种。

公开市场回购指公司在公开交易市场中以当前市价回购股票；要约回购指公司在特定期间向股东发出的以高于当前市价的某一价格回购既定数量股票的要约；协议回购指公司以协议价格直接向一个或几个主要股东回购股票。

（3）股票回购的动机。

公司股票回购的动机主要有以下几点。

① 现金股利的替代。现金股利政策会对公司产生未来的派现压力，而股票回购不会。当公司有富余资金时，通过回购股东所持股票将现金分配给股东，这样，股东就可以根据自己的需要选择继续持有股票或出售获得现金。

② 改变公司的资本结构。无论是现金回购还是举债回购股份，都会提高公司的财务杠杆水平，改变公司的资本结构。公司认为权益资本在资本结构中所占比例较大时，为了调整资本结构而进行股票回购，可以在一定程度上降低整体资金成本。

③ 传递公司信息。由于信息不对称和预期差异，证券市场中的公司股票价格可能被低估，而过低的股票价格将会对公司产生负面影响。一般情况下，投资者会认为股票回购意味着公司认为其股票价值被低估而采取的应对措施。

④ 基于控制权的考虑。控股股东为了保证其控制权不被改变，往往采取直接或间接的方式回购股票，从而巩固既有的控制权。另外，股票回购使流通在外的股份数变少，股票价格上升，从而可以有效地防止敌意收购。

（4）股票回购的影响。

① 股票回购需要大量资金，容易造成资金紧张，降低资产流动性，影响公司的后续发展。

② 股票回购无异于股东退股和公司资本的减少，也可能会使公司的发起人股东更注重创业利润的实现，从而不仅在一定程度上削弱了对债权人利益的保护，而且忽视了公司的长远发展，损害了公司的根本利益。

③ 股票回购容易导致公司操纵股票价格。公司回购自己的股票容易导致其利用内幕消息进行炒作，加剧公司行为的非规范化，从而损害投资者的利益。

## ——掌握企业的财务状况、经营成果和现金流量

CFO 

财务分析是了解企业状况最有效的手段，财务人员应通晓财务分析的内容及方法。

### 本项目架构

- 财务分析概述
- 基本财务分析
- 财务综合分析

# 9.1 财务分析概述

**cfo 要求你知道**

财务分析的主要方法有比较分析法、比率分析法、因素分析法和趋势分析法。

**关键术语**

比率分析法（Ratio Analysis Method）
因素分析法（Factor Analysis Approach）
偿债能力分析（Solvency Analysis）

## 9.1.1 财务分析的概念

财务分析是以财务报告资料及其他相关资料为依据，采用专门的分析技术和方法，对企业等经济组织的过去和现在有关筹资活动、投资活动、经营活动及分配活动的盈利能力、营运能力、偿债能力、增长能力状况进行分析与评价的经济管理活动。

财务分析的主要依据是企业的财务报告。财务报告主要包括资产负债表、利润表、现金流量表、所有者权益变动表、会计报表附注及其他资料。

财务分析有两个不同的内容，一是进行企业之间的横向比较，它是用某一企业的财务指标与同行业的平均指标进行比较，以分析和对比该企业与同行业平均水平的差异；二是进行企业的内部纵向比较，它是用企业不同时期的财务指标进行比较，对企业不同时期的发展变化做出分析和判断。

## 9.1.2 财务分析的作用

财务分析是财务管理的重要方法之一，是对企业一定时期财务活动的总结，为企业进行下一步的财务预测和财务决策提供依据。

财务分析的作用表现为以下几个内容：

（1）通过财务分析，可以评价企业在一定时期的财务状况，揭示企业生产经营活动中存在的问题，总结财务管理工作的经验教训，为企业生产经营决策和财务决策提供重要的依据。

（2）通过财务分析，可以为投资者、债权人及其他有关部门和人员提供系统的、完整的财务分析资料，便于他们更加深入地了解企业的财务状况、经营成果和现金流量情况，为他们制定经济决策提供依据。

（3）通过财务分析，可以检查企业内部各职能部门和单位完成财务计划指标的情况，考核各部门和单位的工作业绩，以便及时发现管理工作中存在的问题，总结经验教训，提高管理水平。

## 9.1.3 财务分析的局限性

财务分析对于了解企业的财务状况和经营成绩，评价企业的偿债能力和经营能力，辅助制定经济决策有着显著的作用。但由于受到种种因素的影响，财务分析也存在着一定的局限性。

### 1. 资料来源的局限性

（1）报表数据的时效性问题。财务报表中的数据均是企业过去经济活动的结果和总结，对预测未来发展趋势只有参考价值，并非绝对合理。

（2）报表数据的真实性问题。在企业形成其财务报表之前，信息提供者往往对信息使用者所关注的财务状况以及对信息的偏好进行仔细分析与研究，并尽力满足信息使用者对企业财务状况和经营成果信息的期望。其结果极有可能使信息使用者看到的报表信息与企业实际状况相距甚远，从而误导信息使用者的决策。

（3）报表数据的可比性问题。根据会计准则的规定，不同的企业或同一企业在不同时期都可以根据情况采用不同的会计政策和会计处理方法，这使得财务报表的数据在企业不同时期和不同企业之间的对比在很多时候失去意义。

（4）报表数据的完整性问题。由于财务报表本身的原因，其提供的数据是有限的。对报表使用者来说，某些需要的信息在财务报表或附注中可能无法找到。

### 2. 财务分析方法的局限性

(1)财务指标体系不严密。每一个财务指标只能反映企业的财务状况或经营状况的某一方面，每一类指标都过分强调本身所反映的方面，导致整个指标体系不严密。

（2）财务指标的评价标准不统一。例如，对于流动比率，人们一般认为指标值为 2 比较合理，而对于速动比率，则认为 1 比较合适。但许多成功企业的流动比率都低于 2。不同行业企业的速动比率也有很大差别，如采用大量现金销售的企业，几乎没有应收账款，速动比率大大低于 1 是很正常的。相反，一些应收账款较多的企业，速动比率可能要大于 1。因此，在不同企业之间用财务指标进行评价时没有一个统一标准，不便于不同行业间的对比。

（3）财务指标的计算口径不一致。例如，对反映企业营运能力的指标，分母的计算可以用年末数，也可以用平均数，而平均数的计算又有不同的方法，这些都会导致计算结果不一样，不利于评价比较。

### 9.1.4 财务分析的方法

财务分析的主要方法有比较分析法、比率分析法、因素分析法和趋势分析法。

**1. 比较分析法**

在财务分析方法中，比较分析法是最基本的分析方法。

比较分析法是通过对比两期或连续数期财务报告中的相同指标，确定其增减变动的方向、数额和幅度，从而说明企业财务状况或经营成果变动趋势的一种方法。采用这种方法，可以分析引起变化的主要原因、变动的性质，并预测企业未来的发展趋势。

在运用比较分析法进行分析时，必须注意经济指标的可比性。在选择比较指标时，要求在内容、计算方法、计价标准和时间跨度上保持口径一致。但在实践中，由于各种原因，资料可比性往往很难保证，这就要求分析者必须对对比指标进行必要的调整。

利用比较分析法对财务报表进行分析时，会进行以下几个内容的比较。

（1）重要财务指标的比较。这是将不同时期财务报告中的相同指标或比率进行纵向比较，直接观察其增减变动情况及变动幅度，考察其发展趋势，预测其发展前景。根据进行比较的基期不同，分为定基动态比率和环比动态比率。

① 定基动态比率的计算公式如下：

定基动态比率 = 分析期数据 ÷ 固定基期数据 ×100%

定基动态比率反映指标的长期趋势。

② 环比动态比率的计算公式如下：

环比动态比率 = 分析期数据 ÷ 前期数据 ×100%

环比动态比率反映指标的短期趋势。

（2）会计报表的比较。会计报表比较是将连续数期会计报表的金额并列起来，比较各指标不同期间的增减变动金额和幅度，据以判断企业财务状况和经营成果的变化，包括资产负债表比较、利润表比较和现金流量表比较。

（3）会计报表项目构成的比较。这是在会计报表比较的基础上发展而来的，是以会计报表中的某个总体指标作为100%，再计算出各组成项目占该总体指标的百分比，从而比较各个项目百分比的增减变动，以此来判断有关财务活动的变化趋势。

采用比较分析法时，用于对比的各期指标，其计算口径必须一致；同时应剔除偶然因素的影响，使分析所利用的数据能反映企业正常的经营状况。

提·示

进行比较分析时，是两个相同指标的比较，可以和本期的历史期间比较（纵向比较），也可以和同期同行业的数据比较（横向比较）。

### 2. 比率分析法

比率分析法指通过计算和对比经济指标的比率，进行数量分析的一种方法。采用这一方法，首先应把要进行对比的指标变成相对数求出比率，然后再进行对比分析，从比率的差异中发现问题。一般常用的重要比率大致可归纳为四类，即变现能力比率、长期偿债比率、资产管理比率和获利能力比率。

根据分析目的和要求的不同，比率分析主要分为结构比率、效率比率和相关比率三种。

（1）结构比率。结构比率亦称构成比率，反映经济指标的局部与总体的关系，即分子是包含在分母之中的，如资产负债率、资产构成比率。因此，结构比率可以帮助我们考查总体中某个构成项目的比例安排是否合理有效，以便进行结构调整。

（2）效率比率。效率比率是用以反映经济活动中支出与所得的比例，体现投入与产出的关系，如成本费用利润率、资金利润率、资本利润率。利用效率比率可以权衡得失，评价经营效果的好坏，为投资决策服务。

（3）相关比率。相关比率是以某个项目和与其相关但又不同的项目加以对比得出的比率，反映有关经济活动的相互关系。例如，将流动资产与流动负债进行对比，可以判断企业的短期偿债能力，将负债总额与资产总额相比，可以判断企业长期偿债。

提·示

比率分析是将两个相关指标进行比较。要注意对比的项目应该具有相关性，项目的计算口径应该一致。

### 3. 因素分析法

因素分析法是对某项综合指标的变动原因按其内在的因素，计算和确定各个因素对这一综合指标发生变化的影响程度的分析方法。具体又分为连环替代法和差额分析法两种。

（1）连环替代法。连环替代法是将分析指标分解为各个可以计量的因素，并根据各个因素之间的依存关系，顺次用各因素的比较值替代基准值，据以测定各因素对分析指标的影响。

【情景 9-1】华信食品股份有限公司 2019 年 10 月某种原材料费用的实际数额是 135 000 元，而其计划数额是 96 000 元。实际比计划增加 39 000 元。由于原材料费用是由产品产量、单位产品材料消耗量和材料单价三个因素的乘积组成的，因此就可以把材料费用这一总指标分解为三个因素，然后逐个来分析它们对材料费用总额的影响程度。现假设这三个因素的数值如表 9-1 所示。

表 9-1　三个因素的数值表

| 项目 | 单位 | 计划数 | 实际数 |
|---|---|---|---|
| 产品产量 | 吨 | 80 | 90 |
| 单位产品材料消耗量 | 吨 | 6 | 5 |
| 材料单价 | 元 | 200 | 300 |
| 材料费用总额 | 元 | 96 000 | 135 000 |

根据表 9-1 中资料，材料费用总额实际数较计划数增加 39 000 元。运用连环替代法，可以计算各因素变动对材料费用总额的影响。

计划指标：80×6×200=96 000（元）　①

第一次替代：90×6×200=108 000（元）　②

第二次替代：90×5×200=90 000（元）　③

第三次替代：90×5×300=135 000（元）　④

实际指标：

②－①=108 000−96 000=12 000（元）　产量增加的影响

③－②=90 000−108 000=−18 000（元）　材料节约的影响

④－③=135 000−90 000=45 000（元）　价格提高的影响

12 000+(−18 000)+45 000=39 000（元）　全部因素的影响

（2）差额分析法。差额分析法是连环替代法的一种简化形式，是利用各个因素的比较值与基准值之间的差额，来计算各因素对分析指标的影响。

【情景 9-2】沿用【情景 9-1】中数据，可采用差额分析法计算确定各因素变动对材料费用的影响。

① 由于产量增加对材料费用的影响为：(90−80)×6×200=12 000（元）

② 由于材料消耗节约对材料费用的影响为：(5−6)×90×200=−18 000（元）

③ 由于价格提高对材料费用的影响为：(300−200)×90×5=45 000（元）

### 4. 趋势分析法

趋势分析法指利用财务报告提供的数据资料，通过比较两期或连续数期财务报告中的相同指标，确定其增减变动的方向、数额和幅度，据以预测企业财务状况或经营成果变动趋势的方法。典型的趋势分析是将本期数据与上期数据进行比较，更为复杂的趋势分析则涉及多个会计期间的比较。用于趋势分析的数据既可以是绝对值，也可以是以比率表示的相对值。

采用趋势分析法预测有关指标时，具体程序如下：

（1）计算趋势比率或指数，所对比指标的计算口径必须一致。

（2）根据指数计算结果，评价和判断企业各项指标的变动及其合理性，也就是应剔除偶发性项目的影响。

（3）根据企业以往各期的变动情况，研究其变动规律，从而预测出企业未来的发展变动情况。

趋势分析法主要包括：

① 重要财务指标的比较。这是一种将不同时期财务报告中的相同指标或比率进行比较，直接观察其增减变动数据或变动幅度，预测其发展趋势的分析方法。根据不同的比较基础，又有定基动态比率和环比动态比率两种。定基动态比率是以某一时期的数据为固定基期数值而计算出的动态比率。环比动态比率是以每一分析期的前期数值为基期数值计算出的动态比率。

② 会计报表的比较。这是一种将连续数期财务报告中的金额相并列，比较其相同指标的增减变动数据或变动幅度，预测其发展趋势的分析方法。它具体包括：

a. 若干期资产负债表项目的变动趋势分析；

b. 若干期利润表项目的变动趋势分析；

c. 若干期资产负债表或利润表项目结构比例的变动趋势分析；

d. 若干期财务比率的变动趋势分析；

e. 特定项目若干期数据的变动趋势分析。

③ 会计报表项目构成的比较。该方法是将会计报告中的某个总体指标作为100%，再计算出各组成项目占该总体指标的百分比，以此来判断有关财务活动的变化趋势。一般用100%表示的项目，在利润表中为销售收入，在资产负债表中为资产总额和负债及股东权益总额。

## 9.1.5 财务分析的内容

尽管不同的财务分析主体有不同的分析目的，但财务报表提供的信息量是确定的，只是分析者的侧重点有所不同而已。概括起来，财务报表分析的基本内容主要有以下几点。

### 1. 偿债能力分析

偿债能力分析按偿债期限长短分为长期偿债能力分析和短期偿债能力分析。这两种分析的目标及运用的技术指标都有所不同，但也有某些共同特点，如企业资本结构的合理性、营运资金占用是否合理、企业的财务状况。通过偿债能力分析，分析者希望能对企业债务利用程度进行评价，了解企业财务风险的现状，以便为企业进行外部投资决策和筹资决策提供信息依据。

### 2. 营运能力分析

营运能力分析主要包括企业资产占用结构的合理性和资产周转使用情况，其中应着重分析流动资产的周转使用情况。

### 3. 盈利能力分析

盈利能力分析主要包括对企业利润计划或目标的完成情况及影响因素的分析，以及对投资者获利水平的影响，通过分析和对比各年度利润指标的趋势变动情况来预测企业的盈利前景。

### 4. 对企业总体财务状况的评价分析

在上述专项分析的基础上，运用杜邦分析法等技术分析方法，全面综合地对企业的财务状况和经营状况进行相互联系的分析，揭示财务管理工作中的优势和薄弱环节。

## 9.1.6 财务分析的步骤

财务分析一般分为以下几个步骤。

**1. 明确分析目标**

财务分析的目标主要有资信能力评价、投资分析、经营决策分析。资信能力评价是债权人或潜在的债权人对企业偿债能力的分析，在此分析目标下，有短期偿债能力分析和长期偿债能力分析；投资分析是企业权益投资者或潜在投资者对投入企业资本的安全性和获利性的分析；经营决策分析是企业管理当局对企业筹资、投资及分配各环节所做的全面分析。

**2. 收集并整理信息资料**

财务信息是财务分析依据的主要资料，理应成为信息收集的重心。企业提供的财务信息主要包括资产负债表、利润表、利润分配表、现金流量表、所有者权益变动表。会计报表附注是对重要财务报表有关项目所做的解释，主要包括主要会计处理方法的选择及其变更情况、非经常性项目的说明、重要会计项目明细资料、其他有助于理解财务报表的说明事项。可见，报表附注为分析者提供许多至关重要的具体信息，这是财务报表本身所无法揭示的，收集资料时应予以足够的重视，此外还可能涉及企业内部报表、财务情况说明书等资料。有条件时，分析者还可以借助独立公正的第三方提供的专业报告，如会计师事务所提供的独立审计报告、信用评估事务所提供的信用等级证明、资产评估事务所提供的资产评估价值。

财务分析仅靠财务信息是不够的，除财务报表外，还要收集其他相关信息，以供参考对照。这些资料的采集往往是全方位的，具体要视分析需要而定，如在物价变动较大时，要调整报表，就需收集有关物价变动情况的资料；为分析企业的竞争能力，就需要收集有关行业标准，观察其在行业中的地位及优势，调查其产品市场占有率的现状及发展趋势。

**3. 实施具体分析**

实施具体分析是整个财务分析的核心。该步骤是围绕分析目标，对收集的资料进行评价，揭示经营中存在的问题及其形成原因。在实施具体分析工作时，要重视分析方法的选择及运用，视不同的分析对象，采用简化处理和系统分析相结合，同时注意控制分析成本，确保财务分析顺利进行。

**4. 做出分析结论，撰写财务分析报告**

该阶段是整个财务分析工作的终结，体现财务分析价值及成果，提供的财务分析报告也将极大地影响报告使用者的决策行为。因此，分析结论的得出要体现科学性和真实性的要求，并带有一定的前瞻性。也就是说，分析结论要在大量真实可靠的信息上，点面结合、综合评判，并结合定性和定量分析方法，以评价分析对象的现状和发展趋势。

财务分析报告是在分析结论的基础上进行加工整理而形成的报告，在撰写过程中，要做到简明概要、层次清晰、重点突出、通俗易懂。

### 9.1.7 财务分析的基础资料

财务指标也称财务比率，是以财务报表数据的相关关系来揭示企业经营、管理各个方面的状态，是最主要的财务分析方法。财务指标指总结和评价企业财务状况与经营成果的指标，包括偿债能力指标、营运能力指标、盈利能力指标和发展能力指标。

为便于说明，本节各项财务指标的计算，将主要采用华信食品股份有限公司作为例子，该公司的资产负债表、利润表如表 9-2、表 9-3 所示。

表 9-2 资产负债表

编制单位：华信食品股份有限公司　　2018 年 12 月 31 日　　单位：元

| 资产 | 期末余额 | 上年年末余额 | 负债和所有者权益（或股东权益） | 期末余额 | 上年年末余额 |
|---|---|---|---|---|---|
| 流动资产： | | | 流动负债： | | |
| 货币资金 | 5 145 648.00 | 1 645 800.00 | 短期借款 | | 400 000.00 |
| 交易性金融资产 | | 3 000 000.00 | 交易性金融负债 | | |
| 衍生金融资产 | | | 衍生金融负债 | | |
| 应收票据 | | | 应付票据 | | |
| 应收账款 | 1 249 000.00 | 1 085 000.00 | 应付账款 | 556 000.00 | 382 000.00 |
| 应收款项融资 | | | 预收款项 | | |
| 预付款项 | | | 合同负债 | | |
| 其他应收款 | 68 000.00 | 108 000.00 | 应付职工薪酬 | 374 400.00 | 226 400.00 |
| 存货 | 917 820.00 | 760 000.00 | 应交税费 | 153 860.00 | 14 622.00 |
| 合同资产 | | | 其他应付款 | 127 644.00 | 32 000.00 |
| 持有待售资产 | | | 持有待售负债 | | |
| 一年内到期的非流动资产 | | | 一年内到期的非流动负债 | | |
| 其他流动资产 | | | 其他流动负债 | | |
| 流动资产合计 | 7 380 468.00 | 6 598 800.00 | 流动负债合计 | 1 211 904.00 | 1 055 022.00 |
| 非流动资产： | | | 非流动负债： | | |
| 债权投资 | | | 长期借款 | 1 300 000.00 | 300 000.00 |
| 其他债权投资 | | | 应付债券 | | |
| 长期应收款 | | | 其中：优先股 | | |
| 长期股权投资 | 600 000.00 | 200 000.00 | 永续债 | | |
| 其他权益工具投资 | | | 租赁负债 | | |
| 其他非流动金融资产 | | | 长期应付款 | | |
| 投资性房地产 | | | 预计负债 | | |
| 固定资产 | 2 887 170.00 | 2 477 390.00 | 递延收益 | | |
| 在建工程 | 188 000.00 | 440 000.00 | 递延所得税负债 | | |
| 生产性生物资产 | | | 非流动负债合计 | 1 300 000.00 | 300 000.00 |
| 油气资产 | | | 负债合计 | 2 511 904.00 | 1 355 022.00 |
| 使用权资产 | | | 所有者权益（或股东权益） | | |
| 无形资产 | 472 000.00 | 500 000.00 | 实收资本（或股本） | 6 000 000.00 | 6 000 000.00 |
| 开发支出 | | | 其他权益工具 | | |
| 商誉 | | | 其中：优先股 | | |
| 长期待摊费用 | | | 永续债 | | |
| 递延所得税资产 | | | 资本公积 | | |
| 其他非流动资产 | | | 减：库存股 | | |
| 非流动资产合计 | 4 147 170.00 | 3 617 390.00 | 其他综合收益 | | |
| | | | 专项储备 | | |
| | | | 盈余公积 | 1 093 961.00 | 1 068 200.00 |
| | | | 未分配利润 | 1 921 773.00 | 1 792 968.00 |
| | | | 所有者权益（或股东权益）合计 | 9 015 734.00 | 8 861 168.00 |
| 资产总计 | 11 527 638.00 | 10 216 190.00 | 负债和所有者权益（或股东权益）总计 | 11 527 638.00 | 10 216 190.00 |

表 9-3 利润表

编制单位：华信食品股份有限公司　　2018 年 12 月 31 日　　单位：元

| 项　　目 | 本期金额 | 上期金额 |
|---|---|---|
| 一、营业收入 | 800 000.00 | |
| 减：营业成本 | 360 000.00 | |
| 税金及附加 | 5 120.00 | |
| 销售费用 | 40 000.00 | |
| 管理费用 | 107 800.00 | |
| 研发费用 | | |
| 财务费用 | 7 600.00 | |
| 其中：利息费用 | 7 600.00 | |
| 利息收入 | | |
| 加：其他收益 | | |
| 投资收益（损失以“-”号填列） | 100 000.00 | |
| 其中：对联营企业和合营企业的投资收益 | | |
| 以摊余成本计量的金融资产终止确认收益（损失以“-”号填列） | | |
| 净敞口套期收益（损失以“-”号填列） | | |
| 公允价值变动收益（损失以“-”号填列） | | |
| 信用减值损失（损失以“-”号填列） | | |
| 资产减值损失（损失以“-”号填列） | 28 000.00 | |
| 资产处置收益（损失以“-”号填列） | | |
| 二、营业利润（亏损以“-”号填列） | 351 480.00 | |
| 加：营业外收入 | | |
| 减：营业外支出 | 8 000.00 | |
| 三、利润总额（亏损总额以“-”号填列） | 343 480.00 | |
| 减：所得税费用 | 85 870.00 | |
| 四、净利润（净亏损以“-”号填列） | 257 610.00 | |
| （一）持续经营净利润（净亏损以“-”号填列） | | |
| （二）终止经营净利润（净亏损以“-”号填列） | | |
| 五、其他综合收益的税后净额 | | |
| （一）不能重分类进损益的其他综合收益 | | |
| 1. 重新计量设定受益计划变动额 | | |
| 2. 权益法下不能转损益的其他综合收益 | | |
| 3. 其他权益工具投资公允价值变动 | | |
| 4. 企业自身信用风险公允价值变动 | | |
| …… | | |
| （二）将重分类进损益的其他综合收益 | | |
| 1. 权益法下可转损益的其他综合收益 | | |
| 2. 其他债权投资公允价值变动 | | |
| 3. 金融资产重分类计入其他综合收益的金额 | | |
| 4. 其他债权投资信用减值准备 | | |
| 5. 现金流量套期储备 | | |
| 6. 外币财务报表折算差额 | | |
| …… | | |
| 六、综合收益总额 | | |
| 七、每股收益： | | |
| （一）基本每股收益 | | |
| （二）稀释每股收益 | | |

# 9.2 偿债能力分析

**cfo 要求你知道**

反映偿债能力分析主要有流动比率、速动比率、现金流动负债比率、资产负债率、股东权益比率、负债权益比率及利息保障倍数。

**关键术语**

流动比率（Current Ratio）
速动比率（Acid Test Ratio）
资产负债率（Debt-Asset Ratio）
利息保障倍数（Interest Cover）

企业的偿债能力是指企业用其资产偿还长期债务与短期债务的能力。企业有无支付现金的能力和偿还债务能力，是企业能否生存和健康发展的关键。偿债能力低下，不仅会影响企业的资信等级和再筹资能力，而且关系着企业的生存和发展。因此，保持适当的偿债能力是财务管理的重要任务之一。

## 9.2.1 短期偿债能力分析

短期偿债能力指企业偿付流动负债的能力。流动负债是一年内或者超过一年的一个营业周期内需要偿付的债务，其偿债的资金来源只能是一年以内可变现的流动资产。因此，企业营运资金的大小和流动资产变现能力的强弱，将最终决定企业的短期偿债能力。企业维持适当的短期偿债能力相当重要，对债权人来说，不仅能及时地兑付股东股利，而且债务的及时清偿有助于降低公司的风险水平，符合投资者的长期利益；对管理者来说，有利于提高企业的声誉，拓宽筹资渠道，维持企业生产经营活动的正常进行。

营运资金是衡量企业短期偿债能力的重要指标，表现为流动资产与流动负债的差额。一般而言，企业营运资金应该大于零，营运资金反映企业将多少长期资本（包括所有者权益和长期负债）用于流动资产投资，投资的长期资本越多，则短期偿债的压力越小。值得注意的是，流动资产一般可于一年内变现，但其内部构成项目的变现能力差别较大，既有流动性最强的现金，也有流动性较弱的存货，更有已经费用化的待摊费用。因此，必须从不同角度来反映和衡量企业的短期偿债能力。一般情况下，评价企业短期偿债能力的财务比率主要有流动比率、速动比率、现金流动负债比率。

1. **流动比率**

流动比率是企业流动资产与流动负债的比率。它表明企业每单位流动负债有多少单位的流动资产作为偿还保障，是衡量企业短期偿债能力的一个重要财务指标，其计算公式为：

$$流动比率 = 流动资产 \div 流动负债$$

式中，流动资产包括货币资金、交易性金融资产、应收账款、存货；流动负债包括短期借款、应付账款、应付票据、应交税费和其他各项应付费用。

一般情况下，流动比率越高，说明企业偿还流动负债的能力越强，流动负债得到偿还的保障越大。流动比率表示流动资产与流动负债的倍数关系，企业短期内能够变现的流动资产越多，流动负债到期本息清偿的可能性也就越大。因此，较高的流动比率有助于提高企业的资信程度，但是从公司经营者和投资者角度而言，流动比率过高会降低企业总资产的盈利水平和使用效率，因为流动比率过高意味着将企业有限的资金过多地投入到盈利能力较低的流动资产中。另外，流动比率过高还可能预示着企业管理效率的低下，如闲置资金过多、应收账款周转过慢、存货积压等因素都会影响流动比率。

流动比率太低固然偿债能力低下，但有时即使流动比率很高，也不能以此断定企业具有很强的短期偿债能力。在运用该指标分析公司短期偿债能力时，还应结合存货的规模大小、周转速度、变现能力和变现价值等指标进行综合分析。如果某公司的流动比率很高，但其存货规模大，周转速度慢，便有可能造成存货变现能力弱，变现价值低，那么该公司实际的短期偿债能力就要比指标反映的弱。这就要求在分析流动比率时，要充分研究流动资产构成项目的合理性。

一般情况下，人们认为制造企业合理的流动比率为2，这是流动资产中变现能力较差的存货资金约占流动资产一半的缘故。流动比率的大小与企业所处的行业有着密切的关联，生产经营周期短，资金周转速度快，流动比率就会小些；反之，所需维持的流动比率就会大些。在财务分析时需把握流动比率的评价尺度，通过与同行业的先进水平和平均水平做比较，可以评价流动比率的变动趋势。

**提示**

流动比率高也可能是存货积压、应收账款多且收账期延长等因素造成的，而真正来偿债的现金和银行存款却严重短缺。所以，企业应在分析流动比率的基础上，进一步对现金流量加以考察。

【情景 9-3】根据表 9-2 中数据，计算华信食品股份有限公司年末与年初的流动比率（计算结果保留两位小数）。

年末流动比率 =7 380 468÷1 211 904≈6.09

年初流动比率 =6 598 800÷1 055 022≈6.25

### 2. 速动比率

在流动资产中，短期有价证券、应收账款、应收票据的变现能力均比存货的变现能力强，存货需经过销售才能转化为现金，如果存在滞销，则变现能力不容乐观。一般情况下，流动资产扣除存货后的资产称为速动资产，主要包括现金、短期投资、应收票据、应收账款。

速动资产与流动负债的比率称为速动比率，计算公式为：

速动比率 = 速动资产 ÷ 流动负债

其中：

速动资产 = 货币资金 + 交易性金融资产 + 应收账款 + 应收票据

= 流动资产 − 存货 − 预付账款 −1 年内到期的流动资产 − 其他流动资产

速动比率越高，说明企业短期偿债能力越强。速动比率比流动比率更能体现企业短期偿债能力，因为速动比率充分考虑了流动资产内部各项目的变现能力差异。但需指出的是，应收账款的变现能力强弱将对速动比率的可信性产生重大影响，因为账面的应收账款不一定都能变成现金，该部分债权变现速度要受到应收账款的账龄结构和信用政策的制约。在运用该指标分析公司短期偿债能力时，应结合应收账款的规模、周转速度、其他应收款的规模，以及它们的变现能力进行综合分析。如果某公司速动比率很高，但应收账款周转速度慢，且其他应收款的规模大，变现能力差，那么该公司较为真实的短期偿债能力要比该指标反映的差。

一般认为，制造企业的速动比率为 1 比较合理，因为将流动资产一半的存货扣除后，其他变现能力较强的流动资产至少要等于流动负债，企业的短期偿债能力才会有保证。速动比率与流动比率相同，也会因为行业的不同而有较大差别。

**提示**

流动比率的高低与企业所在行业有关，不同的行业应该有不同的标准，可以参照同行业的资料和本企业的历史情况进行判断。例如，零售企业大量采用现金结算，应收账款很少，因而允许保持低于 1 的速动比率。

【情景 9-4】根据表 9-2 中数据，计算华信食品股份有限公司年末与年初的速动比率（计算结果保留两位小数）。

年末速动比率 =6 462 648÷1 211 904≈5.33

年初速动比率 =5 838 800÷1 055 022≈5.53

### 3. 现金流动负债比率

现金流动负债比率是企业一定时期的经营现金净流量同流动负债的比率，它是从现金流量角度来反映企业当期偿付短期负债的能力，其计算公式为：

现金流动负债比率 = 经营活动产生的现金净流量 ÷ 流动负债

提示

经营现金净流量取自现金流量表，反映的是某一时期的现金流量；流动负债取自资产负债表，应采用现金流量所属期间的期初期末平均数。

现金流动负债比率是从现金流入和流出的动态角度对企业实际偿债能力进行考察的，反映本期经营活动所产生的现金净流量足以抵付流动负债的倍数。

提示

由于利润与经营活动产生的现金净流量有可能背离，有利润的年份不一定有足够的现金（含现金等价物）来偿还债务，所以利用以收付实现制为基础计量的现金流动负债比率指标，能充分体现企业经营活动所产生的现金净流量，直观地反映出企业偿还流动负债的实际能力。

一般认为该指标大于 1，表示企业流动负债的偿还能力有可靠保证。该指标越大，则表明企业经营活动产生的现金净流量越多，越能保障企业按期偿还到期债务，但也并不是越大越好，该指标过大则表明企业流动资金利用不充分，盈利能力不强。

【情景 9-5】根据表 9-2 中数据，计算华信食品股份有限公司年末与年初的现金流动负债比率（假设该公司年末、年初经营活动产生的现金净流量都是 286 648，计算结果保留两位小数）。

年末现金流动负债比率 =286 648÷1 211 904≈0.24

年初现金流动负债比率 =286 648÷1 055 022≈0.27

## 9.2.2 长期偿债能力分析

长期偿债能力指企业偿还长期负债的能力。长期偿债能力分析的不确定性要远高于短期偿债能力分析，分析者应予以足够的重视。反映企业长期偿债能力的财务比率主要有资产负债率、股东权益比率、权益乘数、负债权益比率和利息保障倍数。

### 1. 资产负债率

资产负债率是企业负债总额与资产总额的比率，它反映了企业的资产总额中有多少是通过举债而得到的，其计算公式为：

资产负债率 = 负债总额 ÷ 资产总额 ×100%

资产负债率反映企业偿还债务的综合能力强弱，是衡量企业总资产中权益所有者与债权人所投资金比例是否合理的重要财务指标，此指标有以下两个方面的含义：

一方面，资产负债比率是长期债权人的债权，依赖企业资产提供的安全边际，可用以衡量企业信用的物质保障程度。资产负债率越低，说明债权资金的安全边际越高，企业信用的物质保障程度越高；资产负债率越高，说明企业总资产中资本金占的比重很小，企业的经营风险主要由债权人承担，债权资金的安全边际就很小。另一方面，资产负债率也是经营者赖以举债经营的支撑点，是用以衡量举债经营是否有利的重要比率。资产负债率越高，意味着举债经营程度越高，在投资收益率高于借债利息率的前提下，带给企业的财务杠杆利益越大，会使所有者报酬增大。但是，筹资风险也增大，若过度的举债经营将导致企业因资不抵债而破产。

在分析和评价企业的资产负债率时，应注意下面几个内容：

① 不同的评价主体对资产负债率有不同的认识。从债权人角度出发，资产负债率越低越好；对于企业经营者而言，资产负债率却是评价经营者理财能力和进取心的一个重要指标。

② 负债比率过高对于所有者、债权人和经营者都意味着风险。

③ 不同行业的平均资产负债率不完全相同，企业应根据本行业特征和需求确定适当的负债比率。

【情景 9-6】根据表 9-2 中数据，计算华信食品股份有限公司年末与年初的资产负债率（计算结果保留两位小数）。

年末资产负债率 =2 511 904÷11 527 638×100%≈21.79%

年初资产负债率 =1 355 022÷10 216 190×100%≈13.26%

**2. 股东权益比率**

股东权益比率是所有者权益与资产总额的比率，该比率反映企业资产中有多少是所有者投入的。股东权益比率与资产负债率之和等于 1 ，这两个比率从不同的侧面反映企业负债状况，计算公式为：

股东权益比率 = 权益总额 ÷ 资产总额 ×100%

股东权益比率表明在企业所融入的全部资金中，有多少是由企业所有者提供的。它揭示了所有者对企业资产的贡献程度，该比率越大，负债比率越小，财务风险也就越小，债权人的利益越有保障。

股东权益比率的倒数，称为权益乘数，即资产总额是股东权益的多少倍，该乘数越大，说明股东投入的资本在总资产中所占的份额越小，计算公式为：

权益乘数 = 资产总额 ÷ 权益总额

【情景 9-7】根据表 9-2 中数据，计算华信食品股份有限公司年末与年初的权益乘数（计算结果保留两位小数）。

年末股东权益比率 =9 015 734÷11 527 638×100%≈78.21%

年初股东权益比率 =8 861 168÷10 216 190×100%≈86.74%

**3. 负债权益比率**

负债权益比率是负债总额与股东权益总额的比率，也称产权比率，计算公式为：

负债权益比率 = 负债总额 ÷ 权益总额 ×100%

负债权益比率反映了债权人提供的资金与股东所提供资金的比例关系，它可以揭示企业的财务风险以及股东权益对债务的保障程度，该指标越低，说明企业长期财务状况越好，债权人贷款安全的保障越大，财务风险越小。

在运用负债权益比率进行分析评价时，应注意以下几个内容：

① 负债权益比率实际上是财务杠杆比率，也就是狭义的资本结构。因此，负债权益比率可

以反映企业的资本结构状况。

② 负债权益比率的高低，对不同的权益主体有不同的意义。

③ 一个企业负债权益比率是否适度，主要取决于企业的经营管理水平。

④ 在企业清算时的负债权益比率，对债权人来讲尤为重要。

【情景 9-8】根据表 9-2 中数据，计算华信食品股份有限公司年末与年初的负债权益比率（计算结果保留两位小数）。

年末负债权益比率 =2 511 904÷9 015 734×100%≈27.86%

年初负债权益比率 =1 355 022÷8 861 168×100%≈15.29%

负债权益比率与资产负债率对评价偿债能力的作用基本一致，只是资产负债率侧重于分析债务偿付的安全性物质保障程度。负债权益比率则侧重于揭示财务结构的稳健程度以及自有资金对偿债风险的承受能力。

**4. 利息保障倍数**

利息保障倍数指企业在一定期间（一个会计年度）内所获取的息税前利润与支付的利息之间的倍数关系，该项指标反映企业的经营所得支付债务利息的能力，指标越大，企业偿付利息的能力就越强，计算公式为：

利息保障倍数 = 息税前利润 ÷ 利息费用

=（净利润 + 利润表中的利息费用 + 所得税）÷ 全部利息费用

公式中的“息税前利润”指企业实现的未扣除利息和所得税前的利润额，它可以用当期利润总额和利息费用之和来测算。由于我国利润表并未将利息费用单列，企业外部报表分析者只好用“利润总额加上财务费用”来确定息税前利润。

公式中的“利息”指企业当期全部应计利息，不仅包括利息费用，而且包括已资本化的利息。计入长期资产成本的资本化利息，虽不在利润表中反映，但仍需定期偿还。

从长远来看，企业利息保障倍数至少要大于 1 才能举债。在短期内，可能在该指标低于 1 的情况下，仍有能力支付利息，因为有些计入当期的费用并不需支付现金，如折旧、摊销及折耗，这些资金通过产品销售收回后由企业自行支配。因此，在进行财务分析时，把这些非现金支付的费用看作保障利息支付的资金来源，更能体现利息的安全度。

【情景 9-9】根据表 9-3 中数据，计算华信食品股份有限公司年末利息保障倍数（计算结果保留两位小数）。

年末利息保障倍数 =(257 610+85 870+7 600)÷7 600≈46.19

分析企业偿债能力时，在根据财务报表数据计算上述比率的同时，还有一些表外因素值得注意，如长期租赁、债务担保和未决诉讼。

## 9.2.3 影响企业偿债能力的其他因素

上述的财务比率是分析企业偿债能力的主要指标，分析者可以比较最近几年的有关财务比率来判断企业偿债能力的变化趋势，也可以比较某一企业与同行业其他企业的财务比率，来判断该企业的偿债能力强弱。但是，在分析企业偿债能力时，除了使用上述指标以外，还应考虑到以下因素对企业偿债能力的影响，这些因素既可影响企业的短期偿债能力，也可影响企业的长期偿债能力。

1. 或有负债

或有负债是企业在经营活动中有可能会发生的债务。根据我国《企业会计准则》中规定，或有负债不作为负债在资产负债表的负债类项目中进行反映，除了已贴现未到期的商业承兑汇票在资产负债表的附注中列示外，其他的或有负债在会计报表中均未得到反映，如销售的产品可能会发生的质量事故赔偿、诉讼案件和经济纠纷可能败诉并需赔偿的金额等因素。这些或有负债在资产负债表编制日还不能确定未来的结果如何，一旦将来成为企业现实的负债，则会对企业的财务状况产生重大影响，尤其是金额巨大的或有负债项目，所以在进行财务分析时不能不考虑这一因素的影响。

2. 担保责任

在经济活动中，企业可能会发生以本企业的资产为其他企业提供法律担保，如为其他企业的银行借款担保、为其他企业履行有关经济合同提供的法律担保。这种担保责任，在被担保人没有履行合同时，就有可能会成为企业的负债，增加企业的债务负担。但是，这种担保责任在会计报表中并未得到反映。因此，在进行财务分析时，必须要考虑到企业是否有巨额的法律担保责任。

3. 租赁活动

企业在生产经营活动中，可以通过财产租赁的方式解决急需的设备。财产租赁有融资租赁和经营租赁两种形式，采用融资租赁方式，租入的固定资产都作为企业的固定资产入账，租赁费用作为企业的长期负债入账，这在计算前面有关的财务比率中都已经计算在内。但是，经营租赁的资产，其租赁费用并未包含在负债之中，如果经营租赁的业务较大、期限较长或者具有经常性的特点，则其租金虽然不包含在负债之中，但对企业的偿债能力也会产生较大的影响，所以在进行财务分析时，也应考虑这一因素。

4. 可动用的银行贷款指标

可动用的银行贷款指标指银行已经批准而企业尚未办理贷款手续的银行贷款限额。这种贷款指标可以随时使用，增加企业的现金，这样可以提高企业的支付能力，缓解财务困难。

## 9.3 营运能力分析

cfo 要求你知道

流动资产周转状况分析、固定资产周转状况分析和总资产周转状况分析。

关键术语

存货周转率（Inventory Turnover Ratio）
流动资产周转率（Turnover of Current Capital）
固定资产周转率（Fixed Assets Turnover Ratio）
总资产周转率（Turnover of Total Assets）

营运能力是衡量企业资产管理效率的财务比率，体现着企业的经营绩效。营运能力分析是通过计算企业生产经营资金的周转速度来进行的。资金周转速度快，表明资金得到充分有效的利用，资金使用效果较好，企业营运能力较强。营运能力分析包括流动资产周转状况分析、固定资产周转状况分析和总资产周转状况分析。

## 9.3.1 流动资产周转状况分析

### 1. 应收账款周转率

应收账款周转率是衡量企业应收账款周转速度的财务指标。应收账款周转率有两种表现形式：应收账款周转次数和应收账款周转天数。

（1）应收账款周转次数是企业产品赊销收入净额与应收账款平均余额的比率，即应收账款在一定期间内（一个自然年）周转的次数，计算公式为：

应收账款周转次数 = 销售收入净额 ÷ 应收账款平均余额

其中，应收账款平均余额 =（年初应收账款余额 + 年末应收账款余额）÷2。

（2）应收账款周转天数指应收账款周转一次所需的时间，即企业自发出商品开始至收回应收账款为止所经历的天数，亦称应收账款账龄，计算公式为：

应收账款周转天数 =360÷ 应收账款周转次数

应收账款周转率是反映企业应收账款变现速度快慢与管理效率高低的指标。在一定时期内，企业应收账款周转次数越多，周转天数越短，则表明应收账款回收速度越快，企业管理工作的效率越高。同时，提高应收账款周转率还可以有效地减少收账费用和坏账损失，而且应收账款作为流动资产的重要组成部分，其周转速度的加快，还会提高流动资产的流动性和短期偿债能力。但是，这些并不意味着周转比率越高越好。如果过分强调加速应收账款周转率，而采用较为苛刻的信用政策，则会削弱企业的竞争能力，并影响企业产品销售量的扩大，从而制约企业的盈利水平。

【情景 9-10】根据表 9-2 和表 9-3 中的数据，计算华信食品股份有限公司年末应收账款周转次数和应收账款周转天数。

年末应收账款周转次数（计算结果保留两位小数）=800 000÷1 167 000≈0.69（次）

年末应收账款周转天数（计算结果保留整数）=360÷0.69≈522（天）

应收账款周转率指标的运用，应将计算出的数据与该企业前期、与行业平均水平或其他类似企业相比较来进行判断。

2. 存货周转率

存货周转率是用来测定企业存货的变现速度，衡量企业销售能力及存货置存合理性的财务指标。存货周转率有周转次数和存货周转天数两种表现形式。

（1）存货周转次数指产品销售成本与存货平均余额的比率，即存货在一定时期内（一个自然年）周转的次数，计算公式为：

存货周转次数 = 销售成本 ÷ 存货平均余额

其中，存货平均余额 =（年初存货余额 + 年末存货余额）÷2。

（2）存货周转天数指存货周转一次所需要的时间，即存货自采购入库之日起到销售出库存之日的天数，计算公式为：

存货周转天数 =360÷ 存货周转次数

一般认为，在一定时期内存货周转次数越多或周转天数越短，则表明企业存货周转速度越快，销售能力较强，存货转变为现金或应收账款的速度较快，存货占用水平则越低。但是，这并不意味着存货周转速度越快越好。如果某企业存货周转次数太高，远远超过行业平均水平，也可能说明该企业管理方面存在一些潜在的问题，如存货占用水平太低，甚至经常缺货或者采购次数过于频繁，批量太小，不利于存货成本的控制。合理的存货周转率要视行业特征、企业自身特点及市场行情而定。

【情景 9-11】根据表 9-2 和表 9-3 中数据，计算华信食品股份有限公司年末存货周转次数和存货周转天数。

年末存货周转次数（计算结果保留两位小数）=360 000÷838 910≈0.43（次）

年末存货周转天数（计算结果保留整数）=360÷0.43≈837（天）

由于存货在流动资产中占有较大的比重，存货占用的合理性和周转速度快慢，对企业流动比率具有举足轻重的影响力，进而影响到企业短期偿债能力，加速存货资金周转历来就是企业较为关注的理财领域。

3. 流动资产周转率

流动资产周转率是销售收入与流动资产的比率，是衡量企业流动资产周转速度和利用效果的财务指标。流动资产周转率一般有两种表现形式，即周转次数和周转天数。

（1）流动资产周转次数是企业流动资产在一定时期内（一个自然年）所完成周转额与流动资产平均余额的比率，其计算公式为：

流动资产周转次数 = 销售收入 ÷ 流动资产平均余额

其中，流动资产平均余额 =（年初流动资产余额 + 年末流动资产余额）÷2。

（2）流动资产周转天数是表明流动资产周转一次所需时间的长短，其计算公式为：

流动资产周转天数 =360÷ 流动资产周转次数

流动资产周转次数和周转天数都是用来解释流动资产周转速度的指标，流动资产周转次数越多，表明一定量的流动资产完成的周转额越多，流动资产利用效果越好；流动资产周转天数越短，则表明流动资产周转一次所需时间越短，流动资产在一定时期内可发挥更大的效能。提高流动资产周转次数或降低流动资产周转天数，都意味着流动资产周转速度的增加。

【情景 9-12】根据表 9-2 和表 9-3 中数据，计算华信食品股份有限公司年末流动资产周转次数和流动资产周转天数。

年末流动资产周转次数（计算结果保留两位小数）=800 000÷6 989 634≈0.11（次）

年末流动资产周转天数（计算结果保留整数）=360÷0.11≈3 273（天）

### 9.3.2 固定资产周转状况分析

固定资产周转率是衡量企业固定资产利用状况和利用效果的财务指标。

企业固定资产周转状况分析是通过评价固定资产周转率指标进行的。一般使用固定资产周转率来表示固定资产周转情况，其计算公式为：

固定资产周转率（次数）= 销售收入净额 ÷ 固定资产平均净值

其中：固定资产平均净值 =（年初固定资产净值 + 年末固定资产净值）÷2。

固定资产周转率的高低取决于企业产品销售能力和固定资产投资的合理性。这里主要分析固定资产利用效率。首先，分析企业固定资产投资规模是否能满足产品销售市场要求，投资过多会造成资产闲置、浪费，投资过少又会使企业失去扩大销售的机会。同时，固定资产投资也要考虑与流动资产投资相配套；其次，分析固定资产投资结构是否合理，合理安排生产和非生产用固定资产比例，是否存在重福利、轻生产的现象；最后，分析现有固定资产利用效率能否达到管理要求，企业能否及时处理不需要和闲置的固定资产，以挪出资金用作其他投资，增强资金的营运能力。

【情景 9-13】根据表 9-2 和表 9-3 中数据，计算华信食品股份有限公司年末固定资产周转率（计算结果保留两位小数）。

年末固定资产周转率 =800 000÷2 682 280≈0.3

### 9.3.3 总资产周转状况分析

分析和评价企业总资产周转状况是通过总资产周转率指标进行的。

总资产周转率指企业在一定时期销售收入净额同总资产平均余额的比率，是综合评价企业全部资产经营质量和利用效率的重要指标，计算公式为：

总资产周转率 = 销售收入净额 ÷ 总资产平均余额

总资产周转率作为考查企业资产运营效率的一项重要指标，体现了企业经营期内全部资产从投入到产出周而复始的流转速度，反映了企业管理者调控和综合利用企业资源的能力。一般情况下，该指标数值越高，表明总资产周转速度越快，企业销售能力越强，资产利用效果越好。

【情景 9-14】根据表 9-2 和表 9-3 中数据，计算华信食品股份有限公司年末总资产周转率（计算结果保留两位小数）。

年末总资产周转率 =800 000÷10 871 914≈0.07

总之，用于衡量各项资产营收能力的周转率指标和企业盈利能力指标结合起来，可以全面评价企业的盈利能力。

# 9.4 盈利能力分析

**cfo 要求你知道**

反映企业盈利能力的指标主要有销售毛利率、销售利润率、总资产报酬率和净资产利润率。

关键术语

总资产报酬率（Rate of Return on Total Assets）

盈利能力是企业运用所拥有和控制的资产获取收益的能力。盈利能力是企业管理者进行财务分析的重点，前面介绍的偿债能力、营运能力分析，其根本目的都是通过分析找出管理中的薄弱环节，从而最终提高企业的盈利能力，维持企业的持续稳定发展。

企业盈利能力分析可从企业的盈利能力比率分析和所有者利益分析来评价，上市公司还可以分析其每股收益、每股股利等比率。

## 9.4.1 与销售有关的盈利能力分析

评价企业盈利能力的财务比率主要有销售毛利率、销售利润率、总资产报酬率、净资产利润率。

**1. 销售毛利率**

销售毛利率是企业的销售毛利与销售收入净额的比率，计算公式为：

$$销售毛利率 = 销售毛利 \div 销售收入净额 \times 100\%$$

其中，销售毛利 = 销售收入 − 销售成本，销售毛利率反映产品每销售 1 元所包含的毛利，该指标反映了企业的销售成本与销售收入净额的比例关系。毛利率越大，说明在销售收入净额中销售成本占的比例越小，企业通过销售获取盈利的能力越强。

将销售毛利率与行业水平进行比较，可以反映企业产品的市场竞争地位。那些销售毛利率高于行业平均水平的企业可以用更少的成本来获得收入，它们具有更强的竞争优势。此外，如果将不同行业的销售毛利率进行比较，也可以说明行业间差异。

【情景 9-15】根据表 9-3 中数据，计算华信食品股份有限公司年末销售毛利率（计算结果保留两位小数）。

年末销售毛利率 =(800 000−360 000)÷800 000×100%≈55.00%

#### 2. 销售利润率

销售利润率指企业一定时期实现的销售利润同销售收入净额的比率，计算公式为：

销售利润率 = 净利润 ÷ 销售收入 ×100%

销售净利率反映每 1 元销售收入最终赚取了多少利润，它表明企业每单位销售收入所能实现的销售利润，是反映企业主营业务获利能力的重要指标，用于反映产品最终的盈利能力。在利润表上，从销售收入到净利润需要扣除销售成本、期间费用、税金等项目。因此，将销售净利率按利润的扣除项目进行分析可以识别相关因素。

【情景 9-16】根据表 9-3 中数据，计算华信食品股份有限公司年末销售利润率（计算结果保留两位小数）。

年末销售利润率 =257 610÷800 000×100%≈32.20%

### 9.4.2 与资产有关的盈利能力分析

#### 1. 总资产报酬率

总资产报酬率指净利润与资产平均总额的比率，计算公式为：

总资产报酬率 = 净利润 ÷ 资产平均余额 ×100%

该指标主要用来衡量企业全部资产获取利润的能力，它反映了企业资产的利用效率，是评价企业资产运营效益的重要指标。一般情况下，该指标数值越高，表明企业投入产出水平越高，资产运营效果越好。总资产报酬率作为评价资产经营效果的财务指标，要求企业选择获利能力高的投资项目，充分有效地运用企业控制的资产，合理进行资产组合和重组，及时处理闲置、积压资产，最大限度地发挥企业全部资产的效率，可用公式表达为：

总资产报酬率 = 净利润 ÷ 资产平均余额

= （净利润 ÷ 销售收入）×（销售收入 ÷ 资产平均余额）

= 销售净利率 × 总资产周转率

因此，企业可以通过提高销售净利率和加速资产周转效率来提高总资产报酬率。

【情景 9-17】根据表 9-3 中数据，计算华信食品股份有限公司年末总资产报酬率（计算结果保留两位小数）。

年末总资产报酬率 =257 610÷10 871 914×100%≈2.37%

由以上计算结果可知，华信食品股份有限公司总资产报酬率相对国家标准较低，表明该公司的盈利能力较弱。结合前面的计算结果，销售净利率较低和资产周转率转慢是该比率较低的原因，说明企业产品的盈利能力和资产运用效率存在问题。

**2. 净资产利润率**

净资产利润率又叫权益净利率或者权益报酬率，指在一定时期内实现的净利润同净资产平均余额的比率。净资产利润率充分体现了投资者投入企业的自有资本获取利润的能力，是评价企业资本经营效益的核心指标，备受企业投资者的关注，其计算公式为：

$$净资产利润率 = 净利润 \div 净资产平均余额 \times 100\%$$

其中，净资产指总资产扣除负债后的余额，包括实收资本、资本公积、盈余公积和未分配利润。

净资产利润率越高，表明企业自有资本获取收益的能力越强，资产运营效果越好，对投资者、债权人的保证程度越高。净资产利润率通用性强，使用范围广，不受行业局限。但净资产利润率不是一个越高越好的概念，分析要注意企业的财务风险。

$$净资产利润率 = \frac{净利润}{平均净资产} = \frac{净利润}{平均总资产} \times \frac{平均总资产}{平均净资产}$$

通过对净资产利润率的分解可以发现，改善资产盈利能力和增加企业负债都可以提高净资产利润率。而如果不改善资产盈利能力，单纯通过加大举债提高权益乘数进而提高净资产利润率的做法是十分危险的。因为，企业负债经营的前提是有足够的盈利能力保障偿还债务本息，单纯增加负债对净资产利润率的改善只具有短期效应，最终将因盈利能力无法涵盖增加的财务风险而使企业面临财务困境。因此，只有当企业净资产利润率上升的同时财务风险没有明显加大，才能说明企业财务状况良好。

【情景 9-18】根据表 9-3 中数据，计算华信食品股份有限公司年末净资产收益率（计算结果保留两位小数）。

$$年末净资产收益率 =257\ 610 \div 8\ 938\ 451 \times 100\% \approx 2.88\%$$

## 9.5 企业发展能力分析

**cfo 要求你知道**

营业收入增长率、总资产增长率、营业利润增长率、资本保值增值率以及资本积累率的计算和分析。

资本积累（Capital Accumulation）

发展能力指企业通过自身的生产经营活动，用内部形成的资金不断扩大积累而形成的发展潜能。企业未来的获利能力和资本实力是衡量和评价企业持续发展的依据。评价企业的发展能力，可以通过营业收入增长率、营业利润增长率、总资产增长率、资本保值增值率以及资本积累率的计算和分析来进行。

## 9.5.1 企业相关指标增长分析

### 1. 营业收入增长率

营业收入增长率 =（本期营业收入 - 上期营业收入）÷ 上期营业收入 ×100%

营业收入增长率是衡量企业经营状况和市场占有能力，同时预测企业经营业务拓展趋势的重要标志，不断增加的营业收入，是企业生存的基础和发展的条件。该指标若大于 0，表明企业本年的营业收入有所增长，指标值越高，表明增长速度越快，企业市场前景越好；若该指标小于 0，则说明企业的产品或服务不适销对路、市场份额萎缩。分析企业营业收入增长率时，应结合企业历年的营业收入水平、企业市场占有情况、行业未来发展及其他影响企业发展的潜在因素进行前瞻性预测，或结合企业前 3 年营业收入的增长率做出趋势性分析判断。

【情景 9-19】根据表 9-3 中数据，假设华信食品股份有限公司上期营业收入为 650 000 元，计算华信食品股份有限公司年末营业收入增长率（计算结果保留两位小数）。

年末营业收入增长率 =（800 000−650 000）÷650 000×100%≈23.08%

### 2. 总资产增长率

总资产增长率是企业本年总资产增长额同年初资产总额的比率，其计算公式为：

总资产增长率 = 本年资产增长额 ÷ 年初资产总额 ×100%

其中：本年资产增长额 = 年末资产总额 - 年初资产总额。

总资产增长率是从企业资产总额增长方面衡量企业的发展能力，表明企业规模增长水平对企业发展后劲的影响，该指标越高，表明企业一定时期内资产经营规模扩张的速度越快，但在实际分析时，应考虑资产规模扩张的质和量的关系，以及企业的后继发展能力，避免企业资产盲目扩张。

【情景 9-20】根据表 9-2 中数据，计算华信食品股份有限公司年末总资产增长率（计算结果保留两位小数）。

年末总资产增长率 =（11 527 638−10 216 190）÷10 216 190×100%≈12.84%

#### 3. 营业利润增长率

营业利润增长率是企业本年营业利润增长额与上年营业利润总额的比率，反映企业营业利润的增减变动情况，其计算公式为：

营业利润增长率 = 本年营业利润增长额 ÷ 上年营业利润总额 ×100%

其中：本年营业利润增长额 = 本年营业利润 − 上年营业利润。

【情景 9-21】根据表 9-3 中数据，假设华信食品股份有限公司上年营业利润为 340 000 元，计算华信食品股份有限公司年末营业利润增长率（计算结果保留两位小数）。

年末营业利润增长率 =（351 480−340 000）÷340 000×100%≈3.38%

### 9.5.2 企业资本保值分析

#### 1. 资本保值增值率

资本保值增值率是企业扣除客观因素后的本年末所有者权益总额与年初所有者权益总额的比率，反映企业当年资本在企业自身努力下的实际增减变动情况，其计算公式为：

资本保值增值率 = 扣除客观因素影响后的期末所有者权益 ÷ 年初所有者权益 ×100%

一般认为，资本保值增值率越高，企业的资本保全状况越好，所有者权益增长越快，债权人的债务越有保障，该指标应大于 100%。

【情景 9-22】根据表 9-2 中数据，计算华信食品股份有限公司年末资本保值增值率（计算结果保留两位小数）。

年末资本保值增值率 =9 015 734÷8 861 168×100%≈101.74%

#### 2. 资本积累率

资本积累率是企业本年所有者权益增长额与年初所有者权益总额的比率，反映企业当年资本的积累能力，是评价企业发展潜力的重要指标，其计算公式为：

资本积累率 = 本年所有者权益增长额 ÷ 年初所有者权益 ×100%

其中：本年所有者权益增长额 = 年末所有者权益 − 年初所有者权益。

资本积累率是企业当年所有者权益总的增长率，反映了所有者权益在当年的变动水平，体现了企业资本的积累情况，是企业发展强劲的标志，也是企业扩大再生产的源泉，展示了企业的发展潜力。资本积累率还反映了投资者投入企业资本的保全性和增长性。年资本积累率指标大于 0，则指标值越高表明企业的资本积累越多，应付风险、持续发展的能力越强；年资本积累率指标小于 0，表明企业资本受到侵蚀，所有者权益受到损害，应予以充分重视。

【情景 9-23】根据表 9-3 中数据，计算华信食品股份有限公司年末资本积累率（计算结果保留两位小数）。

年末资本积累率 =（9 015 734−8 861 168）÷8 861 168×100%≈1.74%

# 9.6 上市公司财务指标分析

**cfo 要求你知道**

每股收益、每股股利、市盈率以及每股净资产的计算和分析。

**关键术语**

每股收益（Earnings Per Share）
每股股利（Dividend Per Share）
市盈率（Price Earnings Ratio）

### 1. 每股收益

每股收益也称每股利润或每股盈余，是反映企业普通股股东持有每一股份所能享有企业利润或承担企业亏损的业绩评价指标。每股收益的计算包括基本每股收益和稀释每股收益。基本每股收益的计算公式为：

每股收益 = 归属于公司普通股股东的净利润 ÷ 发行在外的普通股加权平均数

【情景 9-24】华信食品股份有限公司 2018 年归属于普通股股东的净利润为 257 610 元，发行在外的普通股加权平均数为 500 000 股，计算华信食品股份有限公司的每股收益（计算结果保留两位小数）。

每股收益 =257 610÷500 000=0.52（元）

每股收益反映了投资者渴望获得最高股利收益，因而是衡量股票投资价值的重要指标。每股收益越高，表明投资价值越大；每股收益越低，表明投资价值越小。每股收益多并不意味着每股股利多，此外每股收益不能反映股票的风险水平。

2. 每股股利

每股股利是上市公司本年发放普通股现金股利总额与年末普通股总数的比值，反映上市公司当期利润的积累和分配情况，其计算公式为：

每股股利 =（现金股利总额 − 优先股股利）÷ 发行在外的普通股股数

【情景 9-25】华信食品股份有限公司 2018 年发放普通股股利 3 600 000 元，年末发行在外的普通股股数为 12 000 000 股，每股股利计算如下：

每股股利 =3 600 000÷12 000 000=0.30（元）

每股股利反映的是普通股股东每持有上市公司一股普通股获取的股利大小，是投资者股票收益的重要来源之一。由于净利润是股利分配的来源，因此每股股利的多少在很大程度上取决于每股收益的多少。

3. 市盈率

市盈率是上市公司普通股每股市价相对于每股收益的倍数，反映投资者对上市公司每股净利润愿意支付的价格，可以用来估计股票的投资报酬和风险，其计算公式为：

市盈率 = 每股市价 ÷ 每股收益

【情景 9-26】沿用【情景 9-24】中资料，同时假定该上市公司 2018 年年末每股市价为 10.4 元，则该公司 2018 年年末市盈率计算如下：

市盈率 =10.4÷0.52=20

市盈率是股票市场上反映股票投资价值的重要指标，该比率的高低反映了市场上投资者对股票投资收益和投资风险的预期。一方面，市盈率越高，意味着投资者对股票的收益预期越看好，投资价值越大；反之，投资者对该股票评价越低。另一方面，市盈率越高，也说明获得一定的预期利润投资者需要支付更高的价格，因此投资于该股票的风险也越大。

一般情况下，市盈率高说明投资者对该公司的发展前景看好，愿意出较高的价格购买该公司股票。但是，某种股票的市盈率过高，也意味着这种股票具有较高的投资风险。

4. 每股净资产

每股净资产是上市公司年末净资产（即股东权益）与年末普通股总数的比值，其计算公式为：

每股净资产 = 期末净资产总额 ÷ 期末普通股股数

【情景 9-27】华信食品股份有限公司 2018 年年末股东权益为 9 015 734 元，假如全部为普通股，年末发行在外的普通股股数为 12 000 000 股，则每股净资产计算如下（计算结果保留两位小数）：

每股净资产 =9 015 734÷12 000 000 ≈ 0.75（元）

每股净资产显示了发行在外的每一普通股股份所能分配企业账面净资产的价值。每股净资产指标反映了在会计期末每一股份在企业账面价值上到底值多少钱，它与股票面值、发行价值、市场价值乃至清算价值往往有较大的差距，是理论上股票的最低价值。

## 9.7 财务综合分析与评价

**cfo 要求你知道**

杜邦分析法、沃尔比重分析法和我国的企业绩效评价体系等方法。

**关键术语**

杜邦分析法（Du Pont Analysis）

企业的财务状况是一个完整的系统，内部各种因素都是相互依存、相互作用的，任何一个因素的变动都会引起企业整体财务状况的改变。因此，必须进行财务状况综合分析与评价，深入了解企业内部的各项因素及其相互之间的关系，才能比较全面地揭示企业财务状况。财务综合分析主要有杜邦分析法、沃尔比重分析法和我国的企业绩效评价体系等方法。

### 9.7.1 杜邦分析法

杜邦分析法因其最初由美国杜邦企业成功应用而得名，又称杜邦财务分析体系，简称“杜邦体系”，是利用各主要财务比率指标间的内在联系，对企业财务状况及经济效益进行综合系统分析评价的方法。该体系是以净资产收益率为起点，以总资产净利率和权益乘数为核心，重点揭示企业获利能力及权益乘数对净资产收益率的影响，以及各相关指标间的相互影响作用关系。杜邦分析法将净资产收益率分解为如图 9-1 所示。

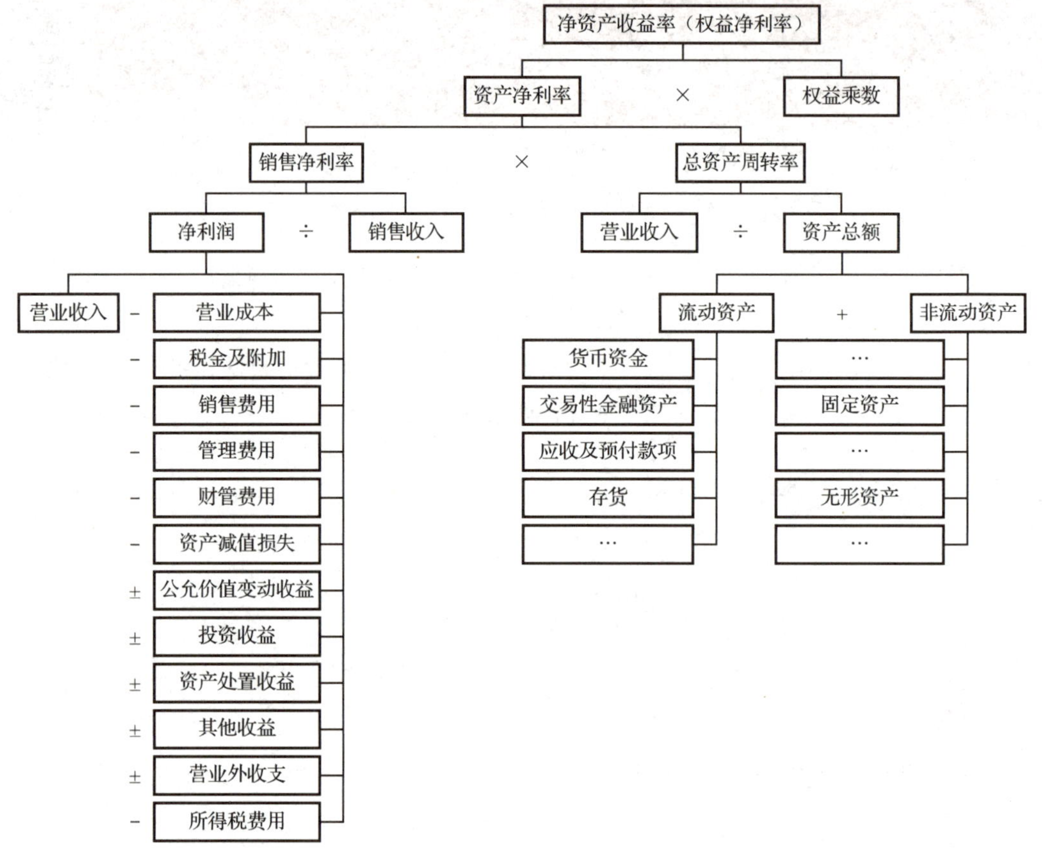


图 9-1　杜邦分析图

其分析关系式为：

净资产收益率（权益净利率）= 销售净利率 × 总资产周转率 × 权益乘数

运用杜邦分析法需要抓住以下几点内容：

（1）净资产收益率是一个综合性较强的财务分析指标，是杜邦分析体系的起点。财务管理的目标之一是使股东财富最大化，净资产收益率反映了企业所有者投入资本的获利能力，说明了企业筹资、投资、资产营运等各项财务活动的效率，而不断提高净资产收益率是使所有者权益最大化的基本保证。所以，这一财务分析指标是企业所有者和经营者都十分关心的。而净资产收益率高低的决定因素主要有三个，即销售净利率、总资产周转率和权益乘数。这样，在进行分解之后，就可以将净资产收益率这一综合性指标升降变化的原因具体化，这样比只用一项综合性指标更能说明问题。

（2）销售净利率反映了企业净利润与销售收入的关系，它的高低取决于销售收入与成本总额的高低。企业要想提高销售净利率，一是要扩大销售收入，二是要降低成本费用。企业扩大销售收入既有利于提高销售净利率，又有利于提高总资产周转率；降低成本费用是提高销售净利率的一个重要因素，从杜邦分析图可以看出成本费用的基本结构是否合理，从而找出降低成本费用的途径和加强成本费用控制的办法。如果企业财务费用支出过高，就要进一步分析其负债比率是否过高；如果管理费用过高，就要进一步分析资产周转的情况。为了详细地了解企业成本费用的发生情况，在具体列示成本总额时，还可根据重要性原则，将那些影响较大的费用单独列示，以便为寻求降低成本的途径提供依据。

（3）影响总资产周转率的一个重要因素是资产总额。资产总额由流动资产与长期资产组成，它们的结构合理与否将直接影响资产的周转速度。一般来说，流动资产直接体现企业的偿债能力和变现能力，而长期资产则体现了企业的经营规模、发展潜力，两者之间应该有一个合理的比例关系。如果发现某项资产比重过大，影响资金周转，就应深入分析其原因。例如，企业持有的货币资金超过业务需要，就会影响企业的盈利能力；如果企业占有过多的存货和应收账款，则既会影响获利能力，又会影响企业的偿债能力。因此，还应进一步分析各项资产的占用数额和周转速度。

（4）权益乘数主要受资产负债率指标的影响。资产负债率越高，权益乘数就越高，说明企业的负债程度越高，这在给企业带来较多杠杆利益的同时也带来了较大的风险。

【情景 9-28】华信食品股份有限公司有关数据如表 9-4、表 9-5 所示，分析其销售净利率、总资产周转率以及权益乘数的影响（计算结果保留两位小数）。

表 9-4　基本财务数据

| 项目 | 年初 | 年末 |
| --- | --- | --- |
| 所有者权益（元） | 8 861 168 | 9 015 734 |
| 净利润（元） | 300 000 | 257 610 |
| 营业收入（元） | 650 000 | 800 000 |
| 资产总额（元） | 10 216 190 | 11 527 638 |
| 销售净利率 | 46.15% | 32.20% |
| 总资产周转率 | 6.36% | 6.94% |
| 资产净利率 | 2.94% | 2.23% |
| 权益乘数 | 1.1529 | 1.2786 |
| 权益净利率 | 3.39% | 2.86% |

表 9-5　财务比率

| 项目 | 年初 | 年末 |
| --- | --- | --- |
| 销售净利率 | 46.15% | 32.20% |
| 总资产周转率 | 6.36% | 6.94% |
| 权益乘数 | 1.1529 | 1.2786 |

销售净利率的影响 =（报告期的销售净利率 − 基期的销售净利率）× 基期总资产周转率 × 基期的权益乘数

$$=(32.20\%-46.15\%)\times 6.36\%\times 1.1529 \approx -1.02\%$$

总资产周转率的影响 = （报告期的总资产周转率 − 基期的总资产周转率）× 报告期销售净利率 × 基期的权益乘数

$$=(6.94\%-6.36\%)\times46.15\%\times1.1529\approx0.31\%$$

权益乘数的影响 = 报告期的销售净利率 × 报告期的总资产周转率 ×（报告期的权益乘数 − 基期的权益乘数）

$$=32.20\%\times6.94\%\times(1.2786-1.1529)\approx0.28\%$$

## 9.7.2 沃尔比重分析法

沃尔比重分析法是把选定的各项财务比率用线性关系结合起来，并分别给定各自的分数比重，然后通过与标准比率进行比较，确定各项指标的得分及总体指标的累计分数，从而对企业的财务状况做出综合评价。沃尔比重分析法的先驱者之一是亚历山大·沃尔，他提出了信用能力指数的概念，把若干个财务比率用线性关系结合起来，以此评价企业的信用水平。他选择了七种财务比率，分别给定了其在总评价中的比重，总和为 100 分，然后确定标准比率，并与实际比率进行比较，评出每项指标的得分，最后求出总评分。

在最终评价时，如果综合得分大于 100，则说明该企业的财务状况比较好；反之，则说明该企业的财务状况比同行业水平或者该企业历史水平差。

【情景 9-29】按照沃尔比重分析法，华信食品股份有限公司 2018 年财务状况的评分结果如表 9-6 所示（结果保留两位小数）。

表 9-6　华信食品股份有限公司 2018 年财务状况

| 财务比率 | 权重① | 标准比率② | 实际比率③ | 关系比率<br>④ = ③ ÷ ② | 综合得分<br>⑤ = ① × ④ |
|---|---|---|---|---|---|
| 流动资产 ÷ 流动负债 | 25 | 2 | 6.09 | 3.05 | 76.25 |
| 净资产 ÷ 负债 | 25 | 1.50 | 3.59 | 2.39 | 59.75 |
| 资产 ÷ 固定资产 | 15 | 2.50 | 4 | 1.60 | 24 |
| 营业成本 ÷ 存货 | 10 | 8 | 0.39 | 0.05 | 0.50 |
| 营业收入 ÷ 应收账款 | 10 | 6 | 0.64 | 0.11 | 1.10 |
| 营业收入 ÷ 固定资产 | 10 | 4 | 0.28 | 0.07 | 0.70 |
| 营业收入 ÷ 净资产 | 5 | 3 | 0.09 | 0.03 | 0.15 |
| 合计 | 100 | | | | 162.45 |

从表 9-6 中可知，华信食品股份有限公司 2018 年的综合得分为 162.45 分，按照沃尔比重分析法的原理，得分越高，企业的总价值就越高，企业的财务状况也就越理想。所以华信食品股份有限公司 2018 年度的财务状况是相对理想的。

## 9.7.3 我国的企业绩效评价体系

为进一步加强企业监督管理，规范企业经营绩效评价行为，完善企业绩效评价方法，确保企业绩效评价结果的科学、客观和公正，我国财政部等相关部门颁布了《企业绩效评价操作细则

（修订）》，制定了适合中国国情的企业绩效评价体系，该细则包括“评价工作步骤”“评价指标”“指标权数”“评价标准”“评价计分方法”“评价基础数据”“评价结果”“适用范围”八个部分。这里介绍和财务分析有关的“评价指标”“指标权数”“评价标准”“评价计分方法”“评价结果”部分。

### 1. 评价指标和指标权数

企业绩效评价指标由反映企业财务效益状况、资产营运状况、偿债能力状况和发展能力状况四个方面的基本指标、修正指标和评议指标三个层次共28项指标构成。企业绩效评价指标体系与指标权数表如表9-7所示。

表9-7　企业绩效评价指标体系与指标权数表

<table>
<tr><th colspan="2">评价内容</th><th colspan="2">基本指标</th><th colspan="2">修正指标</th><th colspan="2">评议指标</th></tr>
<tr><th>内容</th><th>权数<br>100</th><th>指标</th><th>权数<br>100</th><th>指标</th><th>权数<br>100</th><th>指标</th><th>权数<br>100</th></tr>
<tr><td>1. 财务效益状况</td><td>38</td><td>净资产收益率<br>总资产报酬率</td><td>25<br>13</td><td>资本保值增值率<br>主营业务利润率<br>盈余现金保障倍数<br>成本费用利润率</td><td>12<br>8<br>8<br>10</td><td rowspan="4">经营者基本素质<br>产品市场占有能力（服务满意度）<br>基础管理水平<br>发展创新能力<br>经营发展战略<br>在岗员工素质<br>技术装备更新水平（服务硬环境）<br>综合社会贡献</td><td rowspan="4">18<br>16<br>12<br>14<br>12<br>10<br>10<br>8</td></tr>
<tr><td>2. 资产营运状况</td><td>18</td><td>总资产周转率<br>流动资产周转率</td><td>9<br>9</td><td>存货周转率<br>应收账款周转率<br>不良资产比率</td><td>5<br>5<br>8</td></tr>
<tr><td>3. 偿债能力状况</td><td>20</td><td>资产负债率<br>已获利息倍数</td><td>12<br>8</td><td>现金流动负债比率<br>速动比率</td><td>10<br>10</td></tr>
<tr><td>4. 发展能力状况</td><td>24</td><td>销售（营业）增长率<br>资本积累率</td><td>12<br>12</td><td>三年资本平均增长率<br>三年销售平均增长率<br>技术投入比率</td><td>9<br>8<br>7</td></tr>
<tr><td colspan="2">100%</td><td colspan="4">80%</td><td colspan="2">20%</td></tr>
</table>

### 2. 评价标准

评价标准是实施企业绩效评价的参照系，包括计量指标评价标准和评议指标（非计量指标）评价参考标准两类。

（1）计量指标评价标准。计量指标评价标准是基本指标和修正指标评价的依据，由标准值和标准系数构成。

① 计量指标全国评价标准值由国家财政主管部门根据全国企业会计报表数据资料及有关统计信息，在剔除有关企业不合理数据的基础上，结合国民经济近期发展水平，运用移动加权平均等数理统计方法统一制定。

② 根据《国民经济行业分类与代码》和《企业规模划分标准》等国家标准，按照行业重要程度和样本数量，企业效绩评价计量指标评价标准值划分为四个层次约150个行业，在各行业全行业标准值下又划分为大型、中型、小型三种规模。

③ 为了提高评价计分的准确性，每个计量指标评价标准值划分为五个档次，分别为优（A）、

良（B）、中（C）、低（D）、差（E）。

④ 标准系数是评价标准值所对应的水平系数，反映了评价指标实际值对应评价标准值所达到的水平档次，与优（A）、良（B）、中（C）、低（D）、差（E）五档评价标准值相对应的标准系数分别为1.0、0.8、0.6、0.4、0.2，差（E）以下为0。

（2）评议指标参考标准。评议指标参考标准以国家的有关经济政策、法律、法规和制度为基础，结合我国国情和企业管理经验，按照重要性原则具体制定。每个评议指标参考标准分为优（A）、良（B）、中（C）、低（D）、差（E）五个等级，每个等级对应的等级参数分别为1.0、0.8、0.6、0.4、0.2。

（3）评价标准的选用。正确选用评价标准是公正评价企业经营绩效的前提，评价标准的选用按以下要求执行。

① 计量指标评价标准的选用。

a. 除评价组织机构根据评价目的做出特别规定外，一般企业计量指标评价标准值的选用程序是：先根据企业经营领域对照企业绩效评价行业的基本分类，自下而上逐层遴选被评价企业适用的行业标准值；然后根据被评价企业的规模，在已确定的行业中选择不同规模的评价标准值。

b. 集团型企业计量指标评价标准值的选用分两种情况：一是主业突出的集团型企业，原则上采用其主业所在行业的标准值。二是多业经营、主业不突出的集团型企业，可对照企业绩效评价行业的基本分类，采用基本可以覆盖其多种经营业务的上一层次的评价标准值；或者根据其下属企业所属行业，分别选取相关行业标准值进行评价，然后按照各下属企业销售收入占被评价企业全部销售收入的比重，加权形成集团评价得分。

c. 如果被评价企业所在行业因样本原因没有统一的评价标准，或按以上方法仍无法确定被评价企业的评价标准值，则在征得评价组织机构同意后，直接选用国民经济十大门类标准或全国标准。

② 评议指标评价参考标准的选用。评议指标参考标准具有行业普遍性和一般性，除区分工业和商业（服务业）外，没有更细的行业划分。在进行评议时，要根据不同行业的经营特点，灵活把握个别评议指标的参考标准。对于评议标准没有列示，但对被评价企业经营绩效产生重要影响的因素，在评议时也应予以充分考虑。

### 3. 评价计分方法

企业绩效评价的主要计分方法是功效系数法，用于计量指标的评价计分；辅助计分方法是综合分析判断法，用于评议指标的评价计分。根据评价指标体系的三层次结构，企业效绩评价的计分方法分为基本指标计分方法、修正指标计分方法、评议指标计分方法、定量与定性结合计分方法。

（1）基本指标计分方法。基本指标计分方法指运用企业绩效评价基本指标，将指标实际值对照相应评价标准值，计算各项指标实际得分，其计算公式为：

$$\text{基本指标总得分} = \sum \text{单项基本指标得分}$$

其中：

$$\text{单项基本指标得分} = \text{本档基础分} + \text{调整分}$$

本档基础分 = 指标权数 × 本档标准系数

调整分 =[（实际值 − 本档标准值）÷（上档标准值 − 本档标准值）]×（上档基础分 − 本档基础分）

上档基础分 = 指标权数 × 上档标准系数

当有关指标的分母为零或为负数时，做如下具体处理规定：

对于净资产收益率、资本积累率指标，当分母等于 0 或小于 0 时，该指标得 0 分。

对于已获利息倍数指标，当分母为 0 时，按以下两种情况处理：

① 如果利润总额大于 0，则指标得满分；

② 如果利润总额小于或等于 0，则指标得 0 分。

在每一部分指标评价分数计算出来后，要计算该部分指标的分析系数。分析系数指企业财务效益、资产营运、偿债能力、发展能力四部分评价内容各自的评价分数与该部分权数的比率。基本指标分析系数的计算公式为：

某部分基本指标分析系数 = 该部分指标得分 ÷ 该部分权数

（2）修正指标计分方法。修正指标计分方法是在基本指标计分结果的基础上，运用修正指标对企业效绩基本指标计分结果做进一步调整。修正指标的计分方法仍运用功效系数法的原理，以各部分基本指标的评价得分为基础，计算各部分的综合修正系数，再据此计算出修正指标分数，计算公式为：

修正后总得分 = $\sum$ 各部分修正后得分

各部分修正后得分 = 该部分基本指标分数 × 该部分综合修正系数

其中：

综合修正系数 = $\sum$ 该部分各指标加权修正系数

某指标加权修正系数 =（修正指标权数 ÷ 该部分权数）× 该指标单项修正系数

某指标单项修正系数 =1.0+（本档标准系数 + 功效系数 ×0.2− 该部分基本指标分析系数）

功效系数 =（指标实际值 − 本档标准值）÷（上档标准值 − 本档标准值）

该部分基本指标分析系数 = 该部分基本指标得分 ÷ 该部分权数

在计算修正指标的修正系数时，对有关指标的单项修正系数做如下规定：

① 当盈余现金保障倍数的分母为 0 或负数时，如果分子为正，则其单项修正系数确定为 1.0；如果分子也为负，则其单项修正系数确定为 0.9。

② 当资本保值增值率和三年资本平均增长率指标的分子、分母出现负数或分母为 0 时，则按如下方法确定其单项修正系数：

a. 如果分母为负，分子为正，则单项修正系数确定为 1.1。

b. 如果分母及分子都为负，但分子的绝对值小于分母的绝对值，则单项修正系数确定为 1.0；反之，分子的绝对值大于分母的绝对值，则单项修正系数确定为 0.8。

c. 如果分母为正，分子为负，则单项修正系数确定为 0.9。

d. 当分母为 0 时，如果分子为正，其单项修正系数确定为 1.0；如果分子为负，其单项修正系数确定为 0.9。

③ 如果不良资产比率指标实际值低于或等于行业平均值，单项修正系数确定为1.0；如果高于行业平均值，用以上计算公式计算。

④ 如果技术投入比率指标没有行业标准，则该指标单项修正系数确定为1.0。

每一部分修正后的评价分数计算出来后，要计算该部分修正后的分析系数，用于分析每部分的得分情况，其计算公式为：

某部分修正后分析系数 = 该部分修正后分数 ÷ 该部分权数

（3）评议指标计分方法。评议指标计分方法是根据评价工作需要，运用评议指标对影响企业经营效绩的相关非计量因素进行深入分析，做出企业经营状况的定性分析判断。具体根据评议指标所考核的内容，由不少于5名的评议人员依据评价参考标准判定指标达到的等级，然后计算评议指标得分，其计算公式为：

评议指标总分 = ∑ 单项指标分数

其中，单项指标分数 = ∑（单项指标权数 × 每位评议人员选定的等级参数）÷ 评议人员总数。

如果被评价企业会计信息发生严重失真、丢失或因客观原因无法提供真实、合法会计数据资料等异常情况，以及受国家政策、市场环境等因素的重大影响，利用企业提供的会计数据已无法形成客观、公正的评价结论时，经相关的评价组织机构批准，可单独运用评议指标进行定性评价，得出评价结论。

（4）定量与定性结合计分方法。定量与定性结合计分方法是将定量指标评价分数和定性指标评议分数按照规定的权重拟合形成综合评价结果，即根据评议指标得分对定量评价结论进行校正，计算出综合评价得分，其计算公式为：

定量与定性结合评价得分 = 定量指标分数 ×80%+ 定性指标分数 ×20%

**4. 评价结果**

企业效绩评价结果以评价得分和评价类型加评价级别表示，并据此编制评价报告。评价类型是评价分数体现出来的企业经营效绩水平，用文字和字母表示，分为优（A）、良（B）、中（C）、低（D）、差（E）五种类型；评价级别指对每种类型再划分级次，以体现同一类型中的不同差异，采用在字母后标注“+、-”号的方式表示。

（1）类型判定。评价类型以评价得分为依据，按85、70、50、40四个分数线作为类型判定的资格界限。

优（A）：评价得分为85分以上（含85分）；

良（B）：评价得分为70～85分（含70分）；

中（C）：评价得分为50～70分（含50分）；

低（D）：评价得分为40～50分（含40分）；

差（E）：评价得分为40分以下。

（2）级别标注。以上五种评价类型再划分为十个级别，分别是：

优：A++、A+、A

良：B+、B、B-

中：C、C-

低：D

差：E

当评价得分属于“优”“良”类型时，以本类分数段最低限为基准，每高出5分(含5分，小数点四舍五入)，提高一个级别；当评价得分属“中”类型时，60分以下用“C-”表示，60分以上（含60分）用“C”表示；当评价得分属于“低”“差”类型时，不分级别，一律用“D”“E”表示。

企业效绩评价结果以汉字、英文和“+、-”符号共同标示，如优（A+）、低（D）。

# 附表 1　复利终值系数表

| 期数 | 1% | 2% | 3% | 4% | 5% | 6% | 7% | 8% | 9% | 10% | 11% | 12% |
|---|---|---|---|---|---|---|---|---|---|---|---|---|
| 1 | 1.0100 | 1.0200 | 1.0300 | 1.0400 | 1.0500 | 1.0600 | 1.0700 | 1.0800 | 1.0900 | 1.1000 | 1.1100 | 1.1200 |
| 2 | 1.0201 | 1.0404 | 1.0609 | 1.0816 | 1.1025 | 1.1236 | 1.1449 | 1.1664 | 1.1881 | 1.2100 | 1.2321 | 1.2544 |
| 3 | 1.0303 | 1.0612 | 1.0927 | 1.1249 | 1.1576 | 1.1910 | 1.2250 | 1.2597 | 1.2950 | 1.3310 | 1.3676 | 1.4049 |
| 4 | 1.0406 | 1.0824 | 1.1255 | 1.1699 | 1.2155 | 1.2625 | 1.3108 | 1.3605 | 1.4116 | 1.4641 | 1.5181 | 1.5735 |
| 5 | 1.0510 | 1.1041 | 1.1593 | 1.2167 | 1.2763 | 1.3382 | 1.4026 | 1.4693 | 1.5386 | 1.6105 | 1.6851 | 1.7623 |
| 6 | 1.0615 | 1.1262 | 1.1941 | 1.2653 | 1.3401 | 1.4185 | 1.5007 | 1.5869 | 1.6771 | 1.7716 | 1.8704 | 1.9738 |
| 7 | 1.0721 | 1.1487 | 1.2299 | 1.3159 | 1.4071 | 1.5036 | 1.6058 | 1.7138 | 1.8280 | 1.9487 | 2.0762 | 2.2107 |
| 8 | 1.0829 | 1.1717 | 1.2668 | 1.3686 | 1.4775 | 1.5938 | 1.7182 | 1.8509 | 1.9926 | 2.1436 | 2.3045 | 2.4760 |
| 9 | 1.0937 | 1.1951 | 1.3048 | 1.4233 | 1.5513 | 1.6895 | 1.8385 | 1.9990 | 2.1719 | 2.3579 | 2.5580 | 2.7731 |
| 10 | 1.1046 | 1.2190 | 1.3439 | 1.4802 | 1.6289 | 1.7908 | 1.9672 | 2.1589 | 2.3674 | 2.5937 | 2.8394 | 3.1058 |
| 11 | 1.1157 | 1.2434 | 1.3842 | 1.5395 | 1.7103 | 1.8983 | 2.1049 | 2.3316 | 2.5804 | 2.8531 | 3.1518 | 3.4785 |
| 12 | 1.1268 | 1.2682 | 1.4258 | 1.6010 | 1.7959 | 2.0122 | 2.2522 | 2.5182 | 2.8127 | 3.1384 | 3.4985 | 3.8960 |
| 13 | 1.1381 | 1.2936 | 1.4685 | 1.6651 | 1.8856 | 2.1329 | 2.4098 | 2.7196 | 3.0658 | 3.4523 | 3.8833 | 4.3635 |
| 14 | 1.1495 | 1.3195 | 1.5126 | 1.7317 | 1.9799 | 2.2609 | 2.5785 | 2.9372 | 3.3417 | 3.7975 | 4.3104 | 4.8871 |
| 15 | 1.1610 | 1.3459 | 1.5580 | 1.8009 | 2.0789 | 2.3966 | 2.7590 | 3.1722 | 3.6425 | 4.1772 | 4.7846 | 5.4736 |
| 16 | 1.1726 | 1.3728 | 1.6047 | 1.8730 | 2.1829 | 2.5404 | 2.9522 | 3.4259 | 3.9703 | 4.5950 | 5.3109 | 6.1304 |
| 17 | 1.1843 | 1.4002 | 1.6528 | 1.9479 | 2.2920 | 2.6928 | 3.1588 | 3.7000 | 4.3276 | 5.0545 | 5.8951 | 6.8660 |
| 18 | 1.1961 | 1.4282 | 1.7024 | 2.0258 | 2.4066 | 2.8543 | 3.3799 | 3.9960 | 4.7171 | 5.5599 | 6.5436 | 7.6900 |
| 19 | 1.2081 | 1.4568 | 1.7535 | 2.1068 | 2.5270 | 3.0256 | 3.6165 | 4.3157 | 5.1417 | 6.1159 | 7.2633 | 8.6128 |
| 20 | 1.2202 | 1.4859 | 1.8061 | 2.1911 | 2.6533 | 3.2071 | 3.8697 | 4.6610 | 5.6044 | 6.7275 | 8.0623 | 9.6463 |
| 21 | 1.2324 | 1.5157 | 1.8603 | 2.2788 | 2.7860 | 3.3996 | 4.1406 | 5.0338 | 6.1088 | 7.4002 | 8.9492 | 10.8038 |
| 22 | 1.2447 | 1.5460 | 1.9161 | 2.3699 | 2.9253 | 3.6035 | 4.4304 | 5.4365 | 6.6586 | 8.1403 | 9.9336 | 12.1003 |
| 23 | 1.2572 | 1.5769 | 1.9736 | 2.4647 | 3.0715 | 3.8197 | 4.7405 | 5.8715 | 7.2579 | 8.9543 | 11.0263 | 13.5523 |
| 24 | 1.2697 | 1.6084 | 2.0328 | 2.5633 | 3.2251 | 4.0489 | 5.0724 | 6.3412 | 7.9111 | 9.8497 | 12.2392 | 15.1786 |
| 25 | 1.2824 | 1.6406 | 2.0938 | 2.6658 | 3.3864 | 4.2919 | 5.4274 | 6.8485 | 8.6231 | 10.8347 | 13.5855 | 17.0001 |
| 26 | 1.2953 | 1.6734 | 2.1566 | 2.7725 | 3.5557 | 4.5494 | 5.8074 | 7.3964 | 9.3992 | 11.9182 | 15.0799 | 19.0401 |
| 27 | 1.3082 | 1.7069 | 2.2213 | 2.8834 | 3.7335 | 4.8223 | 6.2139 | 7.9881 | 10.2451 | 13.1100 | 16.7386 | 21.3249 |
| 28 | 1.3213 | 1.7410 | 2.2879 | 2.9987 | 3.9201 | 5.1117 | 6.6488 | 8.6271 | 11.1671 | 14.4210 | 18.5799 | 23.8839 |
| 29 | 1.3345 | 1.7758 | 2.3566 | 3.1187 | 4.1161 | 5.4184 | 7.1143 | 9.3173 | 12.1722 | 15.8631 | 20.6237 | 26.7499 |
| 30 | 1.3478 | 1.8114 | 2.4273 | 3.2434 | 4.3219 | 5.7435 | 7.6123 | 10.0627 | 13.2677 | 17.4494 | 22.8923 | 29.9599 |
| 31 | 1.3613 | 1.8476 | 2.5001 | 3.3731 | 4.5380 | 6.0881 | 8.1451 | 10.8677 | 14.4618 | 19.1943 | 25.4104 | 33.5551 |
| 32 | 1.3749 | 1.8845 | 2.5751 | 3.5081 | 4.7649 | 6.4534 | 8.7153 | 11.7371 | 15.7633 | 21.1138 | 28.2056 | 37.5817 |
| 33 | 1.3887 | 1.9222 | 2.6523 | 3.6484 | 5.0032 | 6.8406 | 9.3253 | 12.6760 | 17.1820 | 23.2252 | 31.3082 | 42.0915 |
| 34 | 1.4026 | 1.9607 | 2.7319 | 3.7943 | 5.2533 | 7.2510 | 9.9781 | 13.6901 | 18.7284 | 25.5477 | 34.7521 | 47.1425 |
| 35 | 1.4166 | 1.9999 | 2.8139 | 3.9461 | 5.5160 | 7.6861 | 10.6766 | 14.7853 | 20.4140 | 28.1024 | 38.5749 | 52.7996 |
| 36 | 1.4308 | 2.0399 | 2.8983 | 4.1039 | 5.7918 | 8.1473 | 11.4239 | 15.9682 | 22.2512 | 30.9127 | 42.8181 | 59.1356 |
| 37 | 1.4451 | 2.0807 | 2.9852 | 4.2681 | 6.0814 | 8.6361 | 12.2236 | 17.2456 | 24.2538 | 34.0039 | 47.5281 | 66.2318 |
| 38 | 1.4595 | 2.1223 | 3.0748 | 4.4388 | 6.3855 | 9.1543 | 13.0793 | 18.6253 | 26.4367 | 37.4043 | 52.7562 | 74.1797 |
| 39 | 1.4741 | 2.1647 | 3.1670 | 4.6164 | 6.7048 | 9.7035 | 13.9948 | 20.1153 | 28.8160 | 41.1448 | 58.5593 | 83.0812 |
| 40 | 1.4889 | 2.2080 | 3.2620 | 4.8010 | 7.0400 | 10.2857 | 14.9745 | 21.7245 | 31.4094 | 45.2593 | 65.0009 | 93.0510 |
| 41 | 1.5038 | 2.2522 | 3.3599 | 4.9931 | 7.3920 | 10.9029 | 16.0227 | 23.4625 | 34.2363 | 49.7852 | 72.1510 | 104.2171 |
| 42 | 1.5188 | 2.2972 | 3.4607 | 5.1928 | 7.7616 | 11.5570 | 17.1443 | 25.3395 | 37.3175 | 54.7637 | 80.0876 | 116.7231 |
| 43 | 1.5340 | 2.3432 | 3.5645 | 5.4005 | 8.1497 | 12.2505 | 18.3444 | 27.3666 | 40.6761 | 60.2401 | 88.8972 | 130.7299 |
| 44 | 1.5493 | 2.3901 | 3.6715 | 5.6165 | 8.5572 | 12.9855 | 19.6285 | 29.5560 | 44.3370 | 66.2641 | 98.6759 | 146.4175 |
| 45 | 1.5648 | 2.4379 | 3.7816 | 5.8412 | 8.9850 | 13.7646 | 21.0025 | 31.9204 | 48.3273 | 72.8905 | 109.5302 | 163.9876 |

（续表）

| 期数 | 13% | 14% | 15% | 16% | 17% | 18% | 19% | 20% | 21% | 22% |
|---|---|---|---|---|---|---|---|---|---|---|
| 1 | 1.1300 | 1.1400 | 1.1500 | 1.1600 | 1.1700 | 1.1800 | 1.1900 | 1.2000 | 1.2100 | 1.2200 |
| 2 | 1.2769 | 1.2996 | 1.3225 | 1.3456 | 1.3689 | 1.3924 | 1.4161 | 1.4400 | 1.4641 | 1.4884 |
| 3 | 1.4429 | 1.4815 | 1.5209 | 1.5609 | 1.6016 | 1.6430 | 1.6852 | 1.7280 | 1.7716 | 1.8158 |
| 4 | 1.6305 | 1.6890 | 1.7490 | 1.8106 | 1.8739 | 1.9388 | 2.0053 | 2.0736 | 2.1436 | 2.2153 |
| 5 | 1.8424 | 1.9254 | 2.0114 | 2.1003 | 2.1924 | 2.2878 | 2.3864 | 2.4883 | 2.5937 | 2.7027 |
| 6 | 2.0820 | 2.1950 | 2.3131 | 2.4364 | 2.5652 | 2.6996 | 2.8398 | 2.9860 | 3.1384 | 3.2973 |
| 7 | 2.3526 | 2.5023 | 2.6600 | 2.8262 | 3.0012 | 3.1855 | 3.3793 | 3.5832 | 3.7975 | 4.0227 |
| 8 | 2.6584 | 2.8526 | 3.0590 | 3.2784 | 3.5115 | 3.7589 | 4.0214 | 4.2998 | 4.5950 | 4.9077 |
| 9 | 3.0040 | 3.2519 | 3.5179 | 3.8030 | 4.1084 | 4.4355 | 4.7854 | 5.1598 | 5.5599 | 5.9874 |
| 10 | 3.3946 | 3.7072 | 4.0456 | 4.4114 | 4.8068 | 5.2338 | 5.6947 | 6.1917 | 6.7275 | 7.3046 |
| 11 | 3.8359 | 4.2262 | 4.6524 | 5.1173 | 5.6240 | 6.1759 | 6.7767 | 7.4301 | 8.1403 | 8.9117 |
| 12 | 4.3345 | 4.8179 | 5.3503 | 5.9360 | 6.5801 | 7.2876 | 8.0642 | 8.9161 | 9.8497 | 10.8722 |
| 13 | 4.8980 | 5.4924 | 6.1528 | 6.8858 | 7.6987 | 8.5994 | 9.5964 | 10.6993 | 11.9182 | 13.2641 |
| 14 | 5.5348 | 6.2613 | 7.0757 | 7.9875 | 9.0075 | 10.1472 | 11.4198 | 12.8392 | 14.4210 | 16.1822 |
| 15 | 6.2543 | 7.1379 | 8.1371 | 9.2655 | 10.5387 | 11.9737 | 13.5895 | 15.4070 | 17.4494 | 19.7423 |
| 16 | 7.0673 | 8.1372 | 9.3576 | 10.7480 | 12.3303 | 14.1290 | 16.1715 | 18.4884 | 21.1138 | 24.0856 |
| 17 | 7.9861 | 9.2765 | 10.7613 | 12.4677 | 14.4265 | 16.6722 | 19.2441 | 22.1861 | 25.5477 | 29.3844 |
| 18 | 9.0243 | 10.5752 | 12.3755 | 14.4625 | 16.8790 | 19.6733 | 22.9005 | 26.6233 | 30.9127 | 35.8490 |
| 19 | 10.1974 | 12.0557 | 14.2318 | 16.7765 | 19.7484 | 23.2144 | 27.2516 | 31.9480 | 37.4043 | 43.7358 |
| 20 | 11.5231 | 13.7435 | 16.3665 | 19.4608 | 23.1056 | 27.3930 | 32.4294 | 38.3376 | 45.2593 | 53.3576 |
| 21 | 13.0211 | 15.6676 | 18.8215 | 22.5745 | 27.0336 | 32.3238 | 38.5910 | 46.0051 | 54.7637 | 65.0963 |
| 22 | 14.7138 | 17.8610 | 21.6447 | 26.1864 | 31.6293 | 38.1421 | 45.9233 | 55.2061 | 66.2641 | 79.4175 |
| 23 | 16.6266 | 20.3616 | 24.8915 | 30.3762 | 37.0062 | 45.0076 | 54.6487 | 66.2474 | 80.1795 | 96.8894 |
| 24 | 18.7881 | 23.2122 | 28.6252 | 35.2364 | 43.2973 | 53.1090 | 65.0320 | 79.4968 | 97.0172 | 118.2050 |
| 25 | 21.2305 | 26.4619 | 32.9190 | 40.8742 | 50.6578 | 62.6686 | 77.3881 | 95.3962 | 117.3909 | 144.2101 |
| 26 | 23.9905 | 30.1666 | 37.8568 | 47.4141 | 59.2697 | 73.9490 | 92.0918 | 114.4755 | 142.0429 | 175.9364 |
| 27 | 27.1093 | 34.3899 | 43.5353 | 55.0004 | 69.3455 | 87.2598 | 109.5893 | 137.3706 | 171.8719 | 214.6424 |
| 28 | 30.6335 | 39.2045 | 50.0656 | 63.8004 | 81.1342 | 102.9666 | 130.4112 | 164.8447 | 207.9651 | 261.8637 |
| 29 | 34.6158 | 44.6931 | 57.5755 | 74.0085 | 94.9271 | 121.5005 | 155.1893 | 197.8136 | 251.6377 | 319.4737 |
| 30 | 39.1159 | 50.9502 | 66.2118 | 85.8499 | 111.0647 | 143.3706 | 184.6753 | 237.3763 | 304.4816 | 389.7579 |
| 31 | 44.2010 | 58.0832 | 76.1435 | 99.5859 | 129.9456 | 169.1774 | 219.7636 | 284.8516 | 368.4228 | 475.5046 |
| 32 | 49.9471 | 66.2148 | 87.5651 | 115.5196 | 152.0364 | 199.6293 | 261.5187 | 341.8219 | 445.7916 | 580.1156 |
| 33 | 56.4402 | 75.4849 | 100.6998 | 134.0027 | 177.8826 | 235.5625 | 311.2073 | 410.1863 | 539.4078 | 707.7411 |
| 34 | 63.7774 | 86.0528 | 115.8048 | 155.4432 | 208.1226 | 277.9638 | 370.3366 | 492.2235 | 652.6834 | 863.4441 |
| 35 | 72.0685 | 98.1002 | 133.1755 | 180.3141 | 243.5035 | 327.9973 | 440.7006 | 590.6682 | 789.7470 | 1053.4018 |
| 36 | 81.4374 | 111.8342 | 153.1519 | 209.1643 | 284.8991 | 387.0368 | 524.4337 | 708.8019 | 955.5938 | 1285.1502 |
| 37 | 92.0243 | 127.4910 | 176.1246 | 242.6306 | 333.3319 | 456.7034 | 624.0761 | 850.5622 | 1156.2685 | 1567.8833 |
| 38 | 103.9874 | 145.3397 | 202.5433 | 281.4515 | 389.9983 | 538.9100 | 742.6506 | 1020.6747 | 1399.0849 | 1912.8176 |
| 39 | 117.5058 | 165.6873 | 232.9248 | 326.4838 | 456.2980 | 635.9139 | 883.7542 | 1224.8096 | 1692.8927 | 2333.6375 |
| 40 | 132.7816 | 188.8835 | 267.8635 | 378.7212 | 533.8687 | 750.3783 | 1051.6675 | 1469.7716 | 2048.4002 | 2847.0378 |
| 41 | 150.0432 | 215.3272 | 308.0431 | 439.3165 | 624.6264 | 885.4464 | 1251.4843 | 1763.7259 | 2478.5643 | 3473.3861 |
| 42 | 169.5488 | 245.4730 | 354.2495 | 509.6072 | 730.8129 | 1044.8268 | 1489.2664 | 2116.4711 | 2999.0628 | 4237.5310 |
| 43 | 191.5901 | 279.8392 | 407.3870 | 591.1443 | 855.0511 | 1232.8956 | 1772.2270 | 2539.7653 | 3628.8659 | 5169.7878 |
| 44 | 216.4968 | 319.0167 | 468.4950 | 685.7274 | 1000.4098 | 1454.8168 | 2108.9501 | 3047.7183 | 4390.9278 | 6307.1411 |
| 45 | 244.6414 | 363.6791 | 538.7693 | 795.4438 | 1170.4794 | 1716.6839 | 2509.6506 | 3657.2620 | 5313.0226 | 7694.7122 |

（续表）

| 期数 | 23% | 24% | 25% | 26% | 27% | 28% | 29% | 30% |
|---|---|---|---|---|---|---|---|---|
| 1 | 1.2300 | 1.2400 | 1.2500 | 1.2600 | 1.2700 | 1.2800 | 1.2900 | 1.3000 |
| 2 | 1.5129 | 1.5376 | 1.5625 | 1.5876 | 1.6129 | 1.6384 | 1.6641 | 1.6900 |
| 3 | 1.8609 | 1.9066 | 1.9531 | 2.0004 | 2.0484 | 2.0972 | 2.1467 | 2.1970 |
| 4 | 2.2889 | 2.3642 | 2.4414 | 2.5205 | 2.6014 | 2.6844 | 2.7692 | 2.8561 |
| 5 | 2.8153 | 2.9316 | 3.0518 | 3.1758 | 3.3038 | 3.4360 | 3.5723 | 3.7129 |
| 6 | 3.4628 | 3.6352 | 3.8147 | 4.0015 | 4.1959 | 4.3980 | 4.6083 | 4.8268 |
| 7 | 4.2593 | 4.5077 | 4.7684 | 5.0419 | 5.3288 | 5.6295 | 5.9447 | 6.2749 |
| 8 | 5.2389 | 5.5895 | 5.9605 | 6.3528 | 6.7675 | 7.2058 | 7.6686 | 8.1573 |
| 9 | 6.4439 | 6.9310 | 7.4506 | 8.0045 | 8.5948 | 9.2234 | 9.8925 | 10.6045 |
| 10 | 7.9259 | 8.5944 | 9.3132 | 10.0857 | 10.9153 | 11.8059 | 12.7614 | 13.7858 |
| 11 | 9.7489 | 10.6571 | 11.6415 | 12.7080 | 13.8625 | 15.1116 | 16.4622 | 17.9216 |
| 12 | 11.9912 | 13.2148 | 14.5519 | 16.0120 | 17.6053 | 19.3428 | 21.2362 | 23.2981 |
| 13 | 14.7491 | 16.3863 | 18.1899 | 20.1752 | 22.3588 | 24.7588 | 27.3947 | 30.2875 |
| 14 | 18.1414 | 20.3191 | 22.7374 | 25.4207 | 28.3957 | 31.6913 | 35.3391 | 39.3738 |
| 15 | 22.3140 | 25.1956 | 28.4217 | 32.0301 | 36.0625 | 40.5648 | 45.5875 | 51.1859 |
| 16 | 27.4462 | 31.2426 | 35.5271 | 40.3579 | 45.7994 | 51.9230 | 58.8079 | 66.5417 |
| 17 | 33.7588 | 38.7408 | 44.4089 | 50.8510 | 58.1652 | 66.4614 | 75.8621 | 86.5042 |
| 18 | 41.5233 | 48.0386 | 55.5112 | 64.0722 | 73.8698 | 85.0706 | 97.8622 | 112.4554 |
| 19 | 51.0737 | 59.5679 | 69.3889 | 80.7310 | 93.8147 | 108.8904 | 126.2422 | 146.1920 |
| 20 | 62.8206 | 73.8641 | 86.7362 | 101.7211 | 119.1446 | 139.3797 | 162.8524 | 190.0496 |
| 21 | 77.2694 | 91.5915 | 108.4202 | 128.1685 | 151.3137 | 178.4060 | 210.0796 | 247.0645 |
| 22 | 95.0413 | 113.5735 | 135.5253 | 161.4924 | 192.1683 | 228.3596 | 271.0027 | 321.1839 |
| 23 | 116.9008 | 140.8312 | 169.4066 | 203.4804 | 244.0538 | 292.3003 | 349.5935 | 417.5391 |
| 24 | 143.7880 | 174.6306 | 211.7582 | 256.3853 | 309.9483 | 374.1444 | 450.9756 | 542.8008 |
| 25 | 176.8593 | 216.5420 | 264.6978 | 323.0454 | 393.6344 | 478.9049 | 581.7585 | 705.6410 |
| 26 | 217.5369 | 268.5121 | 330.8722 | 407.0373 | 499.9157 | 612.9982 | 750.4685 | 917.3333 |
| 27 | 267.5704 | 332.9550 | 413.5903 | 512.8670 | 634.8929 | 784.6377 | 968.1044 | 1192.5333 |
| 28 | 329.1115 | 412.8642 | 516.9879 | 646.2124 | 806.3140 | 1004.3363 | 1248.8546 | 1550.2933 |
| 29 | 404.8072 | 511.9516 | 646.2349 | 814.2276 | 1024.0187 | 1285.5504 | 1611.0225 | 2015.3813 |
| 30 | 497.9129 | 634.8199 | 807.7936 | 1025.9267 | 1300.5038 | 1645.5046 | 2078.2190 | 2619.9956 |
| 31 | 612.4328 | 787.1767 | 1009.7420 | 1292.6677 | 1651.6398 | 2106.2458 | 2680.9025 | 3405.9943 |
| 32 | 753.2924 | 976.0991 | 1262.1774 | 1628.7613 | 2097.5826 | 2695.9947 | 3458.3642 | 4427.7926 |
| 33 | 926.5496 | 1210.3629 | 1577.7218 | 2052.2392 | 2663.9299 | 3450.8732 | 4461.2898 | 5756.1304 |
| 34 | 1139.6560 | 1500.8500 | 1972.1523 | 2585.8215 | 3383.1910 | 4417.1177 | 5755.0639 | 7482.9696 |
| 35 | 1401.7769 | 1861.0540 | 2465.1903 | 3258.1350 | 4296.6525 | 5653.9106 | 7424.0324 | 9727.8604 |
| 36 | 1724.1856 | 2307.7070 | 3081.4879 | 4105.2501 | 5456.7487 | 7237.0056 | 9577.0018 | 12646.2186 |
| 37 | 2120.7483 | 2861.5567 | 3851.8599 | 5172.6152 | 6930.0709 | 9263.3671 | 12354.3324 | 16440.0841 |
| 38 | 2608.5204 | 3548.3303 | 4814.8249 | 6517.4951 | 8801.1900 | 11857.1099 | 15937.0888 | 21372.1094 |
| 39 | 3208.4801 | 4399.9295 | 6018.5311 | 8212.0438 | 11177.5113 | 15177.1007 | 20558.8445 | 27783.7422 |
| 40 | 3946.4305 | 5455.9126 | 7523.1638 | 10347.1752 | 14195.4393 | 19426.6889 | 26520.9094 | 36118.8648 |
| 41 | 4854.1095 | 6765.3317 | 9403.9548 | 13037.4408 | 18028.2080 | 24866.1618 | 34211.9731 | 46954.5243 |
| 42 | 5970.5547 | 8389.0113 | 11754.9435 | 16427.1754 | 22895.8241 | 31828.6871 | 44133.4453 | 61040.8815 |
| 43 | 7343.7823 | 10402.3740 | 14693.6794 | 20698.2410 | 29077.6966 | 40740.7195 | 56932.1445 | 79353.1460 |
| 44 | 9032.8522 | 12898.9437 | 18367.0992 | 26079.7837 | 36928.6747 | 52148.1210 | 73442.4664 | 103159.0898 |
| 45 | 11110.4082 | 15994.6902 | 22958.8740 | 32860.5275 | 46899.4169 | 66749.5949 | 94740.7816 | 134106.8167 |

# 附表 2 复利现值系数表

| 期数 | 1% | 2% | 3% | 4% | 5% | 6% | 7% | 8% | 9% | 10% | 11% | 12% |
|---|---|---|---|---|---|---|---|---|---|---|---|---|
| 1 | 0.9901 | 0.9804 | 0.9709 | 0.9615 | 0.9524 | 0.9434 | 0.9346 | 0.9259 | 0.9174 | 0.9091 | 0.9009 | 0.8929 |
| 2 | 0.9803 | 0.9612 | 0.9426 | 0.9246 | 0.9070 | 0.8900 | 0.8734 | 0.8573 | 0.8417 | 0.8264 | 0.8116 | 0.7972 |
| 3 | 0.9706 | 0.9423 | 0.9151 | 0.8890 | 0.8638 | 0.8396 | 0.8163 | 0.7938 | 0.7722 | 0.7513 | 0.7312 | 0.7118 |
| 4 | 0.9610 | 0.9238 | 0.8885 | 0.8548 | 0.8227 | 0.7921 | 0.7629 | 0.7350 | 0.7084 | 0.6830 | 0.6587 | 0.6355 |
| 5 | 0.9515 | 0.9057 | 0.8626 | 0.8219 | 0.7835 | 0.7473 | 0.7130 | 0.6806 | 0.6499 | 0.6209 | 0.5935 | 0.5674 |
| 6 | 0.9420 | 0.8880 | 0.8375 | 0.7903 | 0.7462 | 0.7050 | 0.6663 | 0.6302 | 0.5963 | 0.5645 | 0.5346 | 0.5066 |
| 7 | 0.9327 | 0.8706 | 0.8131 | 0.7599 | 0.7107 | 0.6651 | 0.6227 | 0.5835 | 0.5470 | 0.5132 | 0.4817 | 0.4523 |
| 8 | 0.9235 | 0.8535 | 0.7894 | 0.7307 | 0.6768 | 0.6274 | 0.5820 | 0.5403 | 0.5019 | 0.4665 | 0.4339 | 0.4039 |
| 9 | 0.9143 | 0.8368 | 0.7664 | 0.7026 | 0.6446 | 0.5919 | 0.5439 | 0.5002 | 0.4604 | 0.4241 | 0.3909 | 0.3606 |
| 10 | 0.9053 | 0.8203 | 0.7441 | 0.6756 | 0.6139 | 0.5584 | 0.5083 | 0.4632 | 0.4224 | 0.3855 | 0.3522 | 0.3220 |
| 11 | 0.8963 | 0.8043 | 0.7224 | 0.6496 | 0.5847 | 0.5268 | 0.4751 | 0.4289 | 0.3875 | 0.3505 | 0.3173 | 0.2875 |
| 12 | 0.8874 | 0.7885 | 0.7014 | 0.6246 | 0.5568 | 0.4970 | 0.4440 | 0.3971 | 0.3555 | 0.3186 | 0.2858 | 0.2567 |
| 13 | 0.8787 | 0.7730 | 0.6810 | 0.6006 | 0.5303 | 0.4688 | 0.4150 | 0.3677 | 0.3262 | 0.2897 | 0.2575 | 0.2292 |
| 14 | 0.8700 | 0.7579 | 0.6611 | 0.5775 | 0.5051 | 0.4423 | 0.3878 | 0.3405 | 0.2992 | 0.2633 | 0.2320 | 0.2046 |
| 15 | 0.8613 | 0.7430 | 0.6419 | 0.5553 | 0.4810 | 0.4173 | 0.3624 | 0.3152 | 0.2745 | 0.2394 | 0.2090 | 0.1827 |
| 16 | 0.8528 | 0.7284 | 0.6232 | 0.5339 | 0.4581 | 0.3936 | 0.3387 | 0.2919 | 0.2519 | 0.2176 | 0.1883 | 0.1631 |
| 17 | 0.8444 | 0.7142 | 0.6050 | 0.5134 | 0.4363 | 0.3714 | 0.3166 | 0.2703 | 0.2311 | 0.1978 | 0.1696 | 0.1456 |
| 18 | 0.8360 | 0.7002 | 0.5874 | 0.4936 | 0.4155 | 0.3503 | 0.2959 | 0.2502 | 0.2120 | 0.1799 | 0.1528 | 0.1300 |
| 19 | 0.8277 | 0.6864 | 0.5703 | 0.4746 | 0.3957 | 0.3305 | 0.2765 | 0.2317 | 0.1945 | 0.1635 | 0.1377 | 0.1161 |
| 20 | 0.8195 | 0.6730 | 0.5537 | 0.4564 | 0.3769 | 0.3118 | 0.2584 | 0.2145 | 0.1784 | 0.1486 | 0.1240 | 0.1037 |
| 21 | 0.8114 | 0.6598 | 0.5375 | 0.4388 | 0.3589 | 0.2942 | 0.2415 | 0.1987 | 0.1637 | 0.1351 | 0.1117 | 0.0926 |
| 22 | 0.8034 | 0.6468 | 0.5219 | 0.4220 | 0.3418 | 0.2775 | 0.2257 | 0.1839 | 0.1502 | 0.1228 | 0.1007 | 0.0826 |
| 23 | 0.7954 | 0.6342 | 0.5067 | 0.4057 | 0.3256 | 0.2618 | 0.2109 | 0.1703 | 0.1378 | 0.1117 | 0.0907 | 0.0738 |
| 24 | 0.7876 | 0.6217 | 0.4919 | 0.3901 | 0.3101 | 0.2470 | 0.1971 | 0.1577 | 0.1264 | 0.1015 | 0.0817 | 0.0659 |
| 25 | 0.7798 | 0.6095 | 0.4776 | 0.3751 | 0.2953 | 0.2330 | 0.1842 | 0.1460 | 0.1160 | 0.0923 | 0.0736 | 0.0588 |
| 26 | 0.7720 | 0.5976 | 0.4637 | 0.3607 | 0.2812 | 0.2198 | 0.1722 | 0.1352 | 0.1064 | 0.0839 | 0.0663 | 0.0525 |
| 27 | 0.7644 | 0.5859 | 0.4502 | 0.3468 | 0.2678 | 0.2074 | 0.1609 | 0.1252 | 0.0976 | 0.0763 | 0.0597 | 0.0469 |
| 28 | 0.7568 | 0.5744 | 0.4371 | 0.3335 | 0.2551 | 0.1956 | 0.1504 | 0.1159 | 0.0895 | 0.0693 | 0.0538 | 0.0419 |
| 29 | 0.7493 | 0.5631 | 0.4243 | 0.3207 | 0.2429 | 0.1846 | 0.1406 | 0.1073 | 0.0822 | 0.0630 | 0.0485 | 0.0374 |
| 30 | 0.7419 | 0.5521 | 0.4120 | 0.3083 | 0.2314 | 0.1741 | 0.1314 | 0.0994 | 0.0754 | 0.0573 | 0.0437 | 0.0334 |
| 31 | 0.7346 | 0.5412 | 0.4000 | 0.2965 | 0.2204 | 0.1643 | 0.1228 | 0.0920 | 0.0691 | 0.0521 | 0.0394 | 0.0298 |
| 32 | 0.7273 | 0.5306 | 0.3883 | 0.2851 | 0.2099 | 0.1550 | 0.1147 | 0.0852 | 0.0634 | 0.0474 | 0.0355 | 0.0266 |
| 33 | 0.7201 | 0.5202 | 0.3770 | 0.2741 | 0.1999 | 0.1462 | 0.1072 | 0.0789 | 0.0582 | 0.0431 | 0.0319 | 0.0238 |
| 34 | 0.7130 | 0.5100 | 0.3660 | 0.2636 | 0.1904 | 0.1379 | 0.1002 | 0.0730 | 0.0534 | 0.0391 | 0.0288 | 0.0212 |
| 35 | 0.7059 | 0.5000 | 0.3554 | 0.2534 | 0.1813 | 0.1301 | 0.0937 | 0.0676 | 0.0490 | 0.0356 | 0.0259 | 0.0189 |
| 36 | 0.6989 | 0.4902 | 0.3450 | 0.2437 | 0.1727 | 0.1227 | 0.0875 | 0.0626 | 0.0449 | 0.0323 | 0.0234 | 0.0169 |
| 37 | 0.6920 | 0.4806 | 0.3350 | 0.2343 | 0.1644 | 0.1158 | 0.0818 | 0.0580 | 0.0412 | 0.0294 | 0.0210 | 0.0151 |
| 38 | 0.6852 | 0.4712 | 0.3252 | 0.2253 | 0.1566 | 0.1092 | 0.0765 | 0.0537 | 0.0378 | 0.0267 | 0.0190 | 0.0135 |
| 39 | 0.6784 | 0.4619 | 0.3158 | 0.2166 | 0.1491 | 0.1031 | 0.0715 | 0.0497 | 0.0347 | 0.0243 | 0.0171 | 0.0120 |
| 40 | 0.6717 | 0.4529 | 0.3066 | 0.2083 | 0.1420 | 0.0972 | 0.0668 | 0.0460 | 0.0318 | 0.0221 | 0.0154 | 0.0107 |
| 41 | 0.6650 | 0.4440 | 0.2976 | 0.2003 | 0.1353 | 0.0917 | 0.0624 | 0.0426 | 0.0292 | 0.0201 | 0.0139 | 0.0096 |
| 42 | 0.6584 | 0.4353 | 0.2890 | 0.1926 | 0.1288 | 0.0865 | 0.0583 | 0.0395 | 0.0268 | 0.0183 | 0.0125 | 0.0086 |
| 43 | 0.6519 | 0.4268 | 0.2805 | 0.1852 | 0.1227 | 0.0816 | 0.0545 | 0.0365 | 0.0246 | 0.0166 | 0.0112 | 0.0076 |
| 44 | 0.6454 | 0.4184 | 0.2724 | 0.1780 | 0.1169 | 0.0770 | 0.0509 | 0.0338 | 0.0226 | 0.0151 | 0.0101 | 0.0068 |
| 45 | 0.6391 | 0.4102 | 0.2644 | 0.1712 | 0.1113 | 0.0727 | 0.0476 | 0.0313 | 0.0207 | 0.0137 | 0.0091 | 0.0061 |

（续表）

| 期数 | 13% | 14% | 15% | 16% | 17% | 18% | 19% | 20% | 21% | 22% |
|---|---|---|---|---|---|---|---|---|---|---|
| 1 | 0.8850 | 0.8772 | 0.8696 | 0.8621 | 0.8547 | 0.8475 | 0.8403 | 0.8333 | 0.8264 | 0.8197 |
| 2 | 0.7831 | 0.7695 | 0.7561 | 0.7432 | 0.7305 | 0.7182 | 0.7062 | 0.6944 | 0.6830 | 0.6719 |
| 3 | 0.6931 | 0.6750 | 0.6575 | 0.6407 | 0.6244 | 0.6086 | 0.5934 | 0.5787 | 0.5645 | 0.5507 |
| 4 | 0.6133 | 0.5921 | 0.5718 | 0.5523 | 0.5337 | 0.5158 | 0.4987 | 0.4823 | 0.4665 | 0.4514 |
| 5 | 0.5428 | 0.5194 | 0.4972 | 0.4761 | 0.4561 | 0.4371 | 0.4190 | 0.4019 | 0.3855 | 0.3700 |
| 6 | 0.4803 | 0.4556 | 0.4323 | 0.4104 | 0.3898 | 0.3704 | 0.3521 | 0.3349 | 0.3186 | 0.3033 |
| 7 | 0.4251 | 0.3996 | 0.3759 | 0.3538 | 0.3332 | 0.3139 | 0.2959 | 0.2791 | 0.2633 | 0.2486 |
| 8 | 0.3762 | 0.3506 | 0.3269 | 0.3050 | 0.2848 | 0.2660 | 0.2487 | 0.2326 | 0.2176 | 0.2038 |
| 9 | 0.3329 | 0.3075 | 0.2843 | 0.2630 | 0.2434 | 0.2255 | 0.2090 | 0.1938 | 0.1799 | 0.1670 |
| 10 | 0.2946 | 0.2697 | 0.2472 | 0.2267 | 0.2080 | 0.1911 | 0.1756 | 0.1615 | 0.1486 | 0.1369 |
| 11 | 0.2607 | 0.2366 | 0.2149 | 0.1954 | 0.1778 | 0.1619 | 0.1476 | 0.1346 | 0.1228 | 0.1122 |
| 12 | 0.2307 | 0.2076 | 0.1869 | 0.1685 | 0.1520 | 0.1372 | 0.1240 | 0.1122 | 0.1015 | 0.0920 |
| 13 | 0.2042 | 0.1821 | 0.1625 | 0.1452 | 0.1299 | 0.1163 | 0.1042 | 0.0935 | 0.0839 | 0.0754 |
| 14 | 0.1807 | 0.1597 | 0.1413 | 0.1252 | 0.1110 | 0.0985 | 0.0876 | 0.0779 | 0.0693 | 0.0618 |
| 15 | 0.1599 | 0.1401 | 0.1229 | 0.1079 | 0.0949 | 0.0835 | 0.0736 | 0.0649 | 0.0573 | 0.0507 |
| 16 | 0.1415 | 0.1229 | 0.1069 | 0.0930 | 0.0811 | 0.0708 | 0.0618 | 0.0541 | 0.0474 | 0.0415 |
| 17 | 0.1252 | 0.1078 | 0.0929 | 0.0802 | 0.0693 | 0.0600 | 0.0520 | 0.0451 | 0.0391 | 0.0340 |
| 18 | 0.1108 | 0.0946 | 0.0808 | 0.0691 | 0.0592 | 0.0508 | 0.0437 | 0.0376 | 0.0323 | 0.0279 |
| 19 | 0.0981 | 0.0829 | 0.0703 | 0.0596 | 0.0506 | 0.0431 | 0.0367 | 0.0313 | 0.0267 | 0.0229 |
| 20 | 0.0868 | 0.0728 | 0.0611 | 0.0514 | 0.0433 | 0.0365 | 0.0308 | 0.0261 | 0.0221 | 0.0187 |
| 21 | 0.0768 | 0.0638 | 0.0531 | 0.0443 | 0.0370 | 0.0309 | 0.0259 | 0.0217 | 0.0183 | 0.0154 |
| 22 | 0.0680 | 0.0560 | 0.0462 | 0.0382 | 0.0316 | 0.0262 | 0.0218 | 0.0181 | 0.0151 | 0.0126 |
| 23 | 0.0601 | 0.0491 | 0.0402 | 0.0329 | 0.0270 | 0.0222 | 0.0183 | 0.0151 | 0.0125 | 0.0103 |
| 24 | 0.0532 | 0.0431 | 0.0349 | 0.0284 | 0.0231 | 0.0188 | 0.0154 | 0.0126 | 0.0103 | 0.0085 |
| 25 | 0.0471 | 0.0378 | 0.0304 | 0.0245 | 0.0197 | 0.0160 | 0.0129 | 0.0105 | 0.0085 | 0.0069 |
| 26 | 0.0417 | 0.0331 | 0.0264 | 0.0211 | 0.0169 | 0.0135 | 0.0109 | 0.0087 | 0.0070 | 0.0057 |
| 27 | 0.0369 | 0.0291 | 0.0230 | 0.0182 | 0.0144 | 0.0115 | 0.0091 | 0.0073 | 0.0058 | 0.0047 |
| 28 | 0.0326 | 0.0255 | 0.0200 | 0.0157 | 0.0123 | 0.0097 | 0.0077 | 0.0061 | 0.0048 | 0.0038 |
| 29 | 0.0289 | 0.0224 | 0.0174 | 0.0135 | 0.0105 | 0.0082 | 0.0064 | 0.0051 | 0.0040 | 0.0031 |
| 30 | 0.0256 | 0.0196 | 0.0151 | 0.0116 | 0.0090 | 0.0070 | 0.0054 | 0.0042 | 0.0033 | 0.0026 |
| 31 | 0.0226 | 0.0172 | 0.0131 | 0.0100 | 0.0077 | 0.0059 | 0.0046 | 0.0035 | 0.0027 | 0.0021 |
| 32 | 0.0200 | 0.0151 | 0.0114 | 0.0087 | 0.0066 | 0.0050 | 0.0038 | 0.0029 | 0.0022 | 0.0017 |
| 33 | 0.0177 | 0.0132 | 0.0099 | 0.0075 | 0.0056 | 0.0042 | 0.0032 | 0.0024 | 0.0019 | 0.0014 |
| 34 | 0.0157 | 0.0116 | 0.0086 | 0.0064 | 0.0048 | 0.0036 | 0.0027 | 0.0020 | 0.0015 | 0.0012 |
| 35 | 0.0139 | 0.0102 | 0.0075 | 0.0055 | 0.0041 | 0.0030 | 0.0023 | 0.0017 | 0.0013 | 0.0009 |
| 36 | 0.0123 | 0.0089 | 0.0065 | 0.0048 | 0.0035 | 0.0026 | 0.0019 | 0.0014 | 0.0010 | 0.0008 |
| 37 | 0.0109 | 0.0078 | 0.0057 | 0.0041 | 0.0030 | 0.0022 | 0.0016 | 0.0012 | 0.0009 | 0.0006 |
| 38 | 0.0096 | 0.0069 | 0.0049 | 0.0036 | 0.0026 | 0.0019 | 0.0013 | 0.0010 | 0.0007 | 0.0005 |
| 39 | 0.0085 | 0.0060 | 0.0043 | 0.0031 | 0.0022 | 0.0016 | 0.0011 | 0.0008 | 0.0006 | 0.0004 |
| 40 | 0.0075 | 0.0053 | 0.0037 | 0.0026 | 0.0019 | 0.0013 | 0.0010 | 0.0007 | 0.0005 | 0.0004 |
| 41 | 0.0067 | 0.0046 | 0.0032 | 0.0023 | 0.0016 | 0.0011 | 0.0008 | 0.0006 | 0.0004 | 0.0003 |
| 42 | 0.0059 | 0.0041 | 0.0028 | 0.0020 | 0.0014 | 0.0010 | 0.0007 | 0.0005 | 0.0003 | 0.0002 |
| 43 | 0.0052 | 0.0036 | 0.0025 | 0.0017 | 0.0012 | 0.0008 | 0.0006 | 0.0004 | 0.0003 | 0.0002 |
| 44 | 0.0046 | 0.0031 | 0.0021 | 0.0015 | 0.0010 | 0.0007 | 0.0005 | 0.0003 | 0.0002 | 0.0002 |
| 45 | 0.0041 | 0.0027 | 0.0019 | 0.0013 | 0.0009 | 0.0006 | 0.0004 | 0.0003 | 0.0002 | 0.0001 |

（续表）

| 期数 | 23% | 24% | 25% | 26% | 27% | 28% | 29% | 30% |
|---|---|---|---|---|---|---|---|---|
| 1 | 0.8130 | 0.8065 | 0.8000 | 0.7937 | 0.7874 | 0.7813 | 0.7752 | 0.7692 |
| 2 | 0.6610 | 0.6504 | 0.6400 | 0.6299 | 0.6200 | 0.6104 | 0.6009 | 0.5917 |
| 3 | 0.5374 | 0.5245 | 0.5120 | 0.4999 | 0.4882 | 0.4768 | 0.4658 | 0.4552 |
| 4 | 0.4369 | 0.4230 | 0.4096 | 0.3968 | 0.3844 | 0.3725 | 0.3611 | 0.3501 |
| 5 | 0.3552 | 0.3411 | 0.3277 | 0.3149 | 0.3027 | 0.2910 | 0.2799 | 0.2693 |
| 6 | 0.2888 | 0.2751 | 0.2621 | 0.2499 | 0.2383 | 0.2274 | 0.2170 | 0.2072 |
| 7 | 0.2348 | 0.2218 | 0.2097 | 0.1983 | 0.1877 | 0.1776 | 0.1682 | 0.1594 |
| 8 | 0.1909 | 0.1789 | 0.1678 | 0.1574 | 0.1478 | 0.1388 | 0.1304 | 0.1226 |
| 9 | 0.1552 | 0.1443 | 0.1342 | 0.1249 | 0.1164 | 0.1084 | 0.1011 | 0.0943 |
| 10 | 0.1262 | 0.1164 | 0.1074 | 0.0992 | 0.0916 | 0.0847 | 0.0784 | 0.0725 |
| 11 | 0.1026 | 0.0938 | 0.0859 | 0.0787 | 0.0721 | 0.0662 | 0.0607 | 0.0558 |
| 12 | 0.0834 | 0.0757 | 0.0687 | 0.0625 | 0.0568 | 0.0517 | 0.0471 | 0.0429 |
| 13 | 0.0678 | 0.0610 | 0.0550 | 0.0496 | 0.0447 | 0.0404 | 0.0365 | 0.0330 |
| 14 | 0.0551 | 0.0492 | 0.0440 | 0.0393 | 0.0352 | 0.0316 | 0.0283 | 0.0254 |
| 15 | 0.0448 | 0.0397 | 0.0352 | 0.0312 | 0.0277 | 0.0247 | 0.0219 | 0.0195 |
| 16 | 0.0364 | 0.0320 | 0.0281 | 0.0248 | 0.0218 | 0.0193 | 0.0170 | 0.0150 |
| 17 | 0.0296 | 0.0258 | 0.0225 | 0.0197 | 0.0172 | 0.0150 | 0.0132 | 0.0116 |
| 18 | 0.0241 | 0.0208 | 0.0180 | 0.0156 | 0.0135 | 0.0118 | 0.0102 | 0.0089 |
| 19 | 0.0196 | 0.0168 | 0.0144 | 0.0124 | 0.0107 | 0.0092 | 0.0079 | 0.0068 |
| 20 | 0.0159 | 0.0135 | 0.0115 | 0.0098 | 0.0084 | 0.0072 | 0.0061 | 0.0053 |
| 21 | 0.0129 | 0.0109 | 0.0092 | 0.0078 | 0.0066 | 0.0056 | 0.0048 | 0.0040 |
| 22 | 0.0105 | 0.0088 | 0.0074 | 0.0062 | 0.0052 | 0.0044 | 0.0037 | 0.0031 |
| 23 | 0.0086 | 0.0071 | 0.0059 | 0.0049 | 0.0041 | 0.0034 | 0.0029 | 0.0024 |
| 24 | 0.0070 | 0.0057 | 0.0047 | 0.0039 | 0.0032 | 0.0027 | 0.0022 | 0.0018 |
| 25 | 0.0057 | 0.0046 | 0.0038 | 0.0031 | 0.0025 | 0.0021 | 0.0017 | 0.0014 |
| 26 | 0.0046 | 0.0037 | 0.0030 | 0.0025 | 0.0020 | 0.0016 | 0.0013 | 0.0011 |
| 27 | 0.0037 | 0.0030 | 0.0024 | 0.0019 | 0.0016 | 0.0013 | 0.0010 | 0.0008 |
| 28 | 0.0030 | 0.0024 | 0.0019 | 0.0015 | 0.0012 | 0.0010 | 0.0008 | 0.0006 |
| 29 | 0.0025 | 0.0020 | 0.0015 | 0.0012 | 0.0010 | 0.0008 | 0.0006 | 0.0005 |
| 30 | 0.0020 | 0.0016 | 0.0012 | 0.0010 | 0.0008 | 0.0006 | 0.0005 | 0.0004 |
| 31 | 0.0016 | 0.0013 | 0.0010 | 0.0008 | 0.0006 | 0.0005 | 0.0004 | 0.0003 |
| 32 | 0.0013 | 0.0010 | 0.0008 | 0.0006 | 0.0005 | 0.0004 | 0.0003 | 0.0002 |
| 33 | 0.0011 | 0.0008 | 0.0006 | 0.0005 | 0.0004 | 0.0003 | 0.0002 | 0.0002 |
| 34 | 0.0009 | 0.0007 | 0.0005 | 0.0004 | 0.0003 | 0.0002 | 0.0002 | 0.0001 |
| 35 | 0.0007 | 0.0005 | 0.0004 | 0.0003 | 0.0002 | 0.0002 | 0.0001 | 0.0001 |
| 36 | 0.0006 | 0.0004 | 0.0003 | 0.0002 | 0.0002 | 0.0001 | 0.0001 | 0.0001 |
| 37 | 0.0005 | 0.0003 | 0.0003 | 0.0002 | 0.0001 | 0.0001 | 0.0001 | 0.0001 |
| 38 | 0.0004 | 0.0003 | 0.0002 | 0.0002 | 0.0001 | 0.0001 | 0.0001 | 0.0000 |
| 39 | 0.0003 | 0.0002 | 0.0002 | 0.0001 | 0.0001 | 0.0001 | 0.0000 | 0.0000 |
| 40 | 0.0003 | 0.0002 | 0.0001 | 0.0001 | 0.0001 | 0.0001 | 0.0000 | 0.0000 |
| 41 | 0.0002 | 0.0001 | 0.0001 | 0.0001 | 0.0001 | 0.0000 | 0.0000 | 0.0000 |
| 42 | 0.0002 | 0.0001 | 0.0001 | 0.0001 | 0.0000 | 0.0000 | 0.0000 | 0.0000 |
| 43 | 0.0001 | 0.0001 | 0.0001 | 0.0000 | 0.0000 | 0.0000 | 0.0000 | 0.0000 |
| 44 | 0.0001 | 0.0001 | 0.0001 | 0.0000 | 0.0000 | 0.0000 | 0.0000 | 0.0000 |
| 45 | 0.0001 | 0.0001 | 0.0000 | 0.0000 | 0.0000 | 0.0000 | 0.0000 | 0.0000 |

# 附表 3　年金终值系数表

| 期数 | 1% | 2% | 3% | 4% | 5% | 6% | 7% | 8% | 9% | 10% | 11% | 12% |
|---|---|---|---|---|---|---|---|---|---|---|---|---|
| 1 | 1.0000 | 1.0000 | 1.0000 | 1.0000 | 1.0000 | 1.0000 | 1.0000 | 1.0000 | 1.0000 | 1.0000 | 1.0000 | 1.0000 |
| 2 | 2.0100 | 2.0200 | 2.0300 | 2.0400 | 2.0500 | 2.0600 | 2.0700 | 2.0800 | 2.0900 | 2.1000 | 2.1100 | 2.1200 |
| 3 | 3.0301 | 3.0604 | 3.0909 | 3.1216 | 3.1525 | 3.1836 | 3.2149 | 3.2464 | 3.2781 | 3.3100 | 3.3421 | 3.3744 |
| 4 | 4.0604 | 4.1216 | 4.1836 | 4.2465 | 4.3101 | 4.3746 | 4.4399 | 4.5061 | 4.5731 | 4.6410 | 4.7097 | 4.7793 |
| 5 | 5.1010 | 5.2040 | 5.3091 | 5.4163 | 5.5256 | 5.6371 | 5.7507 | 5.8666 | 5.9847 | 6.1051 | 6.2278 | 6.3528 |
| 6 | 6.1520 | 6.3081 | 6.4684 | 6.6330 | 6.8019 | 6.9753 | 7.1533 | 7.3359 | 7.5233 | 7.7156 | 7.9129 | 8.1152 |
| 7 | 7.2135 | 7.4343 | 7.6625 | 7.8983 | 8.1420 | 8.3938 | 8.6540 | 8.9228 | 9.2004 | 9.4872 | 9.7833 | 10.0890 |
| 8 | 8.2857 | 8.5830 | 8.8923 | 9.2142 | 9.5491 | 9.8975 | 10.2598 | 10.6366 | 11.0285 | 11.4359 | 11.8594 | 12.2997 |
| 9 | 9.3685 | 9.7546 | 10.1591 | 10.5828 | 11.0266 | 11.4913 | 11.9780 | 12.4876 | 13.0210 | 13.5795 | 14.1640 | 14.7757 |
| 10 | 10.4622 | 10.9497 | 11.4639 | 12.0061 | 12.5779 | 13.1808 | 13.8164 | 14.4866 | 15.1929 | 15.9374 | 16.7220 | 17.5487 |
| 11 | 11.5668 | 12.1687 | 12.8078 | 13.4864 | 14.2068 | 14.9716 | 15.7836 | 16.6455 | 17.5603 | 18.5312 | 19.5614 | 20.6546 |
| 12 | 12.6825 | 13.4121 | 14.1920 | 15.0258 | 15.9171 | 16.8699 | 17.8885 | 18.9771 | 20.1407 | 21.3843 | 22.7132 | 24.1331 |
| 13 | 13.8093 | 14.6803 | 15.6178 | 16.6268 | 17.7130 | 18.8821 | 20.1406 | 21.4953 | 22.9534 | 24.5227 | 26.2116 | 28.0291 |
| 14 | 14.9474 | 15.9739 | 17.0863 | 18.2919 | 19.5986 | 21.0151 | 22.5505 | 24.2149 | 26.0192 | 27.9750 | 30.0949 | 32.3926 |
| 15 | 16.0969 | 17.2934 | 18.5989 | 20.0236 | 21.5786 | 23.2760 | 25.1290 | 27.1521 | 29.3609 | 31.7725 | 34.4054 | 37.2797 |
| 16 | 17.2579 | 18.6393 | 20.1569 | 21.8245 | 23.6575 | 25.6725 | 27.8881 | 30.3243 | 33.0034 | 35.9497 | 39.1899 | 42.7533 |
| 17 | 18.4304 | 20.0121 | 21.7616 | 23.6975 | 25.8404 | 28.2129 | 30.8402 | 33.7502 | 36.9737 | 40.5447 | 44.5008 | 48.8837 |
| 18 | 19.6147 | 21.4123 | 23.4144 | 25.6454 | 28.1324 | 30.9057 | 33.9990 | 37.4502 | 41.3013 | 45.5992 | 50.3959 | 55.7497 |
| 19 | 20.8109 | 22.8406 | 25.1169 | 27.6712 | 30.5390 | 33.7600 | 37.3790 | 41.4463 | 46.0185 | 51.1591 | 56.9395 | 63.4397 |
| 20 | 22.0190 | 24.2974 | 26.8704 | 29.7781 | 33.0660 | 36.7856 | 40.9955 | 45.7620 | 51.1601 | 57.2750 | 64.2028 | 72.0524 |
| 21 | 23.2392 | 25.7833 | 28.6765 | 31.9692 | 35.7193 | 39.9927 | 44.8652 | 50.4229 | 56.7645 | 64.0025 | 72.2651 | 81.6987 |
| 22 | 24.4716 | 27.2990 | 30.5368 | 34.2480 | 38.5052 | 43.3923 | 49.0057 | 55.4568 | 62.8733 | 71.4027 | 81.2143 | 92.5026 |
| 23 | 25.7163 | 28.8450 | 32.4529 | 36.6179 | 41.4305 | 46.9958 | 53.4361 | 60.8933 | 69.5319 | 79.5430 | 91.1479 | 104.6029 |
| 24 | 26.9735 | 30.4219 | 34.4265 | 39.0826 | 44.5020 | 50.8156 | 58.1767 | 66.7648 | 76.7898 | 88.4973 | 102.1742 | 118.1552 |
| 25 | 28.2432 | 32.0303 | 36.4593 | 41.6459 | 47.7271 | 54.8645 | 63.2490 | 73.1059 | 84.7009 | 98.3471 | 114.4133 | 133.3339 |
| 26 | 29.5256 | 33.6709 | 38.5530 | 44.3117 | 51.1135 | 59.1564 | 68.6765 | 79.9544 | 93.3240 | 109.1818 | 127.9988 | 150.3339 |
| 27 | 30.8209 | 35.3443 | 40.7096 | 47.0842 | 54.6691 | 63.7058 | 74.4838 | 87.3508 | 102.7231 | 121.0999 | 143.0786 | 169.3740 |
| 28 | 32.1291 | 37.0512 | 42.9309 | 49.9676 | 58.4026 | 68.5281 | 80.6977 | 95.3388 | 112.9682 | 134.2099 | 159.8173 | 190.6989 |
| 29 | 33.4504 | 38.7922 | 45.2189 | 52.9663 | 62.3227 | 73.6398 | 87.3465 | 103.9659 | 124.1354 | 148.6309 | 178.3972 | 214.5828 |
| 30 | 34.7849 | 40.5681 | 47.5754 | 56.0849 | 66.4388 | 79.0582 | 94.4608 | 113.2832 | 136.3075 | 164.4940 | 199.0209 | 241.3327 |
| 31 | 36.1327 | 42.3794 | 50.0027 | 59.3283 | 70.7608 | 84.8017 | 102.0730 | 123.3459 | 149.5752 | 181.9434 | 221.9132 | 271.2926 |
| 32 | 37.4941 | 44.2270 | 52.5028 | 62.7015 | 75.2988 | 90.8898 | 110.2182 | 134.2135 | 164.0370 | 201.1378 | 247.3236 | 304.8477 |
| 33 | 38.8690 | 46.1116 | 55.0778 | 66.2095 | 80.0638 | 97.3432 | 118.9334 | 145.9506 | 179.8003 | 222.2515 | 275.5292 | 342.4294 |
| 34 | 40.2577 | 48.0338 | 57.7302 | 69.8579 | 85.0670 | 104.1838 | 128.2588 | 158.6267 | 196.9823 | 245.4767 | 306.8374 | 384.5210 |
| 35 | 41.6603 | 49.9945 | 60.4621 | 73.6522 | 90.3203 | 111.4348 | 138.2369 | 172.3168 | 215.7108 | 271.0244 | 341.5896 | 431.6635 |
| 36 | 43.0769 | 51.9944 | 63.2759 | 77.5983 | 95.8363 | 119.1209 | 148.9135 | 187.1021 | 236.1247 | 299.1268 | 380.1644 | 484.4631 |
| 37 | 44.5076 | 54.0343 | 66.1742 | 81.7022 | 101.6281 | 127.2681 | 160.3374 | 203.0703 | 258.3759 | 330.0395 | 422.9825 | 543.5987 |
| 38 | 45.9527 | 56.1149 | 69.1594 | 85.9703 | 107.7095 | 135.9042 | 172.5610 | 220.3159 | 282.6298 | 364.0434 | 470.5106 | 609.8305 |
| 39 | 47.4123 | 58.2372 | 72.2342 | 90.4091 | 114.0950 | 145.0585 | 185.6403 | 238.9412 | 309.0665 | 401.4478 | 523.2667 | 684.0102 |
| 40 | 48.8864 | 60.4020 | 75.4013 | 95.0255 | 120.7998 | 154.7620 | 199.6351 | 259.0565 | 337.8824 | 442.5926 | 581.8261 | 767.0914 |
| 41 | 50.3752 | 62.6100 | 78.6633 | 99.8265 | 127.8398 | 165.0477 | 214.6096 | 280.7810 | 369.2919 | 487.8518 | 646.8269 | 860.1424 |
| 42 | 51.8790 | 64.8622 | 82.0232 | 104.8196 | 135.2318 | 175.9505 | 230.6322 | 304.2435 | 403.5281 | 537.6370 | 718.9779 | 964.3595 |
| 43 | 53.3978 | 67.1595 | 85.4839 | 110.0124 | 142.9933 | 187.5076 | 247.7765 | 329.5830 | 440.8457 | 592.4007 | 799.0655 | 1081.0826 |
| 44 | 54.9318 | 69.5027 | 89.0484 | 115.4129 | 151.1430 | 199.7580 | 266.1209 | 356.9496 | 481.5218 | 652.6408 | 887.9627 | 1211.8125 |
| 45 | 56.4811 | 71.8927 | 92.7199 | 121.0294 | 159.7002 | 212.7435 | 285.7493 | 386.5056 | 525.8587 | 718.9048 | 986.6386 | 1358.2300 |

（续表）

| 期数 | 13% | 14% | 15% | 16% | 17% | 18% | 19% | 20% | 21% | 22% |
|---|---|---|---|---|---|---|---|---|---|---|
| 1 | 1.0000 | 1.0000 | 1.0000 | 1.0000 | 1.0000 | 1.0000 | 1.0000 | 1.0000 | 1.0000 | 1.0000 |
| 2 | 2.1300 | 2.1400 | 2.1500 | 2.1600 | 2.1700 | 2.1800 | 2.1900 | 2.2000 | 2.2100 | 2.2200 |
| 3 | 3.4069 | 3.4396 | 3.4725 | 3.5056 | 3.5389 | 3.5724 | 3.6061 | 3.6400 | 3.6741 | 3.7084 |
| 4 | 4.8498 | 4.9211 | 4.9934 | 5.0665 | 5.1405 | 5.2154 | 5.2913 | 5.3680 | 5.4457 | 5.5242 |
| 5 | 6.4803 | 6.6101 | 6.7424 | 6.8771 | 7.0144 | 7.1542 | 7.2966 | 7.4416 | 7.5892 | 7.7396 |
| 6 | 8.3227 | 8.5355 | 8.7537 | 8.9775 | 9.2068 | 9.4420 | 9.6830 | 9.9299 | 10.1830 | 10.4423 |
| 7 | 10.4047 | 10.7305 | 11.0668 | 11.4139 | 11.7720 | 12.1415 | 12.5227 | 12.9159 | 13.3214 | 13.7396 |
| 8 | 12.7573 | 13.2328 | 13.7268 | 14.2401 | 14.7733 | 15.3270 | 15.9020 | 16.4991 | 17.1189 | 17.7623 |
| 9 | 15.4157 | 16.0853 | 16.7858 | 17.5185 | 18.2847 | 19.0859 | 19.9234 | 20.7989 | 21.7139 | 22.6700 |
| 10 | 18.4197 | 19.3373 | 20.3037 | 21.3215 | 22.3931 | 23.5213 | 24.7089 | 25.9587 | 27.2738 | 28.6574 |
| 11 | 21.8143 | 23.0445 | 24.3493 | 25.7329 | 27.1999 | 28.7551 | 30.4035 | 32.1504 | 34.0013 | 35.9620 |
| 12 | 25.6502 | 27.2707 | 29.0017 | 30.8502 | 32.8239 | 34.9311 | 37.1802 | 39.5805 | 42.1416 | 44.8737 |
| 13 | 29.9847 | 32.0887 | 34.3519 | 36.7862 | 39.4040 | 42.2187 | 45.2445 | 48.4966 | 51.9913 | 55.7459 |
| 14 | 34.8827 | 37.5811 | 40.5047 | 43.6720 | 47.1027 | 50.8180 | 54.8409 | 59.1959 | 63.9095 | 69.0100 |
| 15 | 40.4175 | 43.8424 | 47.5804 | 51.6595 | 56.1101 | 60.9653 | 66.2607 | 72.0351 | 78.3305 | 85.1922 |
| 16 | 46.6717 | 50.9804 | 55.7175 | 60.9250 | 66.6488 | 72.9390 | 79.8502 | 87.4421 | 95.7799 | 104.9345 |
| 17 | 53.7391 | 59.1176 | 65.0751 | 71.6730 | 78.9792 | 87.0680 | 96.0218 | 105.9306 | 116.8937 | 129.0201 |
| 18 | 61.7251 | 68.3941 | 75.8364 | 84.1407 | 93.4056 | 103.7403 | 115.2659 | 128.1167 | 142.4413 | 158.4045 |
| 19 | 70.7494 | 78.9692 | 88.2118 | 98.6032 | 110.2846 | 123.4135 | 138.1664 | 154.7400 | 173.3540 | 194.2535 |
| 20 | 80.9468 | 91.0249 | 102.4436 | 115.3797 | 130.0329 | 146.6280 | 165.4180 | 186.6880 | 210.7584 | 237.9893 |
| 21 | 92.4699 | 104.7684 | 118.8101 | 134.8405 | 153.1385 | 174.0210 | 197.8474 | 225.0256 | 256.0176 | 291.3469 |
| 22 | 105.4910 | 120.4360 | 137.6316 | 157.4150 | 180.1721 | 206.3448 | 236.4385 | 271.0307 | 310.7813 | 356.4432 |
| 23 | 120.2048 | 138.2970 | 159.2764 | 183.6014 | 211.8013 | 244.4868 | 282.3618 | 326.2369 | 377.0454 | 435.8607 |
| 24 | 136.8315 | 158.6586 | 184.1678 | 213.9776 | 248.8076 | 289.4945 | 337.0105 | 392.4842 | 457.2249 | 532.7501 |
| 25 | 155.6196 | 181.8708 | 212.7930 | 249.2140 | 292.1049 | 342.6035 | 402.0425 | 471.9811 | 554.2422 | 650.9551 |
| 26 | 176.8501 | 208.3327 | 245.7120 | 290.0883 | 342.7627 | 405.2721 | 479.4306 | 567.3773 | 671.6330 | 795.1653 |
| 27 | 200.8406 | 238.4993 | 283.5688 | 337.5024 | 402.0323 | 479.2211 | 571.5224 | 681.8528 | 813.6759 | 971.1016 |
| 28 | 227.9499 | 272.8892 | 327.1041 | 392.5028 | 471.3778 | 566.4809 | 681.1116 | 819.2233 | 985.5479 | 1185.7440 |
| 29 | 258.5834 | 312.0937 | 377.1697 | 456.3032 | 552.5121 | 669.4475 | 811.5228 | 984.0680 | 1193.5129 | 1447.6077 |
| 30 | 293.1992 | 356.7868 | 434.7451 | 530.3117 | 647.4391 | 790.9480 | 966.7122 | 1181.8816 | 1445.1507 | 1767.0813 |
| 31 | 332.3151 | 407.7370 | 500.9569 | 616.1616 | 758.5038 | 934.3186 | 1151.3875 | 1419.2579 | 1749.6323 | 2156.8392 |
| 32 | 376.5161 | 465.8202 | 577.1005 | 715.7475 | 888.4494 | 1103.4960 | 1371.1511 | 1704.1095 | 2118.0551 | 2632.3439 |
| 33 | 426.4632 | 532.0350 | 664.6655 | 831.2671 | 1040.4858 | 1303.1253 | 1632.6698 | 2045.9314 | 2563.8467 | 3212.4595 |
| 34 | 482.9034 | 607.5199 | 765.3654 | 965.2698 | 1218.3684 | 1538.6878 | 1943.8771 | 2456.1176 | 3103.2545 | 3920.2006 |
| 35 | 546.6808 | 693.5727 | 881.1702 | 1120.7130 | 1426.4910 | 1816.6516 | 2314.2137 | 2948.3411 | 3755.9379 | 4783.6447 |
| 36 | 618.7493 | 791.6729 | 1014.3457 | 1301.0270 | 1669.9945 | 2144.6489 | 2754.9143 | 3539.0094 | 4545.6848 | 5837.0466 |
| 37 | 700.1867 | 903.5071 | 1167.4975 | 1510.1914 | 1954.8936 | 2531.6857 | 3279.3481 | 4247.8112 | 5501.2787 | 7122.1968 |
| 38 | 792.2110 | 1030.9981 | 1343.6222 | 1752.8220 | 2288.2255 | 2988.3891 | 3903.4242 | 5098.3735 | 6657.5472 | 8690.0801 |
| 39 | 896.1984 | 1176.3378 | 1546.1655 | 2034.2735 | 2678.2238 | 3527.2992 | 4646.0748 | 6119.0482 | 8056.6321 | 10602.8978 |
| 40 | 1013.7042 | 1342.0251 | 1779.0903 | 2360.7572 | 3134.5218 | 4163.2130 | 5529.8290 | 7343.8578 | 9749.5248 | 12936.5353 |
| 41 | 1146.4858 | 1530.9086 | 2046.9539 | 2739.4784 | 3668.3906 | 4913.5914 | 6581.4965 | 8813.6294 | 11797.9250 | 15783.5730 |
| 42 | 1296.5289 | 1746.2358 | 2354.9969 | 3178.7949 | 4293.0169 | 5799.0378 | 7832.9808 | 10577.3553 | 14276.4893 | 19256.9591 |
| 43 | 1466.0777 | 1991.7088 | 2709.2465 | 3688.4021 | 5023.8298 | 6843.8646 | 9322.2472 | 12693.8263 | 17275.5521 | 23494.4901 |
| 44 | 1657.6678 | 2271.5481 | 3116.6334 | 4279.5465 | 5878.8809 | 8076.7603 | 11094.4741 | 15233.5916 | 20904.4180 | 28664.2779 |
| 45 | 1874.1646 | 2590.5648 | 3585.1285 | 4965.2739 | 6879.2907 | 9531.5771 | 13203.4242 | 18281.3099 | 25295.3458 | 34971.4191 |

（续表）

| 期数 | 23% | 24% | 25% | 26% | 27% | 28% | 29% | 30% |
|---|---|---|---|---|---|---|---|---|
| 1 | 1.0000 | 1.0000 | 1.0000 | 1.0000 | 1.0000 | 1.0000 | 1.0000 | 1.0000 |
| 2 | 2.2300 | 2.2400 | 2.2500 | 2.2600 | 2.2700 | 2.2800 | 2.2900 | 2.3000 |
| 3 | 3.7429 | 3.7776 | 3.8125 | 3.8476 | 3.8829 | 3.9184 | 3.9541 | 3.9900 |
| 4 | 5.6038 | 5.6842 | 5.7656 | 5.8480 | 5.9313 | 6.0156 | 6.1008 | 6.1870 |
| 5 | 7.8926 | 8.0484 | 8.2070 | 8.3684 | 8.5327 | 8.6999 | 8.8700 | 9.0431 |
| 6 | 10.7079 | 10.9801 | 11.2588 | 11.5442 | 11.8366 | 12.1359 | 12.4423 | 12.7560 |
| 7 | 14.1708 | 14.6153 | 15.0735 | 15.5458 | 16.0324 | 16.5339 | 17.0506 | 17.5828 |
| 8 | 18.4300 | 19.1229 | 19.8419 | 20.5876 | 21.3612 | 22.1634 | 22.9953 | 23.8577 |
| 9 | 23.6690 | 24.7125 | 25.8023 | 26.9404 | 28.1287 | 29.3692 | 30.6639 | 32.0150 |
| 10 | 30.1128 | 31.6434 | 33.2529 | 34.9449 | 36.7235 | 38.5926 | 40.5564 | 42.6195 |
| 11 | 38.0388 | 40.2379 | 42.5661 | 45.0306 | 47.6388 | 50.3985 | 53.3178 | 56.4053 |
| 12 | 47.7877 | 50.8950 | 54.2077 | 57.7386 | 61.5013 | 65.5100 | 69.7800 | 74.3270 |
| 13 | 59.7788 | 64.1097 | 68.7596 | 73.7506 | 79.1066 | 84.8529 | 91.0161 | 97.6250 |
| 14 | 74.5280 | 80.4961 | 86.9495 | 93.9258 | 101.4654 | 109.6117 | 118.4108 | 127.9125 |
| 15 | 92.6694 | 100.8151 | 109.6868 | 119.3465 | 129.8611 | 141.3029 | 153.7500 | 167.2863 |
| 16 | 114.9834 | 126.0108 | 138.1085 | 151.3766 | 165.9236 | 181.8677 | 199.3374 | 218.4722 |
| 17 | 142.4295 | 157.2534 | 173.6357 | 191.7345 | 211.7230 | 233.7907 | 258.1453 | 285.0139 |
| 18 | 176.1883 | 195.9942 | 218.0446 | 242.5855 | 269.8882 | 300.2521 | 334.0074 | 371.5180 |
| 19 | 217.7116 | 244.0328 | 273.5558 | 306.6577 | 343.7580 | 385.3227 | 431.8696 | 483.9734 |
| 20 | 268.7853 | 303.6006 | 342.9447 | 387.3887 | 437.5726 | 494.2131 | 558.1118 | 630.1655 |
| 21 | 331.6059 | 377.4648 | 429.6809 | 489.1098 | 556.7173 | 633.5927 | 720.9642 | 820.2151 |
| 22 | 408.8753 | 469.0563 | 538.1011 | 617.2783 | 708.0309 | 811.9987 | 931.0438 | 1067.2796 |
| 23 | 503.9166 | 582.6298 | 673.6264 | 778.7707 | 900.1993 | 1040.3583 | 1202.0465 | 1388.4635 |
| 24 | 620.8174 | 723.4610 | 843.0329 | 982.2511 | 1144.2531 | 1332.6586 | 1551.6400 | 1806.0026 |
| 25 | 764.6054 | 898.0916 | 1054.7912 | 1238.6363 | 1454.2014 | 1706.8031 | 2002.6156 | 2348.8033 |
| 26 | 941.4647 | 1114.6336 | 1319.4890 | 1561.6818 | 1847.8358 | 2185.7079 | 2584.3741 | 3054.4443 |
| 27 | 1159.0016 | 1383.1457 | 1650.3612 | 1968.7191 | 2347.7515 | 2798.7061 | 3334.8426 | 3971.7776 |
| 28 | 1426.5719 | 1716.1007 | 2063.9515 | 2481.5860 | 2982.6443 | 3583.3438 | 4302.9470 | 5164.3109 |
| 29 | 1755.6835 | 2128.9648 | 2580.9394 | 3127.7984 | 3788.9583 | 4587.6801 | 5551.8016 | 6714.6042 |
| 30 | 2160.4907 | 2640.9164 | 3227.1743 | 3942.0260 | 4812.9771 | 5873.2306 | 7162.8241 | 8729.9855 |
| 31 | 2658.4036 | 3275.7363 | 4034.9678 | 4967.9527 | 6113.4809 | 7518.7351 | 9241.0431 | 11349.9811 |
| 32 | 3270.8364 | 4062.9130 | 5044.7098 | 6260.6204 | 7765.1207 | 9624.9810 | 11921.9456 | 14755.9755 |
| 33 | 4024.1287 | 5039.0122 | 6306.8872 | 7889.3817 | 9862.7033 | 12320.9756 | 15380.3098 | 19183.7681 |
| 34 | 4950.6783 | 6249.3751 | 7884.6091 | 9941.6210 | 12526.6332 | 15771.8488 | 19841.5997 | 24939.8985 |
| 35 | 6090.3344 | 7750.2251 | 9856.7613 | 12527.4424 | 15909.8242 | 20188.9665 | 25596.6636 | 32422.8681 |
| 36 | 7492.1113 | 9611.2791 | 12321.9516 | 15785.5774 | 20206.4767 | 25842.8771 | 33020.6960 | 42150.7285 |
| 37 | 9216.2969 | 11918.9861 | 15403.4396 | 19890.8276 | 25663.2254 | 33079.8826 | 42597.6978 | 54796.9471 |
| 38 | 11337.0451 | 14780.5428 | 19255.2994 | 25063.4428 | 32593.2963 | 42343.2498 | 54952.0302 | 71237.0312 |
| 39 | 13945.5655 | 18328.8731 | 24070.1243 | 31580.9379 | 41394.4863 | 54200.3597 | 70889.1190 | 92609.1405 |
| 40 | 17154.0456 | 22728.8026 | 30088.6554 | 39792.9817 | 52571.9976 | 69377.4604 | 91447.9635 | 120392.8827 |
| 41 | 21100.4761 | 28184.7152 | 37611.8192 | 50140.1570 | 66767.4369 | 88804.1494 | 117968.8729 | 156511.7475 |
| 42 | 25954.5856 | 34950.0469 | 47015.7740 | 63177.5978 | 84795.6449 | 113670.3112 | 152180.8460 | 203466.2718 |
| 43 | 31925.1403 | 43339.0581 | 58770.7175 | 79604.7732 | 107691.4690 | 145498.9983 | 196314.2913 | 264507.1533 |
| 44 | 39268.9225 | 53741.4321 | 73464.3969 | 100303.0142 | 136769.1656 | 186239.7178 | 253246.4358 | 343860.2993 |
| 45 | 48301.7747 | 66640.3758 | 91831.4962 | 126382.7979 | 173697.8403 | 238387.8388 | 326688.9022 | 447019.3890 |

# 附表 4　年金现值系数表

| 期数 | 1% | 2% | 3% | 4% | 5% | 6% | 7% | 8% | 9% | 10% | 11% | 12% |
|---|---|---|---|---|---|---|---|---|---|---|---|---|
| 1 | 0.9901 | 0.9804 | 0.9709 | 0.9615 | 0.9524 | 0.9434 | 0.9346 | 0.9259 | 0.9174 | 0.9091 | 0.9009 | 0.8929 |
| 2 | 1.9704 | 1.9416 | 1.9135 | 1.8861 | 1.8594 | 1.8334 | 1.8080 | 1.7833 | 1.7591 | 1.7355 | 1.7125 | 1.6901 |
| 3 | 2.9410 | 2.8839 | 2.8286 | 2.7751 | 2.7232 | 2.6730 | 2.6243 | 2.5771 | 2.5313 | 2.4869 | 2.4437 | 2.4018 |
| 4 | 3.9020 | 3.8077 | 3.7171 | 3.6299 | 3.5460 | 3.4651 | 3.3872 | 3.3121 | 3.2397 | 3.1699 | 3.1024 | 3.0373 |
| 5 | 4.8534 | 4.7135 | 4.5797 | 4.4518 | 4.3295 | 4.2124 | 4.1002 | 3.9927 | 3.8897 | 3.7908 | 3.6959 | 3.6048 |
| 6 | 5.7955 | 5.6014 | 5.4172 | 5.2421 | 5.0757 | 4.9173 | 4.7665 | 4.6229 | 4.4859 | 4.3553 | 4.2305 | 4.1114 |
| 7 | 6.7282 | 6.4720 | 6.2303 | 6.0021 | 5.7864 | 5.5824 | 5.3893 | 5.2064 | 5.0330 | 4.8684 | 4.7122 | 4.5638 |
| 8 | 7.6517 | 7.3255 | 7.0197 | 6.7327 | 6.4632 | 6.2098 | 5.9713 | 5.7466 | 5.5348 | 5.3349 | 5.1461 | 4.9676 |
| 9 | 8.5660 | 8.1622 | 7.7861 | 7.4353 | 7.1078 | 6.8017 | 6.5152 | 6.2469 | 5.9952 | 5.7590 | 5.5370 | 5.3282 |
| 10 | 9.4713 | 8.9826 | 8.5302 | 8.1109 | 7.7217 | 7.3601 | 7.0236 | 6.7101 | 6.4177 | 6.1446 | 5.8892 | 5.6502 |
| 11 | 10.3676 | 9.7868 | 9.2526 | 8.7605 | 8.3064 | 7.8869 | 7.4987 | 7.1390 | 6.8052 | 6.4951 | 6.2065 | 5.9377 |
| 12 | 11.2551 | 10.5753 | 9.9540 | 9.3851 | 8.8633 | 8.3838 | 7.9427 | 7.5361 | 7.1607 | 6.8137 | 6.4924 | 6.1944 |
| 13 | 12.1337 | 11.3484 | 10.6350 | 9.9856 | 9.3936 | 8.8527 | 8.3577 | 7.9038 | 7.4869 | 7.1034 | 6.7499 | 6.4235 |
| 14 | 13.0037 | 12.1062 | 11.2961 | 10.5631 | 9.8986 | 9.2950 | 8.7455 | 8.2442 | 7.7862 | 7.3667 | 6.9819 | 6.6282 |
| 15 | 13.8651 | 12.8493 | 11.9379 | 11.1184 | 10.3797 | 9.7122 | 9.1079 | 8.5595 | 8.0607 | 7.6061 | 7.1909 | 6.8109 |
| 16 | 14.7179 | 13.5777 | 12.5611 | 11.6523 | 10.8378 | 10.1059 | 9.4466 | 8.8514 | 8.3126 | 7.8237 | 7.3792 | 6.9740 |
| 17 | 15.5623 | 14.2919 | 13.1661 | 12.1657 | 11.2741 | 10.4773 | 9.7632 | 9.1216 | 8.5436 | 8.0216 | 7.5488 | 7.1196 |
| 18 | 16.3983 | 14.9920 | 13.7535 | 12.6593 | 11.6896 | 10.8276 | 10.0591 | 9.3719 | 8.7556 | 8.2014 | 7.7016 | 7.2497 |
| 19 | 17.2260 | 15.6785 | 14.3238 | 13.1339 | 12.0853 | 11.1581 | 10.3356 | 9.6036 | 8.9501 | 8.3649 | 7.8393 | 7.3658 |
| 20 | 18.0456 | 16.3514 | 14.8775 | 13.5903 | 12.4622 | 11.4699 | 10.5940 | 9.8181 | 9.1285 | 8.5136 | 7.9633 | 7.4694 |
| 21 | 18.8570 | 17.0112 | 15.4150 | 14.0292 | 12.8212 | 11.7641 | 10.8355 | 10.0168 | 9.2922 | 8.6487 | 8.0751 | 7.5620 |
| 22 | 19.6604 | 17.6580 | 15.9369 | 14.4511 | 13.1630 | 12.0416 | 11.0612 | 10.2007 | 9.4424 | 8.7715 | 8.1757 | 7.6446 |
| 23 | 20.4558 | 18.2922 | 16.4436 | 14.8568 | 13.4886 | 12.3034 | 11.2722 | 10.3711 | 9.5802 | 8.8832 | 8.2664 | 7.7184 |
| 24 | 21.2434 | 18.9139 | 16.9355 | 15.2470 | 13.7986 | 12.5504 | 11.4693 | 10.5288 | 9.7066 | 8.9847 | 8.3481 | 7.7843 |
| 25 | 22.0232 | 19.5235 | 17.4131 | 15.6221 | 14.0939 | 12.7834 | 11.6536 | 10.6748 | 9.8226 | 9.0770 | 8.4217 | 7.8431 |
| 26 | 22.7952 | 20.1210 | 17.8768 | 15.9828 | 14.3752 | 13.0032 | 11.8258 | 10.8100 | 9.9290 | 9.1609 | 8.4881 | 7.8957 |
| 27 | 23.5596 | 20.7069 | 18.3270 | 16.3296 | 14.6430 | 13.2105 | 11.9867 | 10.9352 | 10.0266 | 9.2372 | 8.5478 | 7.9426 |
| 28 | 24.3164 | 21.2813 | 18.7641 | 16.6631 | 14.8981 | 13.4062 | 12.1371 | 11.0511 | 10.1161 | 9.3066 | 8.6016 | 7.9844 |
| 29 | 25.0658 | 21.8444 | 19.1885 | 16.9837 | 15.1411 | 13.5907 | 12.2777 | 11.1584 | 10.1983 | 9.3696 | 8.6501 | 8.0218 |
| 30 | 25.8077 | 22.3965 | 19.6004 | 17.2920 | 15.3725 | 13.7648 | 12.4090 | 11.2578 | 10.2737 | 9.4269 | 8.6938 | 8.0552 |
| 31 | 26.5423 | 22.9377 | 20.0004 | 17.5885 | 15.5928 | 13.9291 | 12.5318 | 11.3498 | 10.3428 | 9.4790 | 8.7331 | 8.0850 |
| 32 | 27.2696 | 23.4683 | 20.3888 | 17.8736 | 15.8027 | 14.0840 | 12.6466 | 11.4350 | 10.4062 | 9.5264 | 8.7686 | 8.1116 |
| 33 | 27.9897 | 23.9886 | 20.7658 | 18.1476 | 16.0025 | 14.2302 | 12.7538 | 11.5139 | 10.4644 | 9.5694 | 8.8005 | 8.1354 |
| 34 | 28.7027 | 24.4986 | 21.1318 | 18.4112 | 16.1929 | 14.3681 | 12.8540 | 11.5869 | 10.5178 | 9.6086 | 8.8293 | 8.1566 |
| 35 | 29.4086 | 24.9986 | 21.4872 | 18.6646 | 16.3742 | 14.4982 | 12.9477 | 11.6546 | 10.5668 | 9.6442 | 8.8552 | 8.1755 |
| 36 | 30.1075 | 25.4888 | 21.8323 | 18.9083 | 16.5469 | 14.6210 | 13.0352 | 11.7172 | 10.6118 | 9.6765 | 8.8786 | 8.1924 |
| 37 | 30.7995 | 25.9695 | 22.1672 | 19.1426 | 16.7113 | 14.7368 | 13.1170 | 11.7752 | 10.6530 | 9.7059 | 8.8996 | 8.2075 |
| 38 | 31.4847 | 26.4406 | 22.4925 | 19.3679 | 16.8679 | 14.8460 | 13.1935 | 11.8289 | 10.6908 | 9.7327 | 8.9186 | 8.2210 |
| 39 | 32.1630 | 26.9026 | 22.8082 | 19.5845 | 17.0170 | 14.9491 | 13.2649 | 11.8786 | 10.7255 | 9.7570 | 8.9357 | 8.2330 |
| 40 | 32.8347 | 27.3555 | 23.1148 | 19.7928 | 17.1591 | 15.0463 | 13.3317 | 11.9246 | 10.7574 | 9.7791 | 8.9511 | 8.2438 |
| 41 | 33.4997 | 27.7995 | 23.4124 | 19.9931 | 17.2944 | 15.1380 | 13.3941 | 11.9672 | 10.7866 | 9.7991 | 8.9649 | 8.2534 |
| 42 | 34.1581 | 28.2348 | 23.7014 | 20.1856 | 17.4232 | 15.2245 | 13.4524 | 12.0067 | 10.8134 | 9.8174 | 8.9774 | 8.2619 |
| 43 | 34.8100 | 28.6616 | 23.9819 | 20.3708 | 17.5459 | 15.3062 | 13.5070 | 12.0432 | 10.8380 | 9.8340 | 8.9886 | 8.2696 |
| 44 | 35.4555 | 29.0800 | 24.2543 | 20.5488 | 17.6628 | 15.3832 | 13.5579 | 12.0771 | 10.8605 | 9.8491 | 8.9988 | 8.2764 |
| 45 | 36.0945 | 29.4902 | 24.5187 | 20.7200 | 17.7741 | 15.4558 | 13.6055 | 12.1084 | 10.8812 | 9.8628 | 9.0079 | 8.2825 |

（续表）

| 期数 | 13% | 14% | 15% | 16% | 17% | 18% | 19% | 20% | 21% | 22% |
|---|---|---|---|---|---|---|---|---|---|---|
| 1 | 0.8850 | 0.8772 | 0.8696 | 0.8621 | 0.8547 | 0.8475 | 0.8403 | 0.8333 | 0.8264 | 0.8197 |
| 2 | 1.6681 | 1.6467 | 1.6257 | 1.6052 | 1.5852 | 1.5656 | 1.5465 | 1.5278 | 1.5095 | 1.4915 |
| 3 | 2.3612 | 2.3216 | 2.2832 | 2.2459 | 2.2096 | 2.1743 | 2.1399 | 2.1065 | 2.0739 | 2.0422 |
| 4 | 2.9745 | 2.9137 | 2.8550 | 2.7982 | 2.7432 | 2.6901 | 2.6386 | 2.5887 | 2.5404 | 2.4936 |
| 5 | 3.5172 | 3.4331 | 3.3522 | 3.2743 | 3.1993 | 3.1272 | 3.0576 | 2.9906 | 2.9260 | 2.8636 |
| 6 | 3.9975 | 3.8887 | 3.7845 | 3.6847 | 3.5892 | 3.4976 | 3.4098 | 3.3255 | 3.2446 | 3.1669 |
| 7 | 4.4226 | 4.2883 | 4.1604 | 4.0386 | 3.9224 | 3.8115 | 3.7057 | 3.6046 | 3.5079 | 3.4155 |
| 8 | 4.7988 | 4.6389 | 4.4873 | 4.3436 | 4.2072 | 4.0776 | 3.9544 | 3.8372 | 3.7256 | 3.6193 |
| 9 | 5.1317 | 4.9464 | 4.7716 | 4.6065 | 4.4506 | 4.3030 | 4.1633 | 4.0310 | 3.9054 | 3.7863 |
| 10 | 5.4262 | 5.2161 | 5.0188 | 4.8332 | 4.6586 | 4.4941 | 4.3389 | 4.1925 | 4.0541 | 3.9232 |
| 11 | 5.6869 | 5.4527 | 5.2337 | 5.0286 | 4.8364 | 4.6560 | 4.4865 | 4.3271 | 4.1769 | 4.0354 |
| 12 | 5.9176 | 5.6603 | 5.4206 | 5.1971 | 4.9884 | 4.7932 | 4.6105 | 4.4392 | 4.2784 | 4.1274 |
| 13 | 6.1218 | 5.8424 | 5.5831 | 5.3423 | 5.1183 | 4.9095 | 4.7147 | 4.5327 | 4.3624 | 4.2028 |
| 14 | 6.3025 | 6.0021 | 5.7245 | 5.4675 | 5.2293 | 5.0081 | 4.8023 | 4.6106 | 4.4317 | 4.2646 |
| 15 | 6.4624 | 6.1422 | 5.8474 | 5.5755 | 5.3242 | 5.0916 | 4.8759 | 4.6755 | 4.4890 | 4.3152 |
| 16 | 6.6039 | 6.2651 | 5.9542 | 5.6685 | 5.4053 | 5.1624 | 4.9377 | 4.7296 | 4.5364 | 4.3567 |
| 17 | 6.7291 | 6.3729 | 6.0472 | 5.7487 | 5.4746 | 5.2223 | 4.9897 | 4.7746 | 4.5755 | 4.3908 |
| 18 | 6.8399 | 6.4674 | 6.1280 | 5.8178 | 5.5339 | 5.2732 | 5.0333 | 4.8122 | 4.6079 | 4.4187 |
| 19 | 6.9380 | 6.5504 | 6.1982 | 5.8775 | 5.5845 | 5.3162 | 5.0700 | 4.8435 | 4.6346 | 4.4415 |
| 20 | 7.0248 | 6.6231 | 6.2593 | 5.9288 | 5.6278 | 5.3527 | 5.1009 | 4.8696 | 4.6567 | 4.4603 |
| 21 | 7.1016 | 6.6870 | 6.3125 | 5.9731 | 5.6648 | 5.3837 | 5.1268 | 4.8913 | 4.6750 | 4.4756 |
| 22 | 7.1695 | 6.7429 | 6.3587 | 6.0113 | 5.6964 | 5.4099 | 5.1486 | 4.9094 | 4.6900 | 4.4882 |
| 23 | 7.2297 | 6.7921 | 6.3988 | 6.0442 | 5.7234 | 5.4321 | 5.1668 | 4.9245 | 4.7025 | 4.4985 |
| 24 | 7.2829 | 6.8351 | 6.4338 | 6.0726 | 5.7465 | 5.4509 | 5.1822 | 4.9371 | 4.7128 | 4.5070 |
| 25 | 7.3300 | 6.8729 | 6.4641 | 6.0971 | 5.7662 | 5.4669 | 5.1951 | 4.9476 | 4.7213 | 4.5139 |
| 26 | 7.3717 | 6.9061 | 6.4906 | 6.1182 | 5.7831 | 5.4804 | 5.2060 | 4.9563 | 4.7284 | 4.5196 |
| 27 | 7.4086 | 6.9352 | 6.5135 | 6.1364 | 5.7975 | 5.4919 | 5.2151 | 4.9636 | 4.7342 | 4.5243 |
| 28 | 7.4412 | 6.9607 | 6.5335 | 6.1520 | 5.8099 | 5.5016 | 5.2228 | 4.9697 | 4.7390 | 4.5281 |
| 29 | 7.4701 | 6.9830 | 6.5509 | 6.1656 | 5.8204 | 5.5098 | 5.2292 | 4.9747 | 4.7430 | 4.5312 |
| 30 | 7.4957 | 7.0027 | 6.5660 | 6.1772 | 5.8294 | 5.5168 | 5.2347 | 4.9789 | 4.7463 | 4.5338 |
| 31 | 7.5183 | 7.0199 | 6.5791 | 6.1872 | 5.8371 | 5.5227 | 5.2392 | 4.9824 | 4.7490 | 4.5359 |
| 32 | 7.5383 | 7.0350 | 6.5905 | 6.1959 | 5.8437 | 5.5277 | 5.2430 | 4.9854 | 4.7512 | 4.5376 |
| 33 | 7.5560 | 7.0482 | 6.6005 | 6.2034 | 5.8493 | 5.5320 | 5.2462 | 4.9878 | 4.7531 | 4.5390 |
| 34 | 7.5717 | 7.0599 | 6.6091 | 6.2098 | 5.8541 | 5.5356 | 5.2489 | 4.9898 | 4.7546 | 4.5402 |
| 35 | 7.5856 | 7.0700 | 6.6166 | 6.2153 | 5.8582 | 5.5386 | 5.2512 | 4.9915 | 4.7559 | 4.5411 |
| 36 | 7.5979 | 7.0790 | 6.6231 | 6.2201 | 5.8617 | 5.5412 | 5.2531 | 4.9929 | 4.7569 | 4.5419 |
| 37 | 7.6087 | 7.0868 | 6.6288 | 6.2242 | 5.8647 | 5.5434 | 5.2547 | 4.9941 | 4.7578 | 4.5426 |
| 38 | 7.6183 | 7.0937 | 6.6338 | 6.2278 | 5.8673 | 5.5452 | 5.2561 | 4.9951 | 4.7585 | 4.5431 |
| 39 | 7.6268 | 7.0997 | 6.6380 | 6.2309 | 5.8695 | 5.5468 | 5.2572 | 4.9959 | 4.7591 | 4.5435 |
| 40 | 7.6344 | 7.1050 | 6.6418 | 6.2335 | 5.8713 | 5.5482 | 5.2582 | 4.9966 | 4.7596 | 4.5439 |
| 41 | 7.6410 | 7.1097 | 6.6450 | 6.2358 | 5.8729 | 5.5493 | 5.2590 | 4.9972 | 4.7600 | 4.5441 |
| 42 | 7.6469 | 7.1138 | 6.6478 | 6.2377 | 5.8743 | 5.5502 | 5.2596 | 4.9976 | 4.7603 | 4.5444 |
| 43 | 7.6522 | 7.1173 | 6.6503 | 6.2394 | 5.8755 | 5.5510 | 5.2602 | 4.9980 | 4.7606 | 4.5446 |
| 44 | 7.6568 | 7.1205 | 6.6524 | 6.2409 | 5.8765 | 5.5517 | 5.2607 | 4.9984 | 4.7608 | 4.5447 |
| 45 | 7.6609 | 7.1232 | 6.6543 | 6.2421 | 5.8773 | 5.5523 | 5.2611 | 4.9986 | 4.7610 | 4.5449 |

（续表）

| 期数 | 23% | 24% | 25% | 26% | 27% | 28% | 29% | 30% |
|---|---|---|---|---|---|---|---|---|
| 1 | 0.8130 | 0.8065 | 0.8000 | 0.7937 | 0.7874 | 0.7813 | 0.7752 | 0.7692 |
| 2 | 1.4740 | 1.4568 | 1.4400 | 1.4235 | 1.4074 | 1.3916 | 1.3761 | 1.3609 |
| 3 | 2.0114 | 1.9813 | 1.9520 | 1.9234 | 1.8956 | 1.8684 | 1.8420 | 1.8161 |
| 4 | 2.4483 | 2.4043 | 2.3616 | 2.3202 | 2.2800 | 2.2410 | 2.2031 | 2.1662 |
| 5 | 2.8035 | 2.7454 | 2.6893 | 2.6351 | 2.5827 | 2.5320 | 2.4830 | 2.4356 |
| 6 | 3.0923 | 3.0205 | 2.9514 | 2.8850 | 2.8210 | 2.7594 | 2.7000 | 2.6427 |
| 7 | 3.3270 | 3.2423 | 3.1611 | 3.0833 | 3.0087 | 2.9370 | 2.8682 | 2.8021 |
| 8 | 3.5179 | 3.4212 | 3.3289 | 3.2407 | 3.1564 | 3.0758 | 2.9986 | 2.9247 |
| 9 | 3.6731 | 3.5655 | 3.4631 | 3.3657 | 3.2728 | 3.1842 | 3.0997 | 3.0190 |
| 10 | 3.7993 | 3.6819 | 3.5705 | 3.4648 | 3.3644 | 3.2689 | 3.1781 | 3.0915 |
| 11 | 3.9018 | 3.7757 | 3.6564 | 3.5435 | 3.4365 | 3.3351 | 3.2388 | 3.1473 |
| 12 | 3.9852 | 3.8514 | 3.7251 | 3.6059 | 3.4933 | 3.3868 | 3.2859 | 3.1903 |
| 13 | 4.0530 | 3.9124 | 3.7801 | 3.6555 | 3.5381 | 3.4272 | 3.3224 | 3.2233 |
| 14 | 4.1082 | 3.9616 | 3.8241 | 3.6949 | 3.5733 | 3.4587 | 3.3507 | 3.2487 |
| 15 | 4.1530 | 4.0013 | 3.8593 | 3.7261 | 3.6010 | 3.4834 | 3.3726 | 3.2682 |
| 16 | 4.1894 | 4.0333 | 3.8874 | 3.7509 | 3.6228 | 3.5026 | 3.3896 | 3.2832 |
| 17 | 4.2190 | 4.0591 | 3.9099 | 3.7705 | 3.6400 | 3.5177 | 3.4028 | 3.2948 |
| 18 | 4.2431 | 4.0799 | 3.9279 | 3.7861 | 3.6536 | 3.5294 | 3.4130 | 3.3037 |
| 19 | 4.2627 | 4.0967 | 3.9424 | 3.7985 | 3.6642 | 3.5386 | 3.4210 | 3.3105 |
| 20 | 4.2786 | 4.1103 | 3.9539 | 3.8083 | 3.6726 | 3.5458 | 3.4271 | 3.3158 |
| 21 | 4.2916 | 4.1212 | 3.9631 | 3.8161 | 3.6792 | 3.5514 | 3.4319 | 3.3198 |
| 22 | 4.3021 | 4.1300 | 3.9705 | 3.8223 | 3.6844 | 3.5558 | 3.4356 | 3.3230 |
| 23 | 4.3106 | 4.1371 | 3.9764 | 3.8273 | 3.6885 | 3.5592 | 3.4384 | 3.3254 |
| 24 | 4.3176 | 4.1428 | 3.9811 | 3.8312 | 3.6918 | 3.5619 | 3.4406 | 3.3272 |
| 25 | 4.3232 | 4.1474 | 3.9849 | 3.8342 | 3.6943 | 3.5640 | 3.4423 | 3.3286 |
| 26 | 4.3278 | 4.1511 | 3.9879 | 3.8367 | 3.6963 | 3.5656 | 3.4437 | 3.3297 |
| 27 | 4.3316 | 4.1542 | 3.9903 | 3.8387 | 3.6979 | 3.5669 | 3.4447 | 3.3305 |
| 28 | 4.3346 | 4.1566 | 3.9923 | 3.8402 | 3.6991 | 3.5679 | 3.4455 | 3.3312 |
| 29 | 4.3371 | 4.1585 | 3.9938 | 3.8414 | 3.7001 | 3.5687 | 3.4461 | 3.3317 |
| 30 | 4.3391 | 4.1601 | 3.9950 | 3.8424 | 3.7009 | 3.5693 | 3.4466 | 3.3321 |
| 31 | 4.3407 | 4.1614 | 3.9960 | 3.8432 | 3.7015 | 3.5697 | 3.4470 | 3.3324 |
| 32 | 4.3421 | 4.1624 | 3.9968 | 3.8438 | 3.7019 | 3.5701 | 3.4473 | 3.3326 |
| 33 | 4.3431 | 4.1632 | 3.9975 | 3.8443 | 3.7023 | 3.5704 | 3.4475 | 3.3328 |
| 34 | 4.3440 | 4.1639 | 3.9980 | 3.8447 | 3.7026 | 3.5706 | 3.4477 | 3.3329 |
| 35 | 4.3447 | 4.1644 | 3.9984 | 3.8450 | 3.7028 | 3.5708 | 3.4478 | 3.3330 |
| 36 | 4.3453 | 4.1649 | 3.9987 | 3.8452 | 3.7030 | 3.5709 | 3.4479 | 3.3331 |
| 37 | 4.3458 | 4.1652 | 3.9990 | 3.8454 | 3.7032 | 3.5710 | 3.4480 | 3.3331 |
| 38 | 4.3462 | 4.1655 | 3.9992 | 3.8456 | 3.7033 | 3.5711 | 3.4481 | 3.3332 |
| 39 | 4.3465 | 4.1657 | 3.9993 | 3.8457 | 3.7034 | 3.5712 | 3.4481 | 3.3332 |
| 40 | 4.3467 | 4.1659 | 3.9995 | 3.8458 | 3.7034 | 3.5712 | 3.4481 | 3.3332 |
| 41 | 4.3469 | 4.1661 | 3.9996 | 3.8459 | 3.7035 | 3.5713 | 3.4482 | 3.3333 |
| 42 | 4.3471 | 4.1662 | 3.9997 | 3.8459 | 3.7035 | 3.5713 | 3.4482 | 3.3333 |
| 43 | 4.3472 | 4.1663 | 3.9997 | 3.8460 | 3.7036 | 3.5713 | 3.4482 | 3.3333 |
| 44 | 4.3473 | 4.1663 | 3.9998 | 3.8460 | 3.7036 | 3.5714 | 3.4482 | 3.3333 |
| 45 | 4.3474 | 4.1664 | 3.9998 | 3.8460 | 3.7036 | 3.5714 | 3.4482 | 3.3333 |